メディアのなかの沖縄イメージ

文化創造の100年

三島わかな［編］

七月社

［装画］「箱庭の詩」（平良優季、二〇二一年）

メディアのなかの沖縄イメージ　文化創造の100年　＊目次

［凡例］
• 引用文のふりがな・傍点は適宜加除し、引用者による注記は〔　〕で示す。
• 引用文中に、今日の人権意識に照らして不適切と思われる語句が使用されている箇所があるが、時代背景を考慮し、そのままとした。

はじめに

◉三島わかな

一　本書のねらい

本書は、この一〇〇年の歳月のなかで、各種メディアが「沖縄」の歴史や文化とどのように向きあい、「沖縄」の何を発信してきたのかについてひもとくものである。各章はそれぞれに、対象とするメディアの種類や年代、さらには視点や立ち位置が異なる。本書で議論したいことは、沖縄の「外側」にいる各種メディアが、沖縄に対してどのようなイメージを期待し、そして外から期待されたイメージに対して沖縄の人びとがどのように呼応・反応あるいは反発し、さらに場合によってはメディア制作の担い手となった沖縄の人びとが自己イメージをどのように創りあげていったのか、という点である。メディア制作者が沖縄の人びとであった場合、沖縄の「内側」に向けた発信なのか、それとも沖縄の「外側」に向けた発信なのかによって、異なる自画像が描かれるのかもしれない。その点についてては、じつに興味深いところである。

そして、さまざまなメディアによる創造と発信の結果として、沖縄に何がもたらされたのだろうか。それらのことについて、本書では立場の異なる各章で議論したい。したがって本書の目的の第一義は、沖縄の歴史や文化とメディアとの関係性――それがいかに多様性に富み、そして多元的な様相を示してきたか――について迫ることにある。とはいえ、沖縄以外の地域の場合でも、当該地域の歴史や文化とメディアとの関係性は多様で多元的なのだろうと推察される。それでもなお、本書が「沖縄」に着目する理由は次の点にある。現在、日本を構成する一県としての沖縄の歴史性が他府県とは大きく異なるため（具体的には、近世に琉球王国という独立国家として存在したことや、第二次世界大戦後に米国統治下におかれたこと）、その結果として、近代以降の多くの日本人は沖縄の文化や文物に対してある種の「違和感」を覚えてきたのではないだろうか。その違和感は日本国内でどのように受けとめられ、どのように表象されてきたのだろうか。ひじょうに興味深いところである。さらに第二次世界大戦の敗戦国となって以降、沖縄は日本から切り離され、米国統治下の道を歩むこととなる。そのため沖縄は、メディア空間においても日本社会とは異なる特殊性を帯びることとなる。戦後同様に、日本社会からやむなく袂を分かつこととなった国内地域として奄美諸島（一九五三年復帰）や小笠原諸島（一九六八年復帰）もあるが、国内で唯一、二七年間という長期にわたって異民族支配を経験した場所が沖縄である。その意味においても、戦後沖縄社会の特殊性と、そこで繰りひろげられたメディアの実相に迫りたい。

そして、本書の目的の第二義は、テクノロジーと文化創造が表裏一体の関係にあることを浮き彫りにする点にある。はるか人類の歴史をふりかえってみると、時代ごとに主力メディアは移ろい、おおよそ以下の変遷をみせたといえよう。ここでは、ざっと振り返ってみたい。

まず、メディア登場以前の時代となる原始・古代・中世には、口頭による直接伝達がなされていたと考えられる。とりわけ中世には、洋の東西を問わず各地に出現した吟遊詩人が語り手として、「語り物」すなわち「声」によって各種文学を伝え、それらの文学は時代を超えて継承されていった。

そののち、人類史上初のメディア革新は、一五世紀なかばに起こった。それは、ドイツのグーテンベルク[*1]が活版印刷術を発明したことである。以降、「印刷」というテクノロジーが人類にもたらしたのは、一つの文物が桁違いの部数によって「文字文化」として記録され、広範な伝播を可能としたことである。それ以前の対面による「口頭伝承」の時代から、一五世紀なかば以降は書き記された「読み物」としての文学を楽しむことも可能となり、今風にいえばメディア・ミックスが始まったわけである。いいかえると、聴覚によって享受していた語り物が、視覚という異なる感覚器官をつうじて味わうことも可能となったのだ。そして文字媒体で楽しむということは、以前のように語り手と聴き手とがひとつの空間を共有することを前提としなくなったといえる。

そして、人類史上二度目のメディア革新は、一九世紀末に到来する。それは、一八九五年のこと。フランスのパリでリュミエール兄弟[*2]が公開した映画だった。当初は音声をともなわない映像のみのサイレント映画だったが、一九二七年には音声付きのトーキー映画が登場し、以降はそれが主流となっていく。映画に先立つこと一八年、音声における技術革新は一八七七年のことだった。そのきっかけは、アメリカのエジソン[*3]が録音・再生システム（フォノグラフ）を成功させたことだった。けれども、フォノグラフの技術が実用化されるまでに数十年もの歳月がかかり、したがって電気蓄音機の実用化は後発となり、一九二〇年代まで待たねばならなかった。以降、レコード盤に収録された音声文化が普及していくこととなる。ほぼ同時期にはラジオも発明された。カナダのフェッセンデン[*4]が一九〇〇年に音声の送受信に成功し、世界初のラジオ放送は一九二〇年、アメリカのペンシルベニア州での公共放送だった。そして、世界初のテレビ放送は一九三五年、ドイツの放送局で始まった。

さらに、人類史上三度目のメディア革新は、インターネットの登場である。二〇世紀後半におけるデジタル技術の開発（一九五〇年～）と、二〇世紀末に加速度的に普及したインターネット技術（一九九五年～）は、ここで改めていうまでもなく従来の人類のライフスタイルを大きく変化させた。そして人類は、二〇一九年末からコロナ禍を経験し、Wi-Fi環境のもとでのリモート会議やオンライン授業などが新たな生活様式として定着をみせている。

以上で概観したように、人類が開発したメディアの流れをたどってみると、古くからの文字による活字メディア（書物、新聞、雑誌など）に加えて、二〇世紀前半から中盤にかけて登場し普及した視聴覚メディア（映画、テレビ放送）、聴覚メディア（レコード、ラジオ放送）といった単一方向メディアが先行し、二〇世紀後半以降は双方向メディア（SNS、YouTube等）が融合する時代を迎えている。そして、各種メディアが獲得したさまざまな技術は、それぞれの時代の文化創造にも大きな影響をもたらした。ある意味で、メディアの特性が文化形態や文化様式をも規定し、そこではメディアの特性を最大限に活かすことによって新たな文化様式が生みだされてきたといっても過言ではないだろう。

二　本書の時空とメディアの種類

本書が対象とする時代は、日本・沖縄社会におけるメディアのこの一〇〇年である。そして本書が対象とする空間は、戦前から日本復帰以降の沖縄社会ならびに日本社会のメディア空間であり、さらには沖縄系の人びとの移民地のひとつとなったハワイのメディア空間も含まれる。ことに戦後に関しては前述したとおり、日本から切り離されて米国統治下におかれた二七年間（一九四五〜七二年）の〝オキナワ〟のメディア空間についても対象とする。そして戦後の米国統治下の時期については、切り離されてしまった〝オキナワ〟に対して日本本土側のメディアがどのような想いを抱きつつ〝オキナワ〟を発信したのか、さらには日本復帰後の〝沖縄〟に対して日本のメディアがどのようなまなざしを向けてきたのかについても、本書が照射する範囲となっている。

つぎに、本書であつかうメディアの種類について整理する。戦前の話題においては、新聞（活字メディア）ならびに映画（視聴覚メディア）を対象とし、戦後の米国統治下や日本復帰以降の話題においては、雑誌（活字メディア）やテレビ（視聴覚メディア）ならびにラジオやレコード（聴覚メディア）を対象とする。

三　沖縄県内のメディア事情

米国統治下に置かれた戦後の沖縄社会。むろん、この時期の沖縄社会には、同時期の日本本土とは異質なメディア環境が到来する。したがってここでは、戦後沖縄社会のメディア空間の特殊性について説明するが、その前史として必要な範囲で戦前の流れについても触れておきたい。その特殊性は、とりわけ放送事業面ならびにレコード会社の設立とレコード製作面で顕著だった。

放送事業

ここではまず、放送事業の創始から戦後のあゆみをたどっておきたい。沖縄初の放送局は、社団法人日本放送協会沖縄放送局だった。きわめて皮肉な運命をたどることとなる沖縄放送局は、真珠湾攻撃がおこった一九四一年一二月八日、日米開戦を告げる本土からの電波を中継放送した。これが、沖縄社会に響いたラジオ放送の第一声だった。その三ヶ月後の一九四二年三月一九日、沖縄放送局は正式に開局し、本放送を開始した。むろん戦前にはテレビ放送はなく、ラジオ放送のみである。沖縄放送局は太平洋戦争の開戦とともに開局し、日本で唯一地上戦が繰りひろげられた沖縄の地にあって、一九四五年三月二三日、その施設は米軍の艦砲射撃によって被弾した。*5 わずか三年あまりだったものの、当時の沖縄放送局では熊本中央放送局の送信を中継し、各種番組を沖縄県民に届けていた。[*6]

敗戦後の沖縄は米国統治下の時代にあって、戦前の日本の資本による日本放送協会は復興されることなく断絶した。そこで沖縄での戦後初の放送局は米軍資本によって立ちあげられた。それは一九五〇年二月、米民政府民間情報教育部の管轄下で運営されたラジオ放送「琉球の声」だった〔沖縄放送協会史資料保存研究会編　一九八二：四〕。「琉球の声」の運営は紆余曲折で、一九五四年に米民政府から琉球大学基金財団へ移管されたあと、同年一〇月、全放送施設を民間の琉球放送に賃貸し、以降「琉球の声」は民放の運営となる〔沖縄放送協会史資料保存研究会編　一九八二：七〕。さらに四年後の一九五八年一〇月、琉球放送は琉球大学基金財団から全放送施設を買収し〔沖縄放送協会史資料保存研究会編　一九八二：九〕、沖縄社会における民間初の放送局が誕生した。[*7]さらに一九五九年一一月、「沖縄テレビ」が二番目の民放として開局し、沖縄初のテレビ放送が開始された。さらに翌年の一九六〇年六月には、琉球放送もテレビ放送を開始した〔沖縄放送協会史資料保存研究会編　一九八二：一〇〕。ちなみに本書の第二章は、米国統治期の沖縄の民放の番組枠で放送された琉球列島米国民政府（ＵＳＣＡＲ）[*8]製作のテレビ番組に注目したものである。つまり、米国民政府製作のコンテンツを地元民放が放送した事例となり、なかなか珍しいケースである。このようなメディア環境こそ特殊であり、米国統治期の沖縄社会ならではのものと言えよう。この時期限定のシンボリックなメディア環境である。

そして、本土復帰までの公共放送としては、一九六七年一〇月、沖縄放送協会（ＯＨＫ）が設立され［沖縄放送協会史資料保存研究会編　一九八二：二四］、一九七二年五月一五日の沖縄の日本復帰をもって沖縄放送協会は廃止となり、以降の放送業務は新しく発足した日本放送協会（ＮＨＫ）沖縄放送局へと移行した［沖縄放送協会史資料保存研究会編　一九八二：三九〜四〇］。

レコード会社

つぎに、沖縄出身者による、あるいは沖縄県内におけるレコード会社の設立とレコード製作のあゆみを概観するにあたり、高橋美樹の最新の研究から以下に引用したい。

史上初の沖縄音楽専門レコード・レーベルはマルフク・レコードという。戦前、沖縄音楽レコードの需要は、海外に渡航した沖縄系移民からが最も多かった。創業者の普久原朝喜は望郷の想いを紛らわせるレコードの必要性を感じ、大阪でマルフク・レコードを設立した。[*9] 戦前は大阪でマルフク、沖縄では琉球ツル・レコード、トモエ・レコード、ヤマキ・レコードが活動していた。戦後は沖縄にマルタカ・レコード、丸福レコード、マルテル・レコード、ＲＢＣレコード、ゴモン・レコードが設立された。沖縄でのレコード・レーベルは一九五〇年代以降、時計店の兼業として営業を開始したのが最初で、その例が高良時計店のマルタカ・レコード、照屋時計店のゴモン・レコードである。また、楽器店と兼業したのが普久原楽器店の丸福レコード、照屋楽器店のマルテル・レコードである。ＲＢＣレコードは、琉球放送ＲＢＣラジオ（一九五四年開局）のレーベルである。このようにレコード会社が次々と設立された結果、一九六〇年代には沖縄県内で民謡ブームが隆盛を極め、ラジオ、テレビの民謡番組も絶大な人気を博した。レコード・レーベルは専属の民謡歌手を抱え、ラジオ、テレビ放送の開始とジュークボックスの普及に伴い、ヒット曲も数多く生まれた［高橋 二〇二四：i～ii］。

メディアによる空間と時間の解放

ここでは、沖縄社会のメディア空間の特殊性を紹介するにあたり、放送事業面ならびにレコード会社の設立とレコード製作面を概観するにとどめたい。そこからわかるのは、一見したところ放送事業とレコード会社が個別に進展したように思われるが、決してそうではなかったことだ。すなわち、レコード音楽がテレビ番組やラジオ番組で放送されるといったタイアップの関係のなかで、両者はお互いに影響を与え合いながらも拮抗していた様子がうかがえよう。また、放送局がレコード製作面に進出していた時期もあり、放送事業にとどまらず、関連・隣接メディアでの事業展開を繰りひろげていたこともわかる。さらに言えば、放送やレコードなどのメディアを介した文化環境のなかでは、地理的空間を前提に「沖縄」を閉じたかたちで単純化して語ることはもはや不可能だということである。なぜなら、本書の第四章で繰りひろげられているように、空間としての「沖縄」から離れて暮らす沖縄県系人のメンタリティを包み込むものとして、各種メディアは重宝され、彼らの心のよりどころとして欠かせないものだったからである。メディアが「沖縄」という空間性や時間性を解放してきた事実こそ見逃せないところである。

四　本書の構成と概要

本書は、七章ならびに七つのコラムで構成される。コラムは各章で扱ったトピックに関連し、それぞれに本論の内容を深めるものとなっている。

第一章は、三島わかな「原風景から多元的な自画像へ――テレビ番組「みんなのうた」が描く現代沖縄像」である。ＮＨＫのテレビ番組「みんなのうた」は今年で六四年目を迎え、昭和から平成そして令和を駆け抜ける長寿番組である。戦後日本の大衆文化を考えるうえでも、同様に現代日本人のメンタリティや音楽的感性・感覚について考えるうえでも、「みんなのうた」の放送曲を対象として考察することには少なからずの意義があるだろう。そこで本章では、この番組のすべての放送年代を対象に、沖縄イメージをまとった楽曲の出現時期、社会背景、メッセージ性、音楽的特色について明らかにするとともに、その年代変遷をたどる。そして、この番組を通じて、目に見える沖縄の自然や風土のみならず歴史的重層性や沖縄アイデンティティの変質を含めて、さまざまな立場からさまざまに描かれた「沖縄像」をひもとく。

第二章は、名嘉山リサ「軍楽隊、学校行進バンドと間接的琉米親善――ＵＳＣＡＲ時代のテレビ番組」である。本章では、琉米親善関連のテレビ番組の中から、軍楽隊演奏会や学校行進バンドコンテストなど、米陸軍主催の音楽イベントを扱った番組に焦点を当てる。人と人が直接交流したり、イベントに参加したりする琉米親善活動と違い、テレビ番組は電波を通して間接的に琉米親善を伝える。映像と音声の形で記録され、決められた番組の時間内に収まるよう編集されたブラウン管上の琉米親善の特異性を探る。

第三章は、久万田晋「沖縄ポップの作品創出とリズム様式の確立――一九七〇～九〇年代レコード・CDアルバムの展開から」である。本章では、まず一九八〇年代半ば以降の日本におけるCD生産枚数の推移と沖縄ポップのアルバム発表状況の関係について考察する。九〇年代の沖縄ポップ主要バンドのメジャー・レーベルからの旺盛なアルバム発表状況が、全国的なCD生産販売の拡大期とほぼ重なっており、CD生産販売の退潮とともにそれが終焉を迎えたことを確認する。また一九七〇年代から九〇年代の沖縄ポップの展開において、伝統的民謡や民俗音楽から借用・流用したオフ・ビートの掛け声や三線の早弾き、そしてエイサーのリズム様式等がどのように沖縄ポップに導入され、沖縄ポップ独自の音楽様式として確立したかについて、具体的な楽曲の事例をもとに考察する。

第四章は、遠藤美奈「故郷をつなぐメロディ――戦後ハワイの邦字新聞・ラジオから見る沖縄救済運動と芸能の記憶」である。戦後間もなく、各国の日系移民社会では沖縄救済運動が始まり、沖縄の復興を大きく支えた。ハワイでは、沖縄の窮状を伝える新聞に加え、沖縄系移民による芸能もまた、様相を伝える「メディア」の役割を果たした。運動を支えたラジオ番組は人々の記憶に残り、やがて沖縄側が忘れてはならない歴史として、現代で語り継ぐための恩返しソングとなってよみがえる。本章では、戦後の記録を紡ぐ装置としての芸能とメディアの関係に迫る。

第五章は、世良利和「スクリーンをめぐる葛藤――一九三〇年代の劇映画と沖縄」である。本章では、沖縄を描いた昭和前期の劇映画を三本取り上げて分析する。当時の映画は人気の高い大衆娯楽であると同時に、映像を伴う最先端の情報メディアでもあった。その映画をめぐって本土側のまなざしと沖縄側の思いはどのように交錯し、あるいはすれ違いながら、お互いを照らしていたのだろうか。本章ではフィルムの現存が確認できない三本の映画について、主に新聞・雑誌資料に拠りながら製作の意図や背景、経緯をたどるとともに、沖縄と本土における作品の受容についても考察する。

第六章は、鈴木耕太「組踊の〝古典〟化――近代沖縄の新聞にみる組踊の動向から」である。本章では、近代における「新聞」というメディアのなかで、「組踊」がどのように報じられてきたのかに注目する。琉球王国時代の士族達による儀礼の芸能であった組踊が、近代沖縄という新たな時代を迎えたことで時代に翻弄されながらも、新聞で展開される「演劇改良運動」になぞらえ、組踊に対して「高尚さ」が求められたことや、旧時代の演劇であった組踊に「国劇」「古劇」「古典劇」という名称が与えられるに至る過程を追う。そして最終的に、組踊に対して「古典芸能」であるという意識が沖縄側で芽生えた経緯を考察するものである。

第七章は、齋木喜美子「『女学生の友』が醸成した「沖縄」観と功罪――一九五〇～七二年の少年少女雑誌」である。児童雑誌の隆盛期、転換期が沖縄の米国統治期に重なっているにもかかわらず、この間に「沖縄」が雑誌でどのように取り上げられ読者に手渡されていたか、その背後にどのような「沖縄」観が織り込まれていたかを検討した先行研究はない。そこで本章では、この時期の雑誌メディアのなかでも多くの少年少女たちに支持され、沖縄の話題が頻繁に掲載されていた『女学生の友』（小学館、一九五〇年創刊）に着目した。本章は、当時の沖縄の社会的・歴史的背景をふまえつつ雑誌の醸成した「沖縄」観を明らかにするとともに、その功罪を問うている。

五　本書の展望

ここではさいごに、本書がメディアを対象とした研究でありながら、報道がどうあるべきかを問うといった、狭義のジャーナリズム論の立場ではないことを確認しておきたい。本書を読み進めていただければ、各章ともにメディアによる文化創造のありようとその時代性について関心を寄せるものであり、いわばメディアが創造したコンテンツ（文化的機能面）に主眼を置いていることがおわかりになるだろう。

そういった本書の立場に深くかかわるものとして、松前紀男による次の見解を示しておきたい。二〇世紀前半の日本の放送界の黎明期において、「主として行われてきた議論は、産業経済的危惧と産業機能論的目的が主流であって、番組み《（ママ）》の情調面での機能効果という純文化的機能の面に焦点を当てた考え方はほとんど見られなかった」［野村良雄先生還暦記念行事実行委員会編 一九六九：四〇七］と松前は指摘する。そのうえで、「コミュニケーションの一形態としてのマス・コミュニケーション又はジャーナリズム研究は、単なる交通・通信手段として眺めることのみにとどまらず、対人コミュニケーションから個体内コミュニケーションに至るまで、広く追跡してゆかねばならぬ命題に立ち向かわされてきたのである」［野村良雄先生還暦記念行事実行委員会編 一九六九：四〇七］と松前は続け、メディア研究の将来的な課題について展望していた。その指摘から半世紀以上もの歳月が過ぎたが、本書はその展望のもとに位置付けられよう。

メディア・ミックスという二〇世紀以降の環境のなか、沖縄にかかわる思想や歴史、芸能、音楽といった各種ジャンルがどのようにメディアを彩ってきたのかを知るうえで、本書が読者のみなさまの一助となれば幸いである。

1――ヨハネス・グーテンベルク（一三九八頃～一四六八年）、ドイツ出身の金細工師、印刷業者。

2――オーギュスト・リュミエール（一八六二～一九五四年）、ルイ・リュミエール（一八六四～一九四八年）、兄弟ともにフランス出身の発明家。

3――トーマス・エジソン（一八四七～一九三一年）、アメリカ合衆国出身の発明家、起業家。

4――レジナルド・フェッセンデン（一八六六～一九三二年）、カナダの発明家、電気技術者。

5――首里の高台にある沖縄放送局は、日本軍の情報発信の拠点とみなされ、艦砲射撃で狙われた。被弾した放送局の様子について、当時放送局長だった岩崎命吉は次のように手記に残している。「先ず空襲に依り

火蓋は切られたが　放送局も午前七時四十分空襲警報の放送を行なうと同時に待機の姿勢に入った　十時頃敵機のロケット爆弾、焼夷弾三発は放送機室演奏室に命中　放送機全部破壊され機動力を停止さる　演奏室より出火」［渡辺 二〇二二：一五六］。

6――当初予定していた中波放送ではなく有線放送へと変更されたため、可聴地域も当初予定していた沖縄全島には至らず、沖縄本島の南部に限定された［三島 二〇一四：一一二］。

7――開局時はラジオ放送のみの運営だった。

8――正式には、United States Civil Administration of the Ryukyu Islands と記す。米国が沖縄に設けた統治機構で、一九五〇年一二月一五日～一九七二年五月一五日の期間存続した。

9――当時、出稼ぎ労働のため大阪で暮らす沖縄出身者も少なくなかった。

＊参考文献

沖縄放送協会史資料保存研究会編　一九八二『沖縄放送協会史』沖縄放送協会史資料保存研究会

高橋美樹　二〇二四『沖縄レコード音楽史――〈島うた〉の系譜学』ミネルヴァ書房

野村良雄先生還暦記念行事実行委員会編　一九六九『音と思索――野村良雄先生還暦記念論文集』音楽之友社

三島わかな　二〇一四「戦前期沖縄でのラジオ放送――受信・聴取・発信をめぐって」（沖縄県立芸術大学編『沖縄県立芸術大学紀要』第二二号、一～一七頁）

渡辺考　二〇二二『沖縄　戦火の放送局――軍隊に飲み込まれたラジオ』大月書店

第1章

原風景から多元的な自画像へ

テレビ番組「みんなのうた」が描く現代沖縄像

◉三島わかな

一　はじめに――視座・方法・用語の定義

NHKのテレビ番組「みんなのうた」は一九六一年四月に放送開始し、今年（二〇二五年）で六四年目を迎えた長寿番組である。[*1]「みんなのうた」のほかにも、一九六〇年代には「うたのえほん」や「歌のメリーゴーランド」などの子ども向けテレビ番組が放送されていた。当時、これら三つは「NHK三大児童歌番組」と呼ばれていたという。[*2]しかしながら、他の二つの番組はその後の経緯のなかで放送終了となり、「みんなのうた」のみが現在に至っている。

「みんなのうた」の放送初期、その視聴者だった昭和世代は七〇歳前後となり、そして現在、この番組の視聴者の多くは平成から令和生まれの世代となる。六〇年以上にも亘って幅ひろい世代がこの番組を視聴してきたのだ。「みんなのうた」で放送された「うた」[*3]の数々はそれぞれの世界観をつうじて、現代日本人のメンタリティや感性そして音楽的感覚にも影響をもたらしたと考えられる。

それゆえに各種研究領域において戦後日本の大衆文化を考えるうえで「みんなのうた」は注目され、この番組が音と映像で構成されることから、おもに音楽研究や映像研究、児童文化研究の領域で論じられてきた。ここでは、本章の論旨に密接にかかわる研究を紹介しておきたい。

まず、葉口英子は「みんなのうた」の楽曲分析を通じて、現代日本人のメンタリティ形成が変質したことや、一九八〇年代に入ると文化的創造力が資本主義の論理に支えられてきた傾向を指摘する[4]〔葉口 二〇〇三〕。つぎに、佐藤慶治は「みんなのうた」の放送曲を対象に、歌詞・楽曲を分析したうえで年代的変遷を提示し、近代日本の文化遺産である唱歌や童謡（いわゆる「子どもの歌」）の系譜）が戦後どのように展開したのかを展望する[5]〔佐藤 二〇一七〕。これら先行研究の知見を踏まえるならば、「みんなのうた」を通観することで戦後日本の大衆歌の動向をひもとくことが可能だということ、さらには現代日本人の心性を形づくるうえで「みんなのうた」が少なからず影響力をもってきたことになる[6]。そして、これらの先行研究は「総体としての日本」に視座をおき、現代日本の大衆アイデンティティの形成を総体的に明らかにしたのである。

そこで本章では、視座の片方を「総体としての日本」におきながらも、もう片方を一地方としての「沖縄」におく。本章では先に挙げた先行研究の成果を踏まえつつ、「みんなのうた」の放送年代のどの時期から沖縄イメージをまとったうたが出現し、どのような社会背景のもと、どのようなメッセージを発信し、どのような響きを表現したのかを明らかにし、その年代的変遷をたどる。そこから、現代日本の大衆音楽文化における沖縄イメージの形成とその意義について考察する。言い換えれば、戦後日本の放送文化を代表するこの番組が、太平洋戦争で地上戦を経験した「沖縄」、そして敗戦後、日本から切り離され米国支配を経験した「ＯＫＩＮＡＷＡ」、さらに日本社会に復帰した「沖縄」に対して、どのような眼差しを注いできたのか、本章最大の関心は、その点にある。

方法としては、放送が始まった一九六一年四月以降[7]、沖縄が日本に復帰した一九七二年五月を経て二〇〇〇年代に至る放送曲のなかから、沖縄を表象する放送曲を対象とし[8]、うたを構成する要素ごとに分析をはかり、あわせて制作関係者への聴き取りも含めて総合的に考察する。

ここでは最後に、本章でいうところの「沖縄を表象するうた」を次のように定義づけておきたい。①タイトルや歌詞が沖縄の事象を含む、②楽曲面で沖縄由来の要素が含まれる、③制作面（作詞者、作曲者、歌手）で沖縄人・沖縄在住者・沖縄をルーツとする人のいずれかが起用されている、以上①～③の条件を一つ以上満たす「うた」のことを「沖縄を表象するうた」とする。

本章では以下、「みんなのうた」で放送された「沖縄を表象するうた」を時系列にみていこう。

二　一九六六～七三年――沖縄民謡への注目

一九五〇～六〇年代に空前のブームとなった「うたごえ運動」[*9]は労働運動や学生運動と結びつきながら、日本社会における合唱文化の普及へとつながった。「うたごえ運動」ではマルクスやレーニンの社会主義思想を背景としつつ、おもなレパートリーとしてロシア民謡が歌われた。民謡の普及という意味で、当時の「みんなのうた」もその影響を受けていた。放送初期の定番スタイルには四系統あり、すなわち、①世界の民謡[*10]や流行歌に邦訳詞をつけて合唱形態へと編曲したもの、②戦前の文部省唱歌、③童謡、④日本各地の民謡として分類される[*11]［葉口 二〇〇三：一一八～一二二］。これらのうたが放送された一因には、その創作からかなりの歳月を経たうたばかりであり、当時すでに著作権の権利問題が解消されていたこともあるだろう。

「みんなのうた」における「沖縄を表象するうた」の初登場は一九六六年であり、沖縄民謡《てぃんさぐの花》[12]だった。その放送以降も、「みんなのうた」では沖縄民謡がラインナップされ、すなわち《花のかざぐるま》[13]（一九六七年）、《えんどうの花》[14]（一九六九年）、日本復帰の年には《月ぬ美しゃ：月がきれいなのは》[15]（一九七二年）、そして《谷茶前の浜》[16]（一九七三年）の放送をもって沖縄民謡シリーズは一区切りをつけた。先ほど紹介した葉口の四系統にしたがえば、沖縄民謡の選曲については、④日本各地の民謡を紹介するシリーズとして放送されたものとなる。つまり、放送初期の「みんなのうた」は日本全国の民謡紹介をつうじて地方性をクローズアップした。小川博司は、戦後日本のポピュラー音楽を対象に、一九六〇〜九〇年代の沖縄音楽の変遷を四期[17]に区分するが、そこでは、一九六〇年代を「一地方としての〈沖縄〉」と位置づけている〔小川 一九九三：一八八〕。これは、「みんなのうた」の動向と合致していることを指摘したい。加えて、琉球音階（「ド・ミ・ファ・ソ・シ」の五音階）を用いたオリジナルソング《アヒルの行列》（一九七二年）も、この時期の「みんなのうた」で放送された。

ここで、当時の時代性を重ね合わせて考えたい。戦後、総理大臣が初めて沖縄に赴いたのは一九六五年のことだった。「みんなのうた」で初めて「沖縄を表象するうた」が放送された一九六六年は、佐藤栄作総理大臣来沖の翌年となる。そして、沖縄民謡シリーズが続行された一九六六年から一九七三年までの七年間は、まさに沖縄の日本返還が実現するまでのプロセスと軌を一つにしている。[18]その一方では、日本のアカデミズムも沖縄を研究対象とし、沖縄熱が高まりをみせた時期でもある。九学会連合[19]は一九七一年度からの共同課題として沖縄を対象とし、それに先立つ小泉文夫の音階論は琉球音階を日本音階の一つとして提唱した〔小泉 一九五八〕。鈴木聖子によれば、小泉の音階論は沖縄音楽を日本の音楽の一部とみなし、沖縄返還を支持する運動として機能したという〔鈴木 二〇二三：一六四～一六五〕。日本全体が政治的にも学問的にも沖縄へと熱いまなざしを注いだ一九六〇～七〇年代の時代性にあって、「みんなのうた」も沖縄民謡に注目したのだった。

三　一九七五～九七年――反戦・沖縄近代史・琉球ロマン

前述したように、海外や国内の民謡など既成曲を中心に放送してきた「みんなのうた」は、放送スタートから一五年後の一九七六年に最初の転機を迎える。同年四月からの放送では、「原則としてすべてのうたをオリジナル作品とする」〔日本放送協会編 二〇二〇年六～七月：六四〕という方針が打ち出されたという。なぜ、この時期に突然、すべてのうたをオリジナルへと転換したのだろうか。その背景には放送局間の熾烈な競争があった。その前年となる一九七五年のこと、フジテレビの人気番組「ひらけ！ ポンキッキ」から生まれたオリジナル曲《およげ！ たいやきくん》の大ヒットが方針転換のきっかけになったという。このうたは、それまで国内で発売されたシングル盤レコードの最高記録といわれるミリオンセラーを記録した。当時、五歳だった筆者も、親にせがんで《およげ！ たいやきくん》のシングル盤を買ってもらったひとりである。ちょうど第二次ベビーブームの世代であり、購買層もきわめて厚かっただろう。このように《およげ！ たいやきくん》の大ヒットは、子ども番組で制作されるうたが広く愛されると同時に、放送ソフトが有効な二次利用となる可能性を、放送関係者に気づかせるのに十分な出来事だった［日本放送協会編 二〇二〇年六～七月：六四］。それ以来、「みんなのうた」ではオリジナルソングの制作が定着し、専門の音楽家だけでなく、当時は無名の新人だったシンガーソングライターやＣＭソング・流行歌のヒットメーカーの手がける作品が増えていった［葉口 二〇〇三：一二二］。

この時期の「沖縄を表象するうた」として、《さとうきび畑》《ヘイ！ 二才達》（一九七五年）、《ここは南の島》（一九七七年）、《悲しきマングース》（一九七九～八〇年）、《さとうきびの花》（一九八二年）、《なつかしの琉球》（一九九二年）、《さとうきび畑》（一九九七年バージョン）がある。《ヘイ！ 二才達》だけは例外だが、残りの五曲のタイトルには「さとうきび」「マングース」「琉球」「南の島」といった沖縄を表象するキーワードが挿入され、そして、それらの歌詞には沖縄の近現代の出来事が叙事的に綴られるか、あるいは琉球の光景が叙情的に綴られる。歌詞を詳細にみると、三系統に大別できる。

1　反戦

一つめの系統となる《さとうきび畑》《さとうきびの花》では、沖縄戦を回顧するメタファーとして「さとうきび」が存在する。《さとうきび畑》は「みんなのうた」での放送に先立つこと八年、一九六七年に発表され、当時は「反戦を言わない反戦歌」[*20]と評された。作詞・作曲・編曲を手がけた寺島尚彦は、一九六四年六月に初めて沖縄を訪れ、南部戦跡を巡り、沖縄戦の激戦地「摩文仁の丘」に通じるさとうきび畑に立った。「あなたの足元には戦没者の遺骨が今も眠っています」と案内人が言った。その時の衝撃について、「ごうぜんと吹き抜ける風の音だけが耳を打ち、戦没者たちの怒号とおえつを確かに聴いた気がした」と、寺島は記す。続けて寺島の心には、「作曲家として凄惨な沖縄戦をもっと本土に伝えなければ」という想いが込みあげてきたが、「あの風の音を表す言葉が見つからない」と、二年かけてたどり着いたのが「ざわわ」だったという。[*21]このうたは約一〇分の演奏時間を要し、「ざわわ」は六六回繰り返される。「みんなのうた」では完全版ではなく、省略版で放送された。

もう一方の《さとうきびの花》は沖縄出身のシンガーソングライターである海勢頭豊の作詞・作曲によるもので、沖縄の日本復帰一〇周年を迎えた一九八二年に「みんなのうた」で放送された。壮絶な戦場となったこの島には、今もなお、さとうきび畑が眼前にひろがる。沖縄戦で失われた数多くの命とゆたかな自然。終戦を迎え、命からがら生き延びた人びとは途方に暮れながらも生活してゆかねばならず、そして、家族を失った人びとの悲しみは果てしない。沖縄戦時下と敗戦後の沖縄の人びとのもろもろの苦悩を受けとめてきたシンボルがさとうきびなのだ。

2　沖縄近代史

二つめの系統は、沖縄の近代史にもとづくうたであり、曲例としては《悲しきマングース》である。一九一〇（明治四三）年にハブ退治のため、インドから沖縄へ導入されたマングースを主人公に、擬人化してその思いが歌われる。暗喩であるが、人間がいかに身勝手な生き物かというメッセージ・ソングであり、番組内でタイトルバックのアニメーションに登場するマングースも、せつなく悲しげな表情をうかべている（図①）。

図① 《悲しきマングース》（アニメーション：南家こうじ）（NHK ホームページ「みんなのうた」より）

3 琉球ロマン

三つめの系統は「琉球ロマン」[*22]である。曲例としては《ここは南の島》《なつかしの琉球》が挙げられる。その歌詞には共通して、「アカバナー」「シーサー」「サンシン」といった沖縄語の発音が使用され、本土とは異なるエキゾチックな光景や南国情緒が歌われる。

4 《ヘイ！ 二才達》

そして、この時期の「沖縄を表象するうた」のなかで、唯一の例外的存在が《ヘイ！ 二才達《ニセタ》》である。その歌詞には「大ぼらを吹こう、大きな夢を持とう」といった内容がコミカルに表現され、そこには沖縄戦も、沖縄の史実も、琉球ロマンのいずれも描かれない。ひたすらに前向きで明るい世界が高らかに歌われるのだ。そもそも《ヘイ！　二才達》は「みんなのうた」のために作られたのではなく、沖縄の地元放送局が制作したRBCレコードのA面として一九六九年に発売され、「沖縄のダークダックス」と称される男性四人組・ポップトーンズの歌唱でレコーディングされた。[*23] つまり当初は沖縄県内向けに制作されたうただったが、NHKは一九七五年開催「沖縄海洋博覧会」にちなんで、このうたを同年八〜九月の「みんなのうた」の放送曲として採用したという経緯だった。

このうたは、現代沖縄を代表する作曲家・普久原恒勇と、その実弟で作詞家の朝比呂志（本名・普久原朝弘）のコンビによるもの。「カントリーの中のヒルビリーに、[*24] 何かしいたげられた者の悲しみが現れたようなメロディーがあり、これが沖縄の音楽と似たところがあるので、両者の混血児を作ってみようと試作したのがこの曲です」と、作曲の普久原は「みんなのうた」で放送されるに際してこの曲への想いを語る。[*25] この言葉からわかるように、メロディーに内包される情緒面で沖縄音楽とヒルビリーに共通性があることを感じ取った普久原は、両者を融合しようという意識のもとで《ヘイ！　二才達》を手がけたのだった。ちなみに、このうたは歌唱旋律も伴奏も共通して長音階（「ド・レ・ミ・ファ・ソ・ラ・シ」の七音階）にもとづき、伴奏楽器にはフルートとドラムスの洋楽器が使用されている。言い換えれば、外部者が一聴瞭然で「沖縄」を連想させる琉球音階を使用せず、同様に三線《サンシン》などの琉球楽器も使っていない（章末表①参照）。このことは何を意味するのだろうか。そこには、このうたが元来、沖縄県内向けのものだったことや、沖縄人作曲家としての普久原の作曲理念と作品表象にかかわる問題系が浮かびあがるだろう。ここでは問題提起にとどめ、本章の以下の展開のなかで考えを深めていきたい。

　ここで少々横道にそれるが、「みんなのうた」の制作プロセスについて触れておきたい。放送曲は二ヶ月ごとに三曲の新曲が入れ替わり、年間一八曲の新作が誕生してきた。現在、制作プロセスには三つのルートがある。一つめはＮＨＫが主導して制作したうたであり、手順としては時流や季節などを加味してＮＨＫ内部で新曲の方向性を議論し、それに基づきプロの作詞家や作曲家に依頼して作られる。[*26] もっとも基本的な制作手法であり、完成までに半年から一年を必要とする。二つめは既成曲を「みんなのうた」向けに焼き直したバージョンであり、三つめはレコード会社やソングライターなどの持ち込みのうたである。この三つのルートのうち、《ヘイ！ 二才達》は二つめの「焼き直しバージョン」となる。

図②　南沙織《17才》レコードジャケット

　《ヘイ！ 二才達》に白羽の矢を立てたＮＨＫ担当者によれば、「沖縄の人が作り、沖縄の若者に愛された楽曲」[*27]というコンセプトのもと、かつイメージを一転させ、沖縄出身のアイドル歌手・南沙織を歌唱に起用したという。「みんなのうた」バージョンでは本来のアップテンポではなく、いくぶんゆったりとしたテンポへアレンジされ、しかも男声重唱から女声ソロへ変化させたことで、一味違ったテイストとなっている。当時「シンシア」の愛称で親しまれた南沙織は、フィリピン人の父親と日本人の母親の間に生まれ、アメリカン・スクール出身のバイリンガル高校生として《17才》でデビューした（図②）。沖縄の日本復帰前後のポピュラー音楽界で、アメリカ的なるものを強調して成功した南沙織のことを、小川は「アメリカ文化の窓口」と位置づける［小川 一九九三：一八〇〜一八二］。本来、作曲者である普久原が《ヘイ！ 二才達》に込めた想いは、カントリーと沖縄音楽に共通するしいたげられた者の悲しみだったが、「みんなのうた」では日本的なものとは異質な「内なる外部」のうたとして、新たな文脈のもとで放送されたといえる。

四　二〇〇〇年以降

放送スタートから二四年後の一九八五年、「みんなのうた」は二度目の大きな転機を迎える。一九六一年の放送開始以来、青少年部の管轄下で放送されてきたが、ＮＨＫの編成内で青少年部が解体されたことによって以降、「みんなのうた」は芸能部の番組へと鞍替えすることとなる。その結果、歌詞の傾向や人材起用の面で質的な変化が生じた。その変化について葉口は、芸能界との並行性や親和性を象徴するものへと変化し、かつ〈子どものうた〉から決別して〈大人〉と〈子ども〉が聞く音楽の境界がきわめてあいまいになったと指摘する［葉口 二〇〇三：一二五］。つまり、一九八五年以降の「みんなのうた」では、老若男女の幅ひろい世代の共感を得られるようなうたが放送されてゆくのだ。

そういった流れのなかで「沖縄を表象するうた」にかぎっていえば、一九八五年〜九〇年代には《なつかしの琉球》（一九九二年）、一九七五年に続く再放送となる《さとうきび畑》（一九九七年バージョン）の二曲をみるばかりで、谷間の年代となる。したがって「沖縄を表象するうた」の場合、前述したように芸能界からの人材起用や子どもから大人までの幅広い視聴者をターゲットとしたうたへの変質が明確となるのは、一五年ほどのタイムラグがあり、それは二〇〇〇年以降のこととなる。

したがって本節では、二〇〇〇年以降の「沖縄を表象するうた」にみられる次の特徴、①「みんな」へのパーソナルソング、②多文化共生時代における「要素」としての沖縄、③多元的アイデンティティ、の三つの観点で論じることにしたい。

1 「みんな」へのパーソナルソング

まず人材面では、一九九〇〜二〇〇〇年代初頭において、沖縄出身の歌手やシンガーソングライターそしてバンドの多くが、インディーズからメジャー・デビューを果たした。そういった彼らが二〇〇〇年以降の「みんなのうた」に続々と起用されていく。列挙すると、夏川りみ（二〇〇〇年）、**BEGIN**（二〇〇〇年、二〇一二年）、**Cocco**（二〇〇一年）、ガレッジセール（二〇〇一年）、古謝美佐子（二〇〇二年）、普天間かおり（二〇〇四年）、ティンクティンク（二〇〇五年）、**Kiroro**（二〇〇五年）、きいやま商店（二〇一三年）、成底ゆう子（二〇一六年）、**D-51**（二〇一八年）、**ORANGE RANGE**（二〇一八年）、**DA PUMP**（二〇一九年）、三浦大知（二〇二一年）である（章末表①参照）。ＮＨＫ内での組織再編によって、結果として「みんなのうた」に沖縄出身芸能人が続々と起用されることとなり、彼らの活躍の場となっていった。

つぎに、幅広い年代へのメッセージという観点で歌詞をみていきたい。この時期の歌詞は傾向として、誰の心にも響くような、より普遍的な内容をもつようになる。具体的には、①人生の応援ソング、②個性の尊重、③癒やし、④家族の大切さ、のいずれかである。以下、時代性を考え合わせながら解説する。

①人生の応援ソング

戦後の復興を経て、一九五〇年代後半~七〇年代初頭に高度経済成長を果たした日本社会は、八〇年代以降バブル景気を迎える。働けば働くほど儲かる時代にあって、海外から「働きバチ」と揶揄されたジャパニーズ・ビジネスマンたち。当時流行した某製薬会社の栄養ドリンクのCMキャッチ・コピー「二四時間、戦えますか?」は、まさにこの時代を象徴する。そして一九九〇年代に入ると、政府は金融政策を引き締めへと転じたため、土地や株の値段が暴落してバブル経済が崩壊した。その後の日本経済は「失われた三〇年」と言われるほどに、低迷が続いた。

このように、一九八〇~九〇年代の日本社会は絶頂そして転落を体験した。ちょうどこの時期にヒットした応援ソングには、中島みゆき《ファイト》(一九八三年)、KAN《愛は勝つ》(一九九〇年)、ZARD《負けないで》(一九九三年)、ウルフルズ《ガッツだぜ!!》(一九九五年)などがあり、そこでは、さまざまな人生へのエールが投げかけられる。もちろん「みんなのうた」でも二〇〇〇年以降、「人生の応援ソング」の系譜はひきつがれ、現在に至っている。ここでは一例として、夏川りみの歌による《花になる》[*28]（二〇〇〇年）ならびにbless4《ブレスフォー》の歌による《123》《ワンツースリー》（二〇〇四～〇五年）の歌詞から、サビの部分を紹介する。

《花になる》［日本放送協会編 二〇一八年一〇～一一月：四六～五一］
がんばれ　いつの日か花になる　Mm... 負けないで　Mm... がんばって

《123》［日本放送協会編 二〇〇四年一二月～二〇〇五年一月：六～一三］
飛び跳ねろ　123　派手にJump!
より高く！　飛べる条件
ありきたりじゃとどかぬ夢　どこもかしこもハンパじゃNo Way!
立ち止まらず前見てこうよ　よけいなしがらみは捨てて
向かう先後悔はしない　解き放て

②個性の尊重

「世界に一つだけの花　一人一人違う種をもつ　その花を咲かせることだけに　一生懸命になれ

図③　ティンクティンク《星の世界》CD ジャケット

ばいい」という歌詞は、アイドルグループSMAPのシングル盤として二〇〇二年に発売された《世界に一つだけの花》のサビの部分である。「個性の尊重」を謳いあげたこの曲はミリオンセラーを記録し、音楽の教科書にも掲載され、国民ソングといっても過言ではないだろう。そして以降、「みんなのうた」においても、個性を尊重するメッセージ・ソングの系譜が連なる。ここではその曲例として、ティンクティンクの歌による《星の世界》（二〇〇五年）と、新垣勉[*29]の歌による《私と小鳥と鈴と》[*30]（二〇〇六～〇七年）のサビの歌詞を紹介したい。

《星の世界》〔日本放送協会編 二〇〇五年四～五月：一〇～一四〕

命はいつもどれもが主役　夢も皆んな別々でいい　空の星の世界のように

《私と小鳥と鈴と》〔日本放送協会編 二〇〇六年一二月～二〇〇七年一月：二〇～二三〕

鈴と　小鳥と　それから私　みんなちがって　みんないい

《星の世界》のレコード制作を担当したエイベックスの大谷文衡ディレクターは、ティンクティンクに対して、「ナチュラルで、こりをほぐすような歌声やリズムが魅力。沖縄出身のアーティストが注目され、彼女たちが受け入れられる下地があった」[*31]と評価する。《星の世界》は個性の尊重を謳ったものであるが、あわせてティンクティンクの歌声には心をほぐす力があり、それは次項で述べる「癒やし」にも繋がるだろう。

③癒やし

二〇〇〇年代初頭、日本社会では「癒やし」や「ヒーリング」という言葉がブームとなって以来、CD売り場では「心を癒してくれる音楽」のコーナーが登場し、カトリック教会音楽・グレゴリオ聖歌なども「ヒーリング」の名のもとにCD化された。ある意味、音楽ジャンル再編が起こったといえる。[*32]現代人の心をほぐすうたは、この時期以降の「みんなのうた」のラインナップに欠かせないものとなる。「癒やし」の曲例として、《あさな ゆうな》(二〇〇九年)ならびに《おばあのお守り》(二〇一六年)の歌詞を一部紹介する。

《あさな ゆうな》[日本放送協会編 二〇〇九年八~九月:一四~一七]

あさな　ゆうな　波と風だけ
耳の奥でそっと歌う
ゆらり　ゆるり　それだけでいい

今日は　お休み

《おばあのお守り》〔日本放送協会編 二〇一六年二〜三月：一二六〜一三三〕

わっはっはって　笑うんだ　太陽さんさん　おばあさんさん
わっはっはって　笑ったら　きっと　明日はいい天気
元気をくれるたからもの
願いをこめてうーとーとー

《あさな　ゆうな》は奄美大島出身の唄者・城南海が歌い、《おばあのお守り》は石垣島出身の成底ゆう子の作詞・作曲・歌による。いずれのうたも「南島」出身の歌手のうたであることが雑誌『みんなのうた（NHKテキスト）』でも紹介され、そこでは都会と島の生活が対比的にとらえられている。*33 実生活の喧騒から遠く離れたところにある故郷こそ、彼女らの心のよりどころであり安らぎの場所なのだ。

④家族の大切さ

二〇一一年三月一一日に発生した東日本大震災は、東北地方に甚大な被害をもたらした。未曾有の大津波が人びとの暮らしを飲み込み、死者と行方不明者は一万八〇〇〇人を超えた。そして、生き残った人びとの生活が復興するまでには長い歳月がかかる。たとえ生活が復興しても、かつての日常は戻らない。そして、被災した人びとの精神的な喪失感や家族を失った人びとの悲しみはどれほどか。

東日本大震災のあと、日本人の価値観が変化したという趣旨の報告は少なくない。NHK世論調査部では、震災から九ヶ月後の二〇一一年一二月、全国の一六歳以上を対象に調査を実施し、その結果を次のように報告している［高橋・政木 二〇一二：三四～五五］。結婚観について、震災前の二〇一〇年の調査では「結婚するのが当たり前だ」という人が二七％だったが、震災後の二〇一一年には三八％へと上昇したという。同様に、家族観に関連して、「結婚したら子どもをもつのが当たり前だ」という人は、震災一年前の三七％から震災後には四六％へと上昇したという。これらのデータを根拠に、震災を機に家族や地域の人びととの絆や関係を大切にしたいという人が増えたと結論づける［高橋・政木 二〇一二：四一～四五］。

このように二〇一一年の震災以降、日本人の価値観に転機が訪れ、「みんなのうた」の放送曲においても「家族の大切さ」を謳ったうたが急増する。二〇〇〇年代初めに沖縄県内でインディーズ・デビューし、その後メジャー・デビューを果たしたD-51やORANGE RANGEのうたにも、たしかに、この時代を生きる日本人としての心性が如実に綴られている。以下に、D-51の作詞・作曲・歌による《忘れないよ》（二〇一八年）、ならびにORANGE RANGEの作詞・作曲・歌による《Family》（二〇一八年）のサビを紹介する。

《忘れないよ》［日本放送協会編 二〇一八年二～三月：二〇～二六］
忘れないよ忘れないよ
キミが初めて泣いた
あの日の声に涙こぼれた
忘れないよ忘れないよ
キミが初めて笑った
あの日の声に笑顔あふれた
ありがとう

《Family》［日本放送協会編 二〇一八年一〇～一一月：二四～三三］
「ありがとう」「ごめんね」「また明日」そんな言葉を伝えられる幸せ
当たり前だと思ってたけど　当たり前じゃないよね
限られた時間の中で　僕ら　迷ったり　一歩踏み出したり
大切な場所　守っていきたい　大好きな人の笑顔が見たい

2　多文化共生時代の「要素」としての沖縄

ここでは、二〇世紀後半の世界のうごきを整理したうえで、二〇〇〇年以降の「沖縄を表象するうた」について考えたい。

二〇世紀後半のヨーロッパでは「ワールド・ミュージック」と呼ばれるムーブメントが出現した。この現象について小川博司は、「第一に、いわゆる西洋圏以外のポップ・ミュージックであるが、もう少し意地悪く付け加えれば、西洋圏、特にパリのお墨付きの〝西洋以外のポップ・ミュージック〟」と定義する。そして、かつてフランスが世界の国々を植民地下に置いた歴史的経緯もあって、現在、人種のるつぼと称されるパリの街にはアラブ系、アフリカ系、カリブ系、アジア系という様々な肌の色、顔つき、言語をもつ人々が行き交い、地下鉄の駅や街頭で様々な音楽が鳴り響く。パリのサウンドスケープ自体が「ワールド・ミュージック」なのだという［小川 一九九三：一七〇］。

学問上の「ワールド・ミュージック」という概念は、民族音楽学者のロバート・エドワード・ブラウンやブルーノ・ネトルらによって一九六〇〜八〇年代に提唱されたものであり、先に述べたパリをはじめとする都市の音楽活動にみられる「脱ポピュラー化」をさし、さらには非ヨーロッパ諸国における西洋音楽の要素を取り入れた新しい音楽創作も含まれる。[*34] 民族音楽学では、それまでの認識だった「音楽＝西洋音楽」に対立するものとして、新たに「ワールド・ミュージック」の概念を打ち立てた。この語には「西洋音楽至上主義から自由になれ」という強い含意が込められる［小川 一九九三：一七四］。その思想の根っこには、二〇世紀初頭に文化人類学が主導した文化相対主義がある。言うなれば、ワールド・ミュージックの特徴は地域的あるいは民族的な音楽の要素（ティスト）を含みながらも、他のさまざまな音楽ジャンルとの融合を試みることにある。古い音楽であれ新しい音楽であれ、世界のどの地域・どの民族の音楽であれ、支配・被支配などの政治的・歴史的関係性から優劣をつけることなくフラットな感覚で向きあい、そこから新しい音楽を創造しようというものだ。

さらに、二〇世紀後半の重要な出来事として、一九八九年一一月「ベルリンの壁」の崩壊がある。翌月、米ソ首脳は冷戦の終結を宣言した。これをもって第二次世界大戦以降、四〇年間にもおよんで東西を二分してきた世界の構図が崩壊し、一九九〇年以降はグローバリゼーションが加速することとなる。それに呼応した形で出現したのがナショナル・アイデンティティに挑戦するいくつかの動きだ［草野 二〇〇六：一九］。その一つにエスニック・ナショナリズムの台頭があり、それは今日、先住民族の復権とマイノリティ文化を尊重する運動として世界的な広がりを見せている［草野 二〇〇六：二一〇］。以上、述べたように、二〇世紀の終焉において国家間や民族間のそれまでの均衡が崩れたことによって、新たな価値観とともに二一世紀が幕を開けたのだった。

①異なるルーツの音階をパッキング

新たな価値観については「みんなのうた」の放送曲にも見てとることができる。それは一つに、旋律の骨格となる音階の扱い方に指摘できる。ちなみに、二〇〇〇年より前の「みんなのうた」の放送曲は、歌唱旋律ならびに伴奏パートともに長音階によるうたが大半であり、[*35]つまり西洋音楽に由来する音階が基調だった。けれども二〇〇〇年以降の「沖縄を表象するうた」では、多様な種類の音階が使われるようになる。[*36] すなわち、文化背景の異なる二種類以上の複数の音階を一つの楽曲内で併用する手法が急増し、複数音階の併用こそ、うたづくりの常套手段となっていくのだ。このことは、先に述べた「世界のどの地域・どの民族の音楽であれ、支配・被支配などの政治的・歴史的関係性から優劣をつけることなくフラットな感覚で向きあい、そこから新しい音楽を創造しようという」態度として解釈することができよう。

　ここでは、複数（三種類以上）の音階を併用したうたとして《天下無敵のゴーヤーマン》[*37]（二〇〇一年）、《くじらのあくび》（二〇一一年）に注目したい。まず、《天下無敵のゴーヤーマン》では歌唱メロディーの展開のなかで次々と異なる音階、すなわち、琉球音階～長音階～教会旋法[*38]が循環する。つぎに、《くじらのあくび》ではAメロ前半とBメロが長音階、Aメロ後半と後奏が琉球音階、琉球音階の箇所では所々に「ひーやさっさ、はいや」[*39]という沖縄民謡にちなんだ囃子に加えて、アイリッシュな合いの手がアコーディオンで挿入される。

図④　ガレッジセール《天下無敵のゴーヤーマン》CDジャケット

　この二つの歌は、次の四点で様式が共通する。すなわち、①ルーツの異なる三種類の音階がパッチワーク的に接続されていること、②リズムにおいて、琉球音階による楽節を一貫して支えるのはシャッフル・ビート（三等分で刻む躍動感のあるビート）であること（ちなみに、長音階ならびに教会旋法による楽節はイーブン・ビート（二等分で刻む平面的なビート）である）、③歌詞において、標準語を基本としつつも、アクセント的な扱いで複数の言語（沖縄語や英語）が挿入されていること、④調性音楽として書かれていることである。つまり、この二つの歌では、楽曲内に使用したそれぞれの音階の文化背景を考え合わせ、その文化が有するリズム特性と類似したリズム（ビートの種類）が選択されている。具体的に言うと、沖縄民謡を特徴づける裏拍の跳ねるリズムを活かすべく、琉球音階とシャッフル・ビートがセットとなっている。そして、この二つの歌は音階のみならず言語面でもルーツの異なるコトバを併用する。本来の文化的脈絡とは無関係に音階や言語をパッチワーク的な手法でパッキングしたこの二つの歌が、なぜかツギハギ的ではなく一つのまとまりとして響いてくるのは、やはり調性音楽という一定のルールのなかに、これらの諸要素が包み込まれているためではないだろうか。

《くじらのあくび》そして《天下無敵のゴーヤーマン》では、すでに日本のポピュラー音楽の手の内にある素材（長音階）と、内なる外の素材（琉球音階）、そして諸外国の異なる文化の素材（教会旋法、アイリッシュな合いの手）を組み合わせることによって、新しい音楽創造の可能性が打ち出されたのだった。二一世紀初頭の「みんなのうた」において、このような手法が見られるようになったことは、世界の人間と人間の結びつきようを模索する動きの現れとして受けとめられる［小川 一九九三：一七五〜一七六］。

②琉球音階――外部者が思い描く沖縄シンボル

つぎに、琉球音階の用法に着目すると興味深い傾向が見えてくる。それは何かというと、「沖縄を表象するうた」全三六曲中、琉球音階によるうたは九曲あり、そのなかで、一番目立つパートである歌唱メロディーに琉球音階を用いたうたは五曲ある。[*40] これらの五曲を作曲したのは、いずれも沖縄出身者ではなく本土の作曲者だ。その一例として、加藤登紀子の作詞・作曲・歌による《Paikaji～南風～》（二〇〇二年）があり、[*41] そこでは琉球音階のメロディーを基調とし、エンディングのコーラスでは南アフリカ共和国の子どもたちの歌声が響く［日本放送協会編 二〇一一年六～七月：二三］。それは、琉球音階とアフリカン・サウンドの融合である。[*42]

さらに、琉球音階を用いた九曲中、残りの四曲は普久原恒勇をはじめとする沖縄出身の作曲者が手がけ、むしろそこでは琉球音階をあからさまに使ったりしない。[*43] 具体的にいえば、これらの四曲は歌唱メロディーが長音階を基調とする点で共通し、そのなかで琉球音階は伴奏に用いられるか、もしくは前奏・間奏・後奏やオブリガート笛のパートに用いられる。

ここから推察できるのは、沖縄の「外側」の人びとが思い描く「沖縄イメージ」を実際にかたちにする際に、その要素として琉球音階が直結しやすい傾向にあるということだ。けれども琉球音階は、沖縄の「内側」の人びとにとって、彼らが想起するところの沖縄イメージと必ずしも重なるわけではないということである。

実際のところ、沖縄本島の南西に弧状に点在する先島諸島（八重山諸島、宮古諸島）に伝わる民謡の多くが琉球音階ではなく、律音階や呂音階（前者は「レ・ミ・ファ・ソ・ラ」、後者は「ド・レ・ミ・ソ・ラ」の五音階）といった、いわゆる奈良時代に雅楽とともに大陸から日本へ渡来した音階である。かつて近世琉球の時代、先島の人びとは首里王府へ租税を納める立場だった。首里王府に対する対立感情など、さまざまな面で沖縄本島とは異なる社会・文化背景をもつ。ここで「みんなのうた」へ話題を戻すと、きいやま商店の作詞・作曲・歌による《カチャーシ☆ブギ》、ティンクティンクの歌による《星の世界》、古謝美佐子の作詞による《童神：天の子守歌》は、律音階や呂音階に基づいている。なかでも、きいやま商店のメンバーは三名ともに八重山郡石垣島出身であり、意識的か無意識的かはさておき《カチャーシ☆ブギ》には、沖縄本島とは異質な彼らの沖縄像が表象されているだろう。

ひとくちに「沖縄」と言っても、その内実ははるかに多様であり多元的だ。現代を生きる沖縄の人びとの日常はもちろんのこと、時代を遡ると米国統治下や近代沖縄、琉球王国時代さらには古琉球などの時間的重層性があり、そして地理的・空間的には沖縄本島と周辺離島そして先島諸島、近代以降は大東諸島も含まれ、近世に遡れば奄美諸島も含まれる。さらにその地平は、沖縄系移民の子孫たちが暮らすハワイや南米・北米にまでおよぶ。[*44] 海外系人の関連で「みんなのうた」に話を戻すと、《1 2 3》がある。このうたを歌唱するbless4は沖縄出身の両親をもつ四兄弟姉妹で、メンバー全員が米国で生まれ育った沖縄系グループだ。[*45] 多民族国家の文化的土壌で育った彼らしく、韓国の伝統武術テコンドーをもとに考案した彼らのパフォーマンスは多国籍を特徴とする。

このように考えてくると、いつの時代のどの部分を切り取るのかによって、「沖縄イメージ」は幾重にも表現され得るだろう。そして、沖縄の「内と外」の間には、当然ながらズレがあるのだ。

③コトバのローカル化

沖縄では、一八七九年の廃琉置県によって日本の一県に組み込まれて以降、近代化政策の一環として標準語が励行された。さらにそののち、進みゆく核家族化や都市化のなかで旧来の村落共同体は姿を消し、現在みられるようなライフスタイルへと変化した。そして近年、「しまくとぅば」*46を話すことも聞いて理解することもできない世代が急増するのが沖縄の現状だ。

図⑤　第10回「しまくとぅば県民大会」ポスター

二〇〇六年三月、文化の基層といえる「しまくとぅば」を次世代へ普及継承していくことが重要であるという考えのもと、沖縄県は「しまくとぅばの日に関する条例」を制定し、九月一八日を「しまくとぅばの日」とした*47。以来、県内では毎年九月一八日に「しまくとぅば県民大会」が開催される。そこでは島唄ライブやU‐18島唄者コンテストなども行われ、コトバと芸能のあり方についても見つめなおす契機となっている。

二〇〇〇年代のNHKでは「にほんごであそぼ」がスタートし、コトバをテーマとしたこの番組では日本各地のお国言葉を紹介するコーナーもある。二〇〇〇年以降、人びとのまなざしは「地方」へと注がれていく。ローカリティへの注目という観点から、標準語以外で歌われた「みんなのうた」の放送曲を探してみると、一九七六年放送《ボクたち大阪の子どもやでェ》[*48]がある。フォーク調のこの曲は全編大阪弁で歌われる。[*49]すでに述べたように「みんなのうた」では、一九七〇年代以前の放送曲（民謡曲は例外）が標準語を前提としていた流れからすると《ボクたち大阪の子どもやでェ》は異色であり、この時期ではきわめて例外的である。

「沖縄を表象するうた」の制作においても、標準語で歌うか、それとも沖縄の言葉で歌うか、という葛藤があった。その一例が《童神：天の子守歌》である。初孫誕生のよろこびを込めたこの歌は、元ネーネーズの古謝美佐子が作詞し、一九九七年の自主制作盤CDでは古謝がみずから全編ウチナーグチ（沖縄語）で歌唱した。さらにこの歌は、二〇〇二年二〜三月放送の「みんなのうた」バージョンとして焼き直されることとなり、そこではフォーク界の草分け的存在・山本潤子が標準語をベースに一部ウチナーグチを入れて歌った。[*50]担当プロデューサーを務めた川崎龍彦は次のように回想する［川崎 二〇〇六：八三］。

訳詞には心を砕いた。古謝さん、佐原さんには、できるだけこなれたヤマトグチにしていただくようお願いした。現在の歌詞が上がってきた時、私は「さらに原曲から離れた普遍的な内容にしていただけないか」、そう注文した。しかし古謝さんからは、思いがけず激しいお叱りの言葉が返ってきた。「この歌は、大切なうたです。これ以上変えるなら、他人の手には渡しません。」

私の配慮は裏目に出た。元の歌は、古謝さんの、かけがえのない宝物だ。だからこそ、原曲は原曲として、そっとしておくべきではないか。ブラームスの子守唄や、シューベルトの子守唄が世界中で歌われているように、可能な限り沖縄の香りから遠ざけ、普遍的な子守唄にするのが、古謝さんへの礼儀ではないか。そう考えていた。

勝手な思い込みを詫び、古謝さんには改めて音楽プロデューサーの一員という立場で加わっていただくことにした。

川崎の思いは、全国の視聴者に、このすばらしいうたの歌詞の意味を伝えたいという一心であり、その一方で、標準語の割合を多くすれば原曲に本来そなわる地域的なコトバの味わいや響きが損なわれてしまうことになる。プロデューサーとしての葛藤は、この相反にどのような態度で折り合いをつけるかだった。そして「みんなのうた」で《童神：天の子守歌》が放送されたあと、作詞の古謝は次のように語っている。「全国の子どもたちに知ってもらうならヤマトグチでもいい。でも、それをきっかけに原曲にも触れて欲しい」。[*51]
《童神：天の子守歌》が「みんなのうた」で放送されてから二〇年以上の歳月が過ぎ去った二〇二三年の秋、筆者は川崎のもとを訪ねた。「みんなのうた」の制作エピソードをはじめ、「うた」におけるコトバの「意味」と「響き」の相関性について、プロデューサーを務めた川崎の当時の考え、そして現在の考えを知りたかったからだ。[*52]

川崎：コトバの響きと、意味が伝わるか、という相互のバランスをどのようにとるのかが難しいですね。
三島：《童神：天の子守歌》の制作は今から二〇年以上も前の時代にあって、もし仮に現在の状況ならば、歌詞のあり方についてどのようにお考えでしょうか。
川崎：もっとウチナーグチを活かしたかもしれませんね。

3　多元的アイデンティティ

沖縄出身の歌手にとって、いわゆる外部者がいうところの「沖縄らしさ」が、必ずしもみずからの「内なる沖縄」と重ならないこともあるようだ。沖縄出身の音楽ユニットKiroroは、それまでのみずからの楽曲スタイルについて、次のようにコメントする［日本放送協会編 二〇〇五年六～七月：六四］。

もともと、沖縄っぽくないというのがKiroroの曲のイメージだったと思うんですが、今まで、特に沖縄っぽさを〔意識的に〕抑えてきたわけではないんです。ただ自分たちのなかから出てくる歌を表現して、むしろ自分たちは、沖縄で生まれ育ったからこそ出てくる〔沖縄っぽくない〕歌詞や曲だと思っていました。

数年間の東京生活のあと、Kiroroは沖縄に戻った。そして、出身地の読谷村を紹介しつつ、余興などで歌える楽しい歌があったらいいね、ということで生まれたのが《紅芋娘》だった。このうたは、デビュー八年を記念する沖縄県下限定発売アルバム『帰る場所』の収録曲として作られ、同年二〇〇五年六〜七月「みんなのうた」で放送された。本来、このうたは沖縄県民向けだったが、「みんなのうた」を窓口として全国へと届けられた。それまでの彼女らの楽曲路線にはみられないウチナーグチや琉球音階などの要素が、どうして《紅芋娘》に盛り込まれたのかという質問に対して、Kiroroの二人は次のように口をそろえる〔日本放送協会編 二〇〇五年六〜七月：六四〕。

詞を書いているうちに、どんどん読谷を愛する気持ちが湧いてきて。読谷の特産品をすべて入れよう、〝ウチナーンチュ〟の心…、ニライカナイとか平和を願う気持ちも、明るく笑顔で伝えたいと思ったんです。

そして、二人は、当たり前などひとつもない、海や珊瑚礁などの大自然は、いつも近くにあるから見えなくなっているのかもしれないけれど、実はとても美しくて大切なもの、そして、大らかで温かい心も、かけがえなのない沖縄の優しさなのだと、口をそろえる。

本土復帰から五年後の一九七七年生まれのKiroroにとって、沖縄の外の人びとが想う「沖縄らしさ」だけでなく、日本人としての精神性も彼女たちのアイデンティティを形づくる。*53 みずからの多元的アイデンティティ（沖縄内での多元性、日本内での多元性）の何を選択するかによって「うた」の表現スタイルは幅をもち、そして、誰に向けた「うた」なのかによって表象の実体が異なってくることを、Kiroroの事例は示しているだろう。*54

五　まとめ

「みんなのうた」で放送された「沖縄を表象するうた」の数々は、①一九六六～七三年の沖縄民謡期、②一九七五～九七年の反戦・沖縄近代史・琉球ロマンを表象したオリジナルソング期、③二〇〇〇年以降の多文化共生時代における「みんな」へのパーソナルソング期と変遷してきた。創り手の傾向として、エキゾチシズム的な心象風景を「沖縄」へ重ね合わせてきたのは、沖縄に出自をもたない本土のアーティストたちであり、その点において沖縄の「外と内」ではズレが生じていた。そして、ここに提示した変遷には、ＮＨＫの組織的再編がもたらした影響や、民放との競争など、経営上の事情による影響も大きかった。

それらの結果として、インディーズから一九九〇年代にメジャー・デビューを果たした沖縄出身のミュージシャンの多くが、二〇〇〇年以降は「みんなのうた」の担い手として活躍していく。ちょうどそのころ、「多文化共生」という思想が全世界へ浸透していく局面を迎え、沖縄の文化的特性が現代日本のポピュラー音楽表現上の一つの「要素」となっていくのだった。むろん、それらのうたでは、日本文化とはルーツの異なる異文化や異民族の要素も並列的に価値あるものとして包摂される傾向にあった。多元的アイデンティティを包み込むグローバルな価値観のもとで、二〇〇〇年代のうたが歌いあげてきた世界は、もはや外からの眼差しとしてのエキゾチックな沖縄像ではない。そこには、多元的アイデンティティをもつ沖縄出身ミュージシャンたちの等身大の、しかもさまざまな沖縄像とともに、日本社会を生きる現代人（広義には地球人）としての想いが込められる。

刻々と移ろいゆく時代感覚と向き合いつつ、番組ブランドとして外せないことと新しいことの双方のバランスをとりながら、これからも「みんなのうた」は数多くのうたを発信していくことだろう。これからの将来、沖縄の文化的特性や沖縄イメージはどのように移ろいゆくのだろうか。ひじょうに楽しみだ。

1――「みんなのうた」は現在、テレビ（総合テレビ、Eテレ）ならびにラジオ（NHK-FM、ラジオ第二）で放送される。日によって放送回数に微差があるが、一日あたり合計七～九回放送される。

2――「テレビとタイアップ」（『読売新聞』一九六四年一一月二五日、夕刊七面）。

3――本章では「みんなのうた」の番組名に倣って、番組内での放送楽曲を「うた」と表記する。

4――間テクスト的観点をもつ葉口英子の論文では、〈送り手とテクスト〉および〈受け手とテクスト〉の間にみられる相互作用を中心に、うたをめぐる生産・消費の場に着目する。そこから公共放送における〈子ども〉向け音楽番組の歴史的展開やその性質を解明する。葉口は、「みんなのうた」の変遷を次の六期に区分する。Ⅰ期（創始期：一九六一～六四年）、Ⅱ期（展開期：一九六五～七三年）、Ⅲ期（発展期：一九七四～八三年）、Ⅳ期（多様期：一九八四～八九年）、Ⅴ期（ポスト多様期：一九九〇～九六年）、Ⅵ期（第二創始期：一九九七～二〇〇〇年）［葉口 二〇〇三］。

5――佐藤慶治の一連の論文は「みんなのうた」の年代的変遷をたどりながら、①最初期：童謡・唱歌・民謡の観点から［佐藤 二〇一七］、②一九六〇～七〇年代：西洋ポピュラー音楽の観点から［佐藤 二〇一八］、③「うたごえ運動」の観点から［佐藤 二〇二〇a］、④海外民謡の観点から［佐藤 二〇二〇b］、⑤制作者の資料分析［佐藤 二〇二〇c、二〇二一］といった観点でアプローチする。

6――葉口は「みんなのうた」について次のように評価する。「番組が専念してきたテレビ時代の新たな〈子どものうた〉への取り組みは、わが国の音楽教育や音楽文化に少なからず影響を及ぼしたといえよう」［葉口 二〇〇三：二一六］。

7――NHK放送博物館・番組公開ライブラリー内のアーカイブ映像（約一二〇曲）ならびにNHKホームページ「みんなのうた」https://www.nhk.or.jp/minna/ の掲載楽曲、『みんなのうた（NHKテキスト）』の掲載楽曲を対象とする。

8――ここでいう表象は、「うた」をかたちづくる各種要素（言語要素、歌詞内容、音階、楽器、沖縄出身者の起用）のいずれか一つ以上の要素で「沖縄」の特性が確認されることをさす。

9――一九四八年、関鑑子の指導のもと中央合唱団が創立されたことを出発点とする。共産主義思想を背景に全国各地にサークルを組織し、合唱を主体とした大衆的で民主的な音楽運動を展開した。一九七〇年と七二年には、沖縄返還をテーマにした歌劇「沖縄」を制作・上演した（「日本のうたごえ全国協議会」http://utagoenet.com/syokairekisi.html、二〇二四年一月一日閲覧）。

10――一例として、一九六一年の放送曲を挙げる。《トロイカ》東京少年少女合唱隊（うた）、楽団カチューシャ（作詞）、ロシア民謡（作曲）、荒谷俊治（編曲）。《おお牧場はみどり》東京少年少女合唱隊（うた）、中田羽後（作詞）、チェコ民謡（作曲）、平井康三郎（編曲）。

11――葉口はこの時期を注4のⅠ・Ⅱ期に区分する［葉口 二〇〇三：一一八］。

12――中村浩子・杉並児童合唱団（うた）、沖縄民謡（作詞・作曲）。本来の曲名は《てぃんさぐぬ花》であるが、番組内では標準語表記《てぃんさぐの花》の曲名で紹介された。

13――ひばり児童合唱団（うた）、峯陽（作詞）、沖縄民謡（作曲）。

14――ひばり児童合唱団（うた）、金城栄治（作詞）、宮良長包（作曲）。なお、作詞作曲者が明記されていることのうたは厳密にいえば沖縄民謡ではないが、現在、民謡的にひろく沖縄県民に親しまれている。

15――赤い鳥（うた）、八重山民謡（作詞・作曲）。

16――東京放送児童合唱団（うた）、沖縄民謡（作詞）。

17――一九六〇年代「一地方としての沖縄」、一九七〇年代「アメリカ文化の窓口としての〈沖縄〉」、一九八〇年代「内なる外部としての〈沖縄〉」、一九九〇年代「アジアへの窓口としての沖縄」である。

18――佐藤総理沖縄訪問以降の流れは次のとおり。一九六九年、日米首脳会談で一九七二年中の沖縄返還実現について原則的合意が成立し、この合意に基づく日米交渉が一九七〇年から始まり、一九七一年「琉球諸島及び大東諸島に関する日本国とアメリカ合衆国との間の協定」の日米同時調印が行なわれた。一九七二年、沖縄返還協定が発効し、沖縄は日本に返還された。

19——九学会連合とは、一九四七年に事業家の渋沢敬三と文部省の後援によって設立された、民族学会、民俗学会、人類学会、社会学会、考古学会、言語学会、地理学会、宗教学会、心理学会からなる学術的研究団体である［小島 一九九〇：二〇一～二二二］。

20——「「さとうきび畑」を作詞作曲・寺島尚彦さん沖縄戦を悼む（惜別）」（『朝日新聞』二〇〇四年四月一二日、夕刊一二面）。

21——「作曲家・寺島尚彦：歌い継がれる平和への願い 「さとうきび畑」の足跡をたどる」（『毎日新聞』二〇〇五年八月一三日、大阪夕刊二面）。

22——久万田は「沖縄新ロマン主義」の概念を次のように提唱する。「九十年代以降の沖縄ポップをリードする戦後第三世代の音楽家達の間で〔中略〕歌われるのは、現実の沖縄をではなく、想像上・幻想上の〈沖縄〉イメージであり、現代の沖縄において日々生起する政治的・社会的現実とはかけ離れた理想郷的な沖縄、仮構されたパラダイス的世界でもある」［久万田 一九九八：一四四］。本章における筆者の造語「琉球ロマン」は、沖縄の音楽家の世代間相違に着目したものではないので「沖縄新ロマン主義」の含意と同質ではないが、「理想郷的な沖縄」という点については「琉球ロマン」にも共通する。

23——作曲者の普久原恒勇は次のように語る。「沖縄歌謡詞集団の運動の始まりとちょうど同じ時期でした。それが幸いして、沖縄にも新しいフォークソングがあっていいんじゃないかと誕生したのが《ヘイ！ 二才達》であり、《語れ～小》などの作品です」［磯田 二〇〇九：一三三］。

24——ヒルビリー（Hillbilly）は、アメリカ中南部、アパラチア山脈南部の丘陵地帯に住む農民の意から、同地の人びとの間に発達したカントリー音楽のこと。ロックンロールと合体してロカビリーが誕生した。
25――「沖縄の心こめ～ヘイ！　ニセタ」（『読売新聞』一九七五年八月三日、朝刊二六面）。
26――「〈みんなのうた〉どのように作る？」（『読売新聞』二〇一四年一月二八日、朝刊二八面）。
27――注25に同じ。
28――この歌は、NHKの「新ラジオ歌謡」で生まれた〔川崎　二〇〇六：一六一〕。
29――「全盲と天涯孤独の逆境を乗り越え、自分にしか出来ない生き方（オンリー・ワン）を呼びかける魂のテノール歌手」と紹介されている〔日本放送協会編　二〇〇六年一二月～二〇〇七年一月：トビラ〕。
30――二〇〇三年四月よりNHK教育テレビで放送されている「にほんごであそぼ」でも取り上げられた。
31――「YOU館：心を癒やす・沖縄発の女性ボーカルデュオ〈ティンクティンク〉全国へ」（『毎日新聞』二〇〇六年二月二日、西部夕刊一面）。
32――グレゴリオ聖歌は本来の「典礼音楽」という機能から「癒やしの音楽」へと脈絡変換がはかられた。
33――城はライナー・ノートで次のように述べる。「私は鹿児島県奄美大島出身で〔中略〕奄美大島は一年中色鮮やかな色の海・空・花などの自然に包まれ〔中略〕島を離れてから奄美の〝島唄〟の魅力に気づき、この素敵な文化をもっとたくさんの人に知ってほしくて島唄を歌うようになりました。〔中略〕今の日常を大事にしながら故郷奄美をふっと想った時のふんわり優しい気持ちがみなさんに伝われば嬉しいです」（城南海「奄美を想うと優しくなれます」〔日本放送協会編　二〇〇九年八～九月：一二〕）。
成底はライナー・ノートで次のように述べる。「「おばあのお守り」は、石垣島に居たころ、優しくて豪快でよく遊んでくれた近所の商店のおばあへの想いを書いています。辛い時でも悲しい時でも、おばあの笑顔を見ると不思議と元気になれました。時には体も心も休めて、あのころの自分に会いに行くのも必要だと思います」（成底ゆう子「誰にでも、目を閉じれば浮かんでくる笑顔がある」〔日本放送協会

編 二〇一六年二〜三月：三二]）。

34——ネトルは、ヴァルター・ヴィオラの著作『世界音楽史——四つの時代』の区分を援用しながら、次の見解を示す。「世界の諸文化も音楽の面で西洋文化と対峙する必要からまとまってくる。二十世紀は音楽思想の最も激しい相互作用の時代と考えなくてはならない」［ネトル 一九八九：九］。

35——例外的に複数の音階を併用したうたが三曲あるものの、この時期の大半のうたと同様、いずれも長音階や短音階といった西洋音階を基調としている点は共通している。具体的には、①長音階＋短音階の組み合わせを歌唱旋律と伴奏パートの両方に併用した《さとうきび畑》、②長音階（歌唱旋律）＋琉球音階（オブリガート笛パート）《ここは南の島》、③民謡音階（歌唱旋律）＋短音階（伴奏パート）＋琉球音階（イントロ）《悲しきマングース》である。

36——具体的には、④長音階＋短音階（歌唱旋律）＋呂音階（伴奏パート・前奏・間奏・後奏）《花になる》、⑤長音階（歌唱旋律）＋琉球音階（伴奏パート）《太陽《ティダ》のうた》、⑥長音階（歌唱旋律・伴奏パート）＋琉球音階（前奏・間奏）《紅芋娘》、⑦長音階（歌唱旋律・伴奏パート）＋琉球音階（歌唱旋律の断片）《あさな ゆうな》、⑧琉球音階（前奏＋歌唱旋律Aメロ）＋長音階（歌唱旋律Bメロ・後奏）《Paikaji〜南風〜》、⑨琉球音階（前奏・歌唱旋律Cメロ）＋長音階（歌唱旋律Aメロ）＋教会旋法（歌唱旋律Bメロ）《天下無敵のゴーヤーマン》、⑩長音階＋琉球音階（歌唱旋律Aメロ）＋長音階（歌唱旋律Bメロ）＋琉球音階（後奏）＋アイリッシュ（合の手）《くじらのあくび》、⑪長音階（歌唱旋律）＋律音階（前奏・後奏）《カチャーシ☆ブギ》、⑫長音階＋ヨナ抜き長音階（歌唱旋律）＋琉球音階（伴奏パート）《Family》、⑬長音階＋短音階（歌唱旋律・伴奏パート）《からっぽカタツムリ》である。

37——NHK朝の連続テレビ小説「ちゅらさん」（二〇〇一年）に登場するキャラクターである。

38——中世ヨーロッパのカトリック典礼聖歌における旋律の節回しの基礎となる一二種類の音階のこと。いずれも七音で構成される。

39――アイリッシュトラッドをとりいれた日本国内における先駆的なバンドとして、ソウル・フラワー・ユニオンがいる。彼らの四枚目のアルバム「ウインズ・フェアグラウンド」では、沖縄・奄美の弦楽器である三線や朝鮮半島の民謡に使う打楽器のチャンゴなど、アジアの楽器も使いながら、ロックとアイリッシュトラッドの融合を含む一三曲を収録している（「アイリッシュトラッドと融合 ソウル・フラワー・ユニオン」『朝日新聞』一九九九年三月八日、大阪夕刊二面）。《くじらのあくび》についても、アイリッシュトラッドの影響を受けた創作路線の延長線上に位置づけられよう。

40――《アヒルの行列》《天下無敵のゴーヤーマン》《Paikaji ～南風～》《あさな ゆうな》《くじらのあくび》の五曲である。

41――加藤は歌手生活の集大成として一〇枚のアルバムシリーズ「さよなら私の愛した20世紀たち」の収録で、南アフリカのヨハネスブルクに出かけた。ジャズベーシストでプロデューサーとして欧米で活躍するマソンドらと出会い、アフリカンポップスに触れた。その時の体験について「体の中から自然に噴き出してくる音楽で、阿波踊りやエンヤトットのような日本の伝統的リズムに通じるものがある」と加藤は語る（「アフリカの風を感じて・加藤登紀子が全国ツアー」『朝日新聞』二〇〇一年六月一八日、夕刊芸能一面）。《Paikaji ～南風～》は、加藤が呼ぶところの「ジャパニーズ・アフリカンの新しい音楽」の創作路線のなかに位置づけられよう。

42――《ここは南の島》《太陽《ティダ》の歌》《紅芋娘》《Family》である。

43――高橋美樹の研究によれば、戦後、沖縄県内でレコード会社が設立され、一九六〇年代には沖縄音楽専門のレコード・レーベルが次々に誕生したという。それら県内向けの沖縄音楽の特徴について、「伝統楽器の三線を使用し、メロディーは沖縄音階で、弾むようなシャッフルのリズムを多用し、オフ・ビートを強調する。歌詞に琉球方言を用いる作品も多い」と指摘する〔高橋 二〇二四：ii〕。この指摘を踏まえるならば、楽曲を誰に向けて制作・発信するのか（県内向けなのか、県外向けなのか）によって、沖縄音楽の制作者たちが、そのスタイルを意識的に使い分けている可能性も考えられよう。

44 玉城デニー知事は、「世界に約四二万人いる県系人が交流するための拠点「世界のウチナーンチュセンター（仮称）」の設置を発表し、〔中略〕世界に広がる沖縄人のアイデンティティや文化、沖縄への思いを継承・発展させねばならない。県民一体で活動を盛り上げたい」と述べる（「〈沖縄の宝〉継承・発展を：県系人交流拠点設置へ」『琉球新報』二〇二四年二月四日、八面）。

45 一五年間のアメリカ生活を経て、一九九七年に沖縄に戻る。米国時代には多国籍集団「フライング・ドラゴン」を結成し、全米各地のイベントに出演した〔日本放送協会編 二〇〇四年一二月～二〇〇五年一月：三～四〕。

46 「しま」は村落や島をあらわすだけでなく「故郷」の意味をもつ。「くとぅば」は言葉のこと。よって「しまくとぅば」は「故郷のことば」を意味する（沖縄県文化協会ホームページ https://shimakutuba.jp/investigate/whats-shimakotoba/、二〇二四年一月一日閲覧）。

47 「〈しまくとぅばの日〉の始まり」（沖縄県公文書館ホームページ https://www.archives.pref.okinawa.jp/news/that_day/4940、二〇二四年一月一日閲覧）。

48 西岡たかし（作詞・作曲）、T.J.C（うた）。

49 大阪在住のフォーク歌手・西岡たかしが作詞し、「当時、生野区鶴橋で同居していた小学生の甥と姪の「生活語」をラップ調の歌にしたもの」（「標準語東遷二六〇年史　柔和で情感豊か　危うし大阪弁」『週刊AERA』一九九一年七月三〇日、一五頁）。この記事では「ラップ」となっているが「フォーク」の誤りである。

50――「みんなのうた」の放送では標準語ベースだったが、ウチナーグチでも収録されたことが担当プロデューサーの川崎龍彦の著書からわかる。「山本さんはウチナーグチでも吹き込むこととなり、一語一語、古謝さんから発音を伝授された」［川崎 二〇〇六：八四］。

51――「おばぁが残すさぁウチナーグチ　平良とみが昔語りをCDに」（『朝日新聞』二〇〇二年六月二〇日、西部夕刊五面）。

52――筆者による川崎龍彦氏へのヒアリング（二〇一三年一一月三日、東京都港区にて実施）。

53――二〇〇〇年以後の沖縄インディーズについて論じた高橋は、次のように述べる。「沖縄ハードコアの担い手〈沖縄出身者〉は沖縄が日本に復帰した以後に育ったため、日本本土は殊更に意識する対象ではなく、日本の中の〈沖縄〉という社会状況を違和感なく受け入れた。そして、作品にもそれが反映していると考えられる」［高橋 二〇一〇：四二］。高橋のこの指摘は、**Kiroro** のアイデンティティや作品様式にも当てはまる。

54――「アイデンティティの操作」に関連して、スコットランドのトラヴェラーと呼ばれる少数民族と音楽の関係について、徳丸吉彦は次のような見解を示す。「個人が一つのアイデンティティーで代表されるのではなく、さまざまなアイデンティティーをもちえる」［徳丸 一九九六：四八］。

＊参考文献

磯田健一郎　二〇〇九『芭蕉布――普久原恒勇が語る沖縄・島の音と光』ボーダーインク

小川博司　一九九三『メディア時代の音楽と社会』音楽之友社

川崎龍彦　二〇〇六『「みんなのうた」が生まれるとき』ソフトバンククリエイティブ

草野昭一　二〇〇六「グローバリゼーションとローカライゼーション〈Ⅱ〉」（奈良県立大学編『研究季報』第一

六巻第三・四合併号、一九〜三六頁）
久万田晋　一九九八「九十年代沖縄ポップにおける民族性表現の諸相」（沖縄県立芸術大学大学院芸術文化学研究科編『沖縄から芸術を考える』一三四〜一六二頁）
小泉文夫　一九五八『日本伝統音楽の研究』音楽之友社
小島美子　一九九〇「九学会連合と音楽学」（九学会連合編『人類科学』四二号、二〇一〜二一三頁）
佐藤慶治　二〇一七「NHK音楽番組〈みんなのうた〉最初期についての考察――童謡・唱歌・民謡を中心に」（総合文化学研究所編『総合文化学論集』六号、三九〜五四頁）
佐藤慶治　二〇一八「1960–70年代におけるNHK『みんなのうた』と西洋ポピュラー音楽」（日本比較文化学会編『比較文化研究』一三三号、一〇三〜一一五頁）
佐藤慶治　二〇二〇a「NHK児童音楽番組〈みんなのうた〉の形成小学校音楽科での楽曲利用における〈うたごえ運動〉からの影響」（日本比較文化学会編『比較文化研究』一三九号、六九〜八一頁）
佐藤慶治　二〇二〇b「NHK教育音楽番組〈みんなのうた〉の楽曲に関する研究――海外民謡を原曲とする楽曲と児童合唱団の隆盛」（日本比較文化学会編『総合文化論集』一三号、四七〜六四頁）
佐藤慶治　二〇二〇c「NHK〈みんなのうた〉の商業主義への転換――〈ゼッキーノ・ドーロ〉楽曲の輸入を契機として」（『音楽学習研究』編集委員会編『音楽学習研究』一六巻、六九〜七八頁）
佐藤慶治　二〇二一「1960年代におけるNHK〈みんなのうた〉の開始と反響――後藤田純生資料の分析を通じて」（日本ポピュラー音楽学会編集委員会編『ポピュラー音楽研究』二五巻、六四〜七四頁）
鈴木聖子　二〇二三『掬われる声、語られる芸――小沢昭一と『ドキュメント 日本の放浪芸』』春秋社
高橋幸市・政木みき　二〇一二「東日本大震災で日本人はどう変わったか――防災・エネルギー・生活に関する世論調査から」（NHK放送文化研究所編『放送研究と調査』六二巻六号、三四〜五五頁）

高橋美樹　二〇一〇『沖縄ポピュラー音楽史――知名定男の史的研究・楽曲分析を通して』ひつじ書房
高橋美樹　二〇二四『沖縄レコード音楽史――〈島うた〉の系譜学』ミネルヴァ書房
徳丸吉彦　一九九六『民族音楽学理論』放送大学教育振興会
日本放送協会編　一九六四～二〇二四『みんなのうた（NHKテキスト）』NHK出版
ネトル，ブルーノ　一九八九（一九八五）『世界音楽の時代』細川周平訳、勁草書房
葉口英子　二〇〇三「〝みんな〟の『みんなのうた』――NHK音楽番組の生産・消費をめぐる一考察」（日本マス・コミュニケーション学会編『マス・コミュニケーション研究』六二号、一一六～一三三頁）

＊――元NHKエンタープライズ・プロデューサーの川崎龍彦氏から、番組制作に関する貴重なエピソードやお考えを伺うことができた。この場を借りて厚く御礼を申しあげたい。

×：要素なし
＊：情報が得られず判断不可能
太字：曲名中の沖縄的要素、沖縄に関連のある人物

メッセージ性	使用音階	沖縄的リズム	使用楽器
原曲のママ	＊音源・楽譜なし		
＊	＊音源・楽譜なし		
＊	＊音源・楽譜なし		
アヒルの様子をユーモラスにうたう	琉球音階	16分音符刻み	＊音源なし（楽譜あり）
原曲のママ	原曲のママ・律音階	原曲重視	＊音源なし（楽譜あり）
＊	＊音源・楽譜なし		
沖縄戦の光景を綴った叙事詩	長音階＋短音階（歌唱旋律、伴奏）	×	＊音源なし（楽譜あり）
南国の強い日ざしの下で、たくましく働く若者たちの心意気をうたう。大きな志・夢をみよう	長音階（歌唱旋律、伴奏）	×	フルート、ドラムス
琉球ロマンをうたった情景描写	長音階（歌唱旋律）、オブリガート笛（琉球音階）	裏拍・カチャーシー	横笛、打楽器
近現代沖縄の史実、自然破壊への警鐘	民謡音階（歌唱旋律）、琉球音階（前奏）、短音階（伴奏）	×	弦楽器、クラリネット、シンセサイザー、ドラムス
沖縄戦をうたった反戦歌	長音階（歌唱旋律、伴奏）	×	＊「みんなのうた」バージョン編曲の音源なし
琉球ロマンをうたった叙情詩	長音階（歌唱旋律、伴奏）	×	＊「みんなのうた」バージョン編曲の音源なし
沖縄戦の光景を綴った叙事詩	長音階＋短音階（歌唱旋律、伴奏）	×	ギター、弦楽器、クラリネット、ファゴット
人生の応援歌	長音階＋短音階（歌唱旋律）、呂音階（前奏、間奏、伴奏）	×	ギター、弦楽器、ピアノ、揚琴、打楽器
子どもの目線。応援歌	長音階（歌唱旋律、伴奏）	×	＊音源なし（楽譜あり）
ひよこぶたの様子を表現。意味不明。擬音多用	ペンタトニック（C・D・E・F・G音）（歌唱旋律）	×	リコーダー、ベース、シンセサイザー
ゴーヤーを擬人化。応援歌	琉球音階〜長音階〜教会旋法ドリア（歌唱旋律、前奏、間奏）	裏拍	バンド編成、三線、指笛
孫の誕生、生命をはぐくみ慈しむ心	呂音階（サビメロにB音含む）（歌唱旋律）	×	ギター、弦楽器、鉄琴、打楽器、鈴、三線
沖縄の海の光景をうたった叙情詩	琉球音階（前奏、Aメロ）、長音階（Bメロ、後奏）	×	＊音源なし（楽譜あり）
生まれた国の言葉で歌って踊ろう	長音階（歌唱旋律）、伴奏（琉球音階）	×	＊音源なし（楽譜あり）

表① 沖縄の要素を含む「みんなのうた」放送曲一覧

NHKみんなのうたホームページ (https://www.nhk.or.jp/minna/) 内アーカイブ掲載曲、雑誌『みんなのうた』[日本放送協会編 1964〜2024] 収録楽譜にもとづいて作成した

	放送年月	曲　名	うた／作詞／作曲／編曲	歌詞・言語
1	1966.8〜9	てんさぐの花	中村浩子・杉並児童合唱団／沖縄民謡／沖縄民謡／山本直純	民謡のママ（標準語訳あり）
2	1967.2〜3	花のかざぐるま：花ぬ風車（かじませ）	ひばり児童合唱団／峯陽／沖縄民謡／山本直純	*
3	1969.4〜5	えんどうの花	ひばり児童合唱団／金城栄治／宮良長包／若松正司	*
4	1972.6〜7	アヒルの行列	ザ・シャデラックス／彦たけし／柳沢剛／×	標準語（擬態語・擬音多用）
5	1972.10〜11	月ぬ美（かい）しゃ：月がきれいなのは	赤い鳥／八重山民謡／八重山民謡／広瀬量平	八重山方言（1番）、標準語（2番）
6	1973.6〜7	谷茶前（たんちゃめー）の浜	東京放送児童合唱団／沖縄民謡／山本直純／山本直純	*
7	1975.4〜5	さとうきび畑（1975年版）	ちあきなおみ／寺島尚彦／寺島尚彦／寺島尚彦	標準語
8	1975.8〜9	ヘイ！ 二才達（ニセタ）	南沙織／朝比呂志／普久原恒勇／所太郎	標準語（ニセタ）
9	1977.4〜5	ここは南の島	石川さゆり／真栄城龍／普久原恒勇／香登みのる	標準語（アカバナー）
10	1979.12〜80.1	悲しきマングース	田中星児／前史郎／中村和／神保正明	標準語
11	1982.10〜11	さとうきびの花	都はるみ／海勢頭豊／海勢頭豊／所太郎	標準語
12	1992.10〜11	なつかしの琉球	芹洋子／坂口洋隆／普久原恒勇／×	標準語（あかばな、シーサー、サンシン）
13	1997.8〜9	さとうきび畑（1997年版）	森山良子／寺島尚彦／寺島尚彦／寺島尚彦	標準語
14	2000.10〜11	花になる	夏川りみ／田久保真見／都志見隆／十川知司	標準語
15	2000.12〜01.1	おつかれさん	BEGIN／BEGIN／BEGIN／BEGIN・平田文一	大阪弁
16	2001.8〜9	ひよこぶたのテーマ Part2	Cocco／Cocco／Cocco／根岸孝旨	標準語
17	2001.10〜11	天下無敵のゴーヤーマン	ガレッジセール／岡田恵和／丸山和範／丸山和範	標準語（チャンプルー、チバリヨー、ハイサイ、メンソーレ）
18	2002.2〜3	童神：天の子守唄	山本潤子／古謝美佐子／古謝美佐子／佐原一哉	標準語（イヤヨーヘイ、イラヨーホイ）
19	2002.6〜7	Paikaji 〜南風〜	加藤登紀子／加藤登紀子／加藤登紀子／Paul Hammer	標準語（パイカジ）
20	2004.4〜5	太陽（ティダ）の歌	下地暁／下地暁／下地暁／ラグーン・佐藤清喜	標準語（ティダ、ヒヤサッサ）

メッセージ性	使用音階	沖縄的リズム	使用楽器
苦しみや悩みを抱いている世界中の人びとに平和と安らぎを	短音階（歌唱旋律）	×	＊音源なし（楽譜あり）
応援歌。夢や勇気をもって	長音階（歌唱旋律、伴奏）、ヒップホップ、ラップ調	×	＊音源なし（楽譜あり）
ひとりひとりの個性を尊重。暗喩で平和を希求	律音階（歌唱旋律、伴奏）	×	＊音源なし（楽譜あり）
読谷の紅芋を擬人化。反戦平和。暗喩で故郷への思いを込めた	長音階（歌唱旋律）、琉球音階（前奏、間奏）	裏拍・カチャーシー	＊音源なし（楽譜あり）
多様性。個性の尊重	長音階（歌唱旋律、伴奏）	×	＊音源なし（楽譜あり）
応援歌。癒し	長音階（歌唱旋律Bメロ、伴奏Bメロが琉球音階）	×	＊音源なし（楽譜あり）
悠々としたクジラの様子を描く	長音階＋琉球音階（Aメロ）、長音階（Bメロ）、琉球音階（後奏）、アイリッシュ（間の手）	裏拍・カチャーシー	＊音源なし（楽譜あり）
文化・経済・環境問題	長音階（歌唱旋律、伴奏）	×	＊音源なし（楽譜あり）
人びとの暮らしをユーモラスに描写	長音階（歌唱旋律）、律音階（前奏、後奏）、唱えのリズム	×	＊音源なし（楽譜あり）
両親への想い。親子の情愛	長音階（歌唱旋律、伴奏）	×	＊音源なし（楽譜あり）
癒し、郷愁	長音階（歌唱旋律、伴奏）	×	＊音源なし（楽譜あり）
子への愛情、子どもと過ごす時間の大切さ	長音階（歌唱旋律、伴奏）	×	＊音源なし（楽譜あり）
家族の大切さ	長音階＋ヨナ抜長（歌唱旋律）、琉球音階（伴奏）、ラップ調	×	＊音源なし（楽譜あり）
子どもの頃の思い出	短音階（歌唱旋律、伴奏）	×	＊音源なし（楽譜あり）
人生の応援歌	長音階（歌唱旋律、伴奏）	×	＊音源なし（楽譜あり）
カタツムリを擬人化。家族との生活を描写。父親不在時の子どもの気持ちを想像	長音階＋短音階（歌唱旋律、伴奏）	×	ウクレレ ＊音源なし（楽譜あり）

	放送年月	曲　名	うた／作詞／作曲／編曲	歌　詞・言　語
21	2004.6~7	祈り prayer	普天間かおり／普天間かおり／普天間かおり／若草恵	標準語
22	2004.12~05.1	123（ワンツースリー）	bless4／KATSU・笹本安詞／笹本安詞／笹本安詞	標準語
23	2005.4~5	星の世界	ティンクティンク／小椋佳／照屋林賢／中村キタロー	標準語
24	2005.6~7	紅芋娘	Kiroro／玉城千春／玉城千春／Kiroro＋知野芳彦	標準語（ニーセーター、ムルカメー、デージ、クササンド、ニライカナイ、赤犬子、サンシン）
25	2006.12~07.1	私と小鳥と鈴と	新垣勉／金子みすず／杉本竜一／美野春樹	標準語
26	2009.8~9	あさな ゆうな	城南海／川村真澄／Gajin／×	標準語
27	2011.2~3	くじらのあくび	ザ・ジェイド／はらたいら／倉光薫／Steve Good・時乗浩一郎	標準語（ヒヤサッサ、アイヤ、エイサー、イヤサッサ、ハーイヤ）
28	2012.10~11	こどもしゅのうかいだん	BEGIN／比嘉栄昇／比嘉栄昇／BEGIN	標準語
29	2013.8~9	カチャーシ☆ブギ	きいやま商店／きいやま商店／きいやま商店／イクマあきら	標準語（フレーズレベルで多くの沖縄語が挿入）
30	2015.10~11	目をとじても	中孝介／いしわたり淳治／玉城千春／金城綾乃・今野均	標準語
31	2016.2~3	おばあのお守り	成底ゆう子／成底ゆう子／成底ゆう子／×	標準語（おばあ、おじい、ティダ、うーとーとー）
32	2018.2~3	忘れないよ	D-51／D-51／上里優／野崎洋一	標準語
33	2018.10~11	Family	ORANGE RANGE／ORANGE RANGE／ORANGE RANGE／×	標準語（チャンプルー）
34	2019.10~11	バケバケ Night！	DA PUMP／m.c.A・T／m.c.A・T／×	標準語
35	2021.12~22.1	新呼吸	三浦大知／三浦大知／三浦大知／×	標準語
36	2023.8~9	からっぽカタツムリ	椰子唄楽団／山田孝之／島袋優／椰子唄楽団	標準語

コラム① ウチナンチュの心のうた《てぃんさぐぬ花》 ◉三島わかな

二〇年ほど前、沖縄県公文書館にて調査時のこと。「Prohibited（発禁）」の文字が目に飛び込んだ。それは『愛唱歌集』（沖縄教職員会、一九六〇年）の表紙に押印されたもの。「みんなのうた」の放送開始と同時期の一九六〇年代、この歌集が米国民政府の検閲に引っかかったことを物語る。発禁の理由は、米国民政府が反体制とみなす共産党の歌が収録されたことにあり、発刊後、この歌集は回収されたという。[*1]

筆者は興味をそそられ、そのページをめくった。第一部および第二部「集会で学校で家庭で楽しく歌おう」、第三部「唇に歌をもて、心に太陽をもて」というキャッチフレーズのもと一二一曲を収録。曲目をざっと紹介すると、第一部では《原爆許すまじ》や《祖国復帰の歌》《沖縄を返せ》など、当時の復帰集会[*2]で沖縄の人びとが切なる気持ちを込めて歌ったレパートリーである。つづく第二部は《荒城の月》などの日本歌曲や、《トロイカ》《サンタルチア》など世界の民謡がラインナップされ、本書第一章で触れたNHK「みんなのうた」の初回放送曲《おお牧場はみどり》も顔をのぞかせる。そして第三部には、《てぃんさぐぬ花》をはじめとする沖縄民謡や日本民謡が収録される。《てぃんさぐぬ花》は初の沖縄曲として「みんなのうた」で放送されたものだ。そして現在、沖縄県民にとって、このうたはどのような存在なのだろうか。

沖縄県広報のホームページ「県民愛唱歌 うちなぁかなさうた[*3]」のランキングで、第一位に輝くのが《てぃんさぐぬ花》。県民にとって「親しみを持って永く歌い継がれている」「海外県人会でも歌われている」「郷土への思いが込められた歌」「歌詞の内容が深い」「沖縄への誇りや愛着を感じる歌」「県民の一体感を盛りあげる歌」だからこそ、このうたは愛されるようだ。[*4] そして、なによりも驚くことに、このうたは沖縄県民の全世代にわたって安定的な得票率を獲得し、その内訳をみると、九歳以下ならびに五〇~八〇代で一位、一〇~四〇代で二位と、[*5] まさに老若男女全世代から愛される不動の一位に君臨するではないか。

　教訓的な内容をもつその歌詞は一〇番にもおよぶが、「みんなのうた」では放送時間の都合上、一番と三番のみが、以下に引用するウチナーグチで放送された。[*6] 読者のみなさんも、歌詞のコトバの響きを口に出して味わい、ウチナーグチの世界に触れてみてはいかがだろうか。

『愛唱歌集』（沖縄県公文書館所蔵）

㈠てぃんさぐぬ花や　爪先に　染みてぃ
（ホウセンカの花は　爪先を染める）
親ぬゆし言や　心に染みり
（親の教えは　心に染みる）

㈢夜走らす船や　にぬふぁ星　みあてぃ
（夜の海を往く船は　北極星が目印）
我ん生ちぇる親や　わんどぅ　みあてぃ
（私を生んだ母は　私の目印）

1――「出版の自由について（報告）」閲覧用資料コード R10000002B、沖縄県公文書館所蔵。

2――米国調査団即時退島要求県民大会では、教職員バンドの伴奏で《祖国復帰の歌》《沖縄を返せ》が斉唱された（「米国調査団即時退島要求県民大会日程」閲覧用資料コード R10000002B、沖縄県公文書館所蔵）。

3——https://www.pref.okinawa.jp/site/chijiko/kohoko-ryu/koho/aisyouka/index.html（二〇二三年一二月一日閲覧）

4——注3に同じ。

5——https://www.pref.okinawa.jp/_res/projects/default_project/_page_/001/014/898/nenndaibe.pdf「PDF 年代別ランキング」（二〇二三年一二月一日閲覧）

ちなみに、本書第一章に登場した「沖縄を表象するうた」のうち、《童神》が八位ランキング、《さとうきび畑》も一〇位以内ではないが得票があった。

6——「てぃんさぐの花」（日本放送協会編『みんなのうた（ＮＨＫテキスト）』二〇二一年八～九月、五八頁）。

第2章 軍楽隊、学校行進バンドと間接的琉米親善

USCAR時代のテレビ番組

◉名嘉山リサ

一　はじめに

USCAR製作テレビ番組とUSCARフィルム

戦後沖縄を統治した琉球列島米国民政府（USCAR）は、広報活動の一環として、一九五九年一一月から復帰直前の一九七二年五月まで、テレビ番組を製作・放映した。その実務を担っていた広報局は、定期刊行物やラジオ番組、ニュース映画など、さまざまなメディアを使って民政府の功績などを住民に宣伝していた。「USCAR製作テレビ番組」と本章で呼んでいる番組は、米国民政府広報局視聴覚部の現地スタッフが制作した番組のことである。[*1] 沖縄住民向けにローカルなトピックを扱った番組を日本語で制作し、地元のテレビ局の放送枠を購入し定期的に放送した。

残念ながら、それらの番組すべてが現存しているわけではなく、全体像を表すような公式な放送記録もないが、米国立公文書館には米国民政府が製作した番組フィルムの一部が所蔵されており、その一部やフィルムリスト（「米国国立公文書館所蔵琉球列島米国民政府フィルムガイド」）は沖縄県公文書館でも閲覧することができる。特に規則性のない一から二二三一番までの通し番号を一瞥すると、米国民政府が行った公共事業や公社関連、経済・産業関連、医療・公衆衛生関連、高等弁務官など高官の各地視察、福祉・社会活動関連など「硬派な」内容のタイトルが数多くあるが、文化に焦点を当てたものも少なからず存在していることがわかる。本章ではそれら二二〇〇本強のフィルムを「USCARフィルム」と呼ぶが、その大半がモノクロ、無声の一六ミリフィルムで、番組の完成版よりもその素材フィルムと思われるものが多く、中には番組には使われなかった映像もある。音声付の映像や三五ミリフィルム、カラーフィルムもあるが少数である。

主なUSCAR製作テレビ番組のシリーズは二つで、一つが「人・時・場所」である。沖縄テレビが開局した一九五九年一一月からほぼ週に一回のペースで放送された。はじめは一五分番組だったが途中から三〇分番組になり、主に生放送のインタビューあるいは座談会形式で進行したものだった。番組の途中で短めの映像を流し、出演者がそれを見ながら話をする形式で、現存している短い映像は番組で使われた「インサートフィルム」である。このシリーズは録画・編集した番組を放送することもあり、その場合は三〇分近い映像として残っているものもある。一九五九年一一月一三日から一九七二年五月九日の最終回までの約一二年半、合計五九四回ほど放送された。[*2]

もう一つが、琉球放送がテレビ放送を開始した一九六〇年六月に始まった「テレビ・ウィークリー」という一五分の番組である。こちらも週一回の放送だったが、録画・編集された番組だった。一九六〇年六月七日から一九七二年五月八日の最終回まで約一二年半、合計六三三回ほど放送された。

そのほか、「特別番組」として、沖縄テレビ、琉球放送両局で不定期に放送された録画あるいは生放送の座談会形式の三〇分番組もあった。新聞調査で確認できたのは一九六三年から一九七二年までの五八回ほどだが、「特別番組」はテレビ局も作っていたため、USCARが製作した特別番組の正確な数は不明である。ちなみに、一九六七年に沖縄放送協会(OHK)が設立されテレビ放送を始めるまで、米軍放送局を除いて、沖縄のテレビ放送局はこの二局であった。

琉米親善、琉米親善委員会、コミュニティ関係計画

米国統治下の沖縄では、「琉米親善」と呼ばれた、米軍駐留に対する住民の支持を得るための懐柔政策が行われていた。占領初期には米琉対抗スポーツイベント、学校児童へのクリスマスプレゼント、運動用具や備品などの贈与といった地域レベルでの任意の活動だったが、一八五三年五月二六日がペリー提督が来琉した日であることから、一九五〇年五月二六日に「米琉親善記念日」が制定・施行され、一九五三年に一〇〇年記念行事が行われ、一九五五年に、五月二六日を含む一週間が「琉米親善週間」となったことで、親善活動が全琉的に組織化されていった[*3]〔宮城 一九八三：九五五〕。一九五〇年代から一九六〇年代前半にかけて、コザ市、那覇市、嘉手納町、糸満市など、基地を抱える自治体を中心に、沖縄住民と米軍人との親善と相互理解を図る目的で琉米親善委員会（Ryukyuan-American Friendship Committee）がつくられ、月に一回定例会を開き、沖縄側からの要請を討議した（図①）。自治体では親善委員会担当職員が配置され、米軍からの消防器具、楽器、スポーツ・教育用品の贈呈や学校用地の整地などに対して感謝状を贈る行事が行われ、米軍将兵への表彰状贈呈が流行した〔外間 一九八三：九五五〜九五六〕。外間政彰は、「祖国と分断され、基地に依存しなければならなかった当時の貧乏な自治体にとって、琉米親善委員会は一定の役割を果たしたといえよう」と分析している〔外間 一九八三：九五六〕。

一九六四年に「米琉親善記念日」は廃止され、琉米親善委員会も消滅していくが、一九六〇年代には「コミュニティ関係計画」という名称になり、全琉を二八の地域に分け、一二地域が陸軍、九地域が海兵隊と海軍、七地域が空軍の親善活動対象地に指定され引き続き親睦活動などが行われた［宮城 一九八三：九五五］。ブース高等弁務官（一九五八～六一年在任）は部下に琉球住民との親善友好を強化するよう強調したそうだが［外間 一九八三：九五五］、米軍部隊の任務として、高等弁務官への協力が義務付けられていたため、駐留米軍は住民に対して民生協力活動を行っていた［銘苅 一九八三：四一一～四一二］。前述のイベントや活動のほか、軍人によるビーチ清掃や地元の少年への献血キャンペーンなどさまざまな「ボランティア」活動が行われた。[*4]

図①　琉米親善行事の打合せ会（那覇琉米文化会館、1959年3月3日）（沖縄県公文書館所蔵）

　このような住民対策の司令塔が陸軍第七心理部隊で、その一九六七年版のポリシー・ハンドブックでは、最も有効なプロパガンダの方法は、婦人クラブや親善委員会を通じてのプレゼントだとされていた［國吉 一九八六：一七二］。

　そして、軍人による民生協力活動、各地の琉米文化会館でのイベントや、様々な機会をとらえて行われたスポーツ・文化活動などの琉米親善活動は、ＵＳＣＡＲ広報局によって撮影・報道され、イベント等に参加しなかった人々にもメディアを通じて宣伝された。上記のフィルムリストの中の番組名あるいはフィルムのタイトルに「琉米親善」と名の付くものは一二ほどある。また、その語がついていなくても、文化会館でのイベント、クリスマスパーティー、琉球文化の紹介、若者の活動など、琉米親善活動に相当するようなタイトルが多数存在する。

本章では、「琉米親善」関連番組の中から、第29陸軍バンドの演奏会や、現在はマーチングバンドと呼ばれている学校行進バンドコンテストといった、米陸軍が中心となって行った音楽イベントに関するものに焦点を当て、米陸軍軍楽隊、中学校・高等学校の学校行進バンドの活動やそれらの関係性を明らかにする。そして、番組を通して伝えられた文化活動等を「間接的琉米親善」と位置づけ、軍楽隊や学校行進バンドを扱ったUSCARのテレビ番組を分析する。人と人が直接交流したり、イベントに参加したりする琉米親善活動と違い、テレビ番組の視聴者は間接的にその現場を目撃したといえる。映像と音声の形で記録され、決められた番組の時間内に収まるよう編集されたブラウン管上の琉米親善の特異性を探る。

二　軍楽隊、琉米親善、学校行進バンド前史

西洋における軍楽隊について

戦後沖縄で制作された軍楽隊や学校行進バンドを扱った番組について考察する前に、沖縄におけ

る米軍楽隊や学校行進バンドの前史として、西洋が起源の軍楽隊と、その琉球への流入の歴史について、米艦隊・ペリー来航や「友好」のキーワードに焦点を当て確認しておく。

軍楽隊の歴史は、軍隊の歴史のように古く、古代ローマにさかのぼることができるようだが、近代に目を向けると、一七世紀半ばに軍隊に楽器がつけられ、一八世紀初頭にドイツ人によって隊列行進が行われ、フランス革命後にギャルド・ナシオナルと呼ばれる近衛兵バンドが結成されたことなどが、近代軍楽隊史のターニングポイントのようだ。一七九二年、パリには国立軍楽アカデミーが設立され、兵士たちは国家への忠誠を鼓舞するような歌を歌って出陣するようになる［細川 二〇〇一：五九～六〇］。アメリカでは、一七九八年に海兵隊の軍楽隊が、一八一七年にウェストポイントの軍楽隊が組織された［Humphreys 1989: 51］。

はじめのころは、軍隊で足並みをそろえるための合図や、命令を伝達するための鼓隊（drum corps ドラムコー）だったのが、軍隊の規模が大きくなると鼓笛隊（drum and fife corps ドラム&ファイフコー）になり、鉄砲、大砲が登場すると信号ラッパ鼓隊（drum and bugle corps ドラム&ビューグルコー）へと変わっていった［中家 二〇一一：一二六］。一八三〇年代にコルネット、フリューゲルホーン、チューバなど片手で演奏できる楽器が現れ、一八四〇年代にはサキソフォンも軍楽隊に採用された［細川 二〇〇一：六〇］。つまり、戦争の変化に伴い楽器の種類や編成が変わり、また楽器の進化、登場によっても軍楽隊は変化していった。そして一九世紀には帝国主義の拡大に伴い、軍楽隊が世界全域化し、その音量と楽器の輝きで他を威嚇する役割を担った［細川 二〇一〇：三一～三二］。

このように、近代の軍楽隊の形態――打楽器、金管楽器、若干の木管楽器、楽士より高い位にいる指揮者、国定の教則課程と演奏規範〔細川 二〇〇一：六一〕――が完成されつつあった中、一八五〇年代に琉球や日本に軍楽隊を率いてやってきたのがマシュー・カルブレイス・ペリー提督であった。細川周平は、ペリーの楽隊の衝撃を、サウンド、制服、隊列行進の三点に要約できるとし、楽隊の行進は、当時の人々に多大な恐怖を与え、幕府も音で統率された軍隊をはじめて目で確かめ耳で聴いたとしている[*5]〔細川 二〇二〇：三三〜三四〕。

ペリー来航時の軍楽隊と「友好・親善」

ここで、琉米親善の前史として、アメリカの軍隊がはじめて琉球を訪れた際の様子を、主に『ペリー提督日本遠征記』[*6]を参照しながら、軍楽隊と「友好」に焦点を当て確認する。

先述したように、ペリーがはじめて琉球を訪れたのが、一九五三年五月二六日である。那覇に停泊した艦船に琉球政府の要人が訪艦した際の様子が次のように記されている。

ちょうど摂政が階段の最上段に達したとき、清冽《せいれつ》な大気をうちふるわせて楽隊の演奏が始まったが、威風堂々としたその老人〔那覇の高官〕は、楽隊には一瞥《いちべつ》もくれずに通り過ぎた。彼にとっては、それは疑いなく重大な会見だったのである。提督はこの賓客を迎え、手厚くもてなした。そして、摂政との一時間半の会談の間に、双方の間に友好と親善が確かに取り交わされたのだった。
［ペリー　二〇一四：三六二～三六四］

大音量の演奏だったかもしれないが、琉球側は全く動じずに会談に臨んだ様子や、「友好」「親善」という言葉がこの時も使われていたことがわかる。ペリーは大統領から武力の使用を禁じられていたとのことで、威嚇はするが、あくまで「友好的に」交渉しなければならなかったようだ。つまり、アメリカは軍楽隊による威嚇と友好的な態度の両方を用いながら交渉を行っており、それらは外交の手段として機能した。また、『遠征記』は国への報告書でもあるため、友好的に任務を遂行したことを大統領に示すためにもこの言葉が意図的に使われたのかもしれない。

次にペリーが琉球を訪れたのが同年六月六日で、この二回目の訪問時には首里城を訪問することになるが、当初琉球側は、皇太后の病気を理由に訪問受け入れを断っていた。その交渉で引き合いに出されたのが軍楽隊で、「儀仗兵《ぎじょうへい》や楽隊の随行する王宮訪問（まったく平和な）は、皇太后の心を慰め、楽しんでもらうことができるだろう」［ペリー　二〇一四：四四二］と書かれた書簡が送られた。つまり、軍楽隊は威嚇をするだけでなく、音楽で人を楽しませることもできる、軍隊にとって都合のいい装置でもあった。この別の一面は、同年六月二八日に那覇を再訪した際のサスケハナ艦上での宴会の様子にも表れている。

賓客をもてなしている間、甲板では軍楽隊が演奏を続け、祝宴の重要な部分が終わったとき、提督は熟練した演奏家の何人かに命じ、フラジョレット、オーボエ、クラリネット、コルネットの独奏をさせた。摂政は演奏に注意深く耳を傾けていたが、市長と財務官たちは「甘い楽の調べ」など気にもとめず、せっせと腹に御馳走を詰め込んでいた。〔ペリー 二〇一四：五一四〕

引用末尾の記述は、音楽よりも食べ物の方が効果を発揮した例として興味深いが、いずれにせよ、音楽は行進の際に演奏されるだけでなく、客人をもてなすツールとしても使われていた。

ここで首里城の話に戻るが、結局琉球側の抵抗の甲斐もなく、外国の軍隊が琉球の城に入城することになる。その時の様子は以下のように説明されている。

艦長であるブキャナン中佐、リー中佐、ウォーカー中佐を従えた提督が、海兵と砲兵の列の間を通り抜けると、即座に行進の隊形が整えられた。ベント大尉指揮のもとアメリカ国旗をつけた二門の野砲を先頭に立て、すぐその後ろにサスケハナ号乗り組みの上級見習士官（ベネット氏）が通訳のウィリアムズ氏とベッテルハイム博士とともに行進した。次には海兵隊少佐ゼイリンの指揮するミシシッピ号の軍楽隊と海兵隊一個中隊が従った。そのあとに提督が、乗り組みの大工が当座のために作った轎《きょう》に乗って続いた。〔中略〕部隊は捧げ銃《つつ》をして、国旗を垂れ、軍楽隊は「ヘイルコロンビア」を演奏した。〔ペリー 二〇一四：四四二～四四三・四四六〕

当時はまだ国歌が制定されていなかったが、《ヘイルコロンビア》が公式の場でよく演奏されていた［笠原 二〇〇一：二三〜二四］。ここでも軍楽隊を含めて大人数で行進する様子や提督の威厳を示す演出、国旗や「国歌」によるナショナリズムの発揚が見られる。威嚇し威厳を示しつつ、のちに祝典を行い、「軍楽隊の愉快な楽の音」で盛り上げた［ペリー 二〇一四：四四三］。ここでは軍楽隊は最大級の威厳を示し、同時に祝典では音楽で楽しませ友好ムードをつくるといった両方の方策を演出している。

翌一八五四年二月三日にペリーは再度首里城に入城することになるが、この時も同様に軍楽隊が同行していた。入城の二日前に予備交渉のための不意打ち訪問をされた際の琉球側の記述によると、派遣されたのは、総督代理のブラウン大尉、提督の嫡子ペリー、翻訳官のウィリアムズと小官一人だが、「剣付鉄砲を帯びた兵八五人、楽人三三人、旗持ち一人、太刀持ち五人を引き連れ、吹奏楽を奏でての行進は、琉球の役人はもちろん民衆を驚かせた」[*7]［上原 二〇二〇：一八三］。入城当日は一回目と似たような構成――「サスケハナ号艦長のブキャナン中佐、ミシシッピー号の艦長リー中佐、翻訳官のウィリアムズ、副将、参将、提督嫡子、そのほか小官二〇人、通事唐人一人、兵九九人（そのうち九一人は剣付鉄砲、八人は太刀を携行）、楽鼓人四三人、水主一五人、都合一八五人」［上原 二〇二〇：一八四］――で首里に上っている[*8]。

同年七月一一日に若狭町学校所で琉米修好条約が締結された際にも、軍楽隊が同行している。当日正午ごろ、先陣隊（小官一人と水主一一人）がボートで波の上に上陸した後、二時ごろには兵頭一人、兵五〇人、楽鼓人三八人がボート三艘で那覇港に上陸し、隊列を組んで善興寺前石門を通り上之蔵に出て若狭町兼久あたりに控えた。続いて、ペリー提督、ポーハタン号艦長マクルーニー大佐、ウィリアムズ、そのほか官員ら七人、唐人一人を載せたボートが波の上下浜に到着すると、楽鼓人らが浜に差し寄り提督を迎え、隊列を組んで若狭町学校所に到着した［上原 二〇二〇：二一四］。ペリーら高官が到着する前から、軍楽隊は隊列を組んで那覇の町を闊歩していたようだ。*9

一八五四年に同行した軍楽隊は三三人、四三人、三八人とその時々で若干人数が違うが、いずれの場合もかなりの人数で大音量で行進していたことが想像できる。ペリーのミッション――威厳を示しながら友好的に条約を締結する――には軍楽隊が必要不可欠であったようだ。

二〇世紀の軍楽隊とスクールバンド

アメリカの南北戦争（一八六一～六五年）も軍楽隊の歴史にとって重要な契機で、一九世紀の軍楽隊の発展に寄与することになるが、二〇世紀に入り、一九一一年に米陸軍ははじめて、ニューヨーク、ガバナーズ島のジェイ砦に指揮者のための学校を設立することになる［Martin 1999: 58］。*10

しかし、第一次世界大戦（一九一四～一八年）ごろには技術が進化し、命令伝達の手段が鼓隊（ドラムコー）から電波を用いた通信機器にかわる。そうすると、命令伝達の手段としての鼓隊の役割は終焉を迎えるが、第一次世界大戦の退役軍人が鼓隊の形態を用い、祝勝パレードを行ったことが今日のマーチングの始まりともいわれている［中家 二〇一一：一一七］。軍隊で音楽訓練を受けた大勢の退役軍人がスクールバンドの指導者として活躍し、一九二〇年代のアメリカにおけるスクールバンドの隆盛に貢献した。[*11]

この時期にバンドコンテストも行われるようになり、一九二三年にシカゴで行われたコンテストでは、オハイオ州フォストリアの高校バンドが、高校の部で優勝した［Humphreys 1989 : 55］。一九二六年には、オハイオ州フォストリアでコンテストが行われ、同年、全米スクールバンド協会（The National School Band Association）が創設された［Humphreys 1989 : 56］。

その後、ボーイスカウト、ガールスカウトでのドラムコーや高校、大学でのマーチングバンドなど、青少年教育、学校教育の場でスクールバンドは人気になっていく。スクールバンドとしての吹奏楽やオーケストラが、アメリカンフットボール、野球、バスケットボールなどのスポーツの応援をするようになり、マーチングバンドはハーフタイムショーで観客を楽しませるようにもなる。

このように、その起源から軍楽隊と密接なかかわりがあったスクールバンドは、コンテスト、スポーツ競技における選手の鼓舞、観客に対するエンターテイメントの提供など、さまざまな形で青少年教育の場で広がっていった。

日本も、西洋の軍楽隊やスクールバンドを取り入れていく。幕末、洋式軍制の導入に伴い、鼓笛と喇叭の信号が伝えられたのち、一八六九年、横浜でイギリス陸軍第十連隊軍楽長フェントンの指揮で薩摩藩の軍楽伝習が始まり、これを母体に一八七一年に陸・海軍軍楽隊が創設された［塚原 二〇〇一 : 八四］。スクールバンドは、一八九〇年代から鼓笛喇叭やウィンドアンサンブルを含め大小さまざまな形態で結成された［戸ノ下 二〇一三：一五］。一九〇九年には、京都府立第二中学校が吹奏楽団を編成し、大阪第四師団軍楽隊元軍楽長の小畠賢八郎に指導を依頼した［塚原 二〇〇一：二一四］。外国と違い、教会の代わりに学校がブラスバンドの拠点になり、軍楽隊をモデルとした、秩序・規律の教授、学校スポーツのような課外活動として機能した［細川 二〇〇一：七六］。一八七九年に琉球から沖縄県になり日本の教育が導入された戦前の沖縄でも、沖縄師範学校や県立第二高等女学校で吹奏楽が行われていた*12［名渡山 一九八三：五一五］。

はじめのころはイギリス、フランス、ドイツなどヨーロッパの軍楽隊の形式を採用していた日本だが、敗戦後はアメリカの影響を強く受けることになる。占領期に進駐軍のために演奏するバンドが結成され、米軍から楽器が払い下げられたり、軍楽隊と共演した際にバトン奏法を伝授されたりしたことがきっかけで、学校行進バンドが結成されることもあった［都賀 二〇一三：一五七〜一五八］。

吹奏楽は戦前からの流れを受け戦後復活し、学校教育にも取り入れられていき、一九五四年には全日本吹奏楽連盟が改称、再出発している。一九五〇年代後半には、米軍楽隊が来日してコンサートを開催し、日本の吹奏楽界に刺激を与えたり、コンクールが盛んになったり、雑誌が創刊されたりもしている［長木 二〇一三：一六四〜一六五］。

軍楽隊をルーツに持つマーチングバンドは、戦後米軍の影響を受けつつ競技化していく。一九六〇年ごろ、アメリカの軍楽隊の影響を受け、自衛隊や警察音楽隊などがパレードやドリルを始め、徐々に学校や一般にもマーチングが浸透していった［大西・中家 二〇一三：一三二］。一九六七年には日本独自の団体（日本パレードバンドアソシエイション）が設立され、名称変更をしながら現在は日本マーチングバンド協会になり、普及・振興事業を行っている。一方、戦後日本とは別の道を歩んだ沖縄では、一九六〇年代に入ってから本土の組織に加盟し、一九六一年に沖縄県吹奏楽連盟が結成されたが［名渡山　一九八三：五一五］、他地域とは異なった軍楽隊、学校行進バンドの歴史があった。

三　戦後沖縄における軍楽隊と学校行進バンド

第29陸軍バンドの活動

在沖米軍それぞれの部隊に軍楽隊が存在し、例えば、一九六五年度の米国民政府年報では、第3海兵隊バンド、第29陸軍バンド、空軍バンドなどが沖縄内でコンサートを行っていたと報告されている。[*13] しかし、海兵隊や空軍の軍楽隊がUSCARの各種メディアで取り上げられることは少なく、頻繁にメディアに登場したのは、民政に当たっていた陸軍のバンドだった。学校行進バンドコンテストを主催した第29陸軍バンドは、地元の学校バンドと共演したり、沖縄で行われた各種イベントで演奏活動をしたりしていた。その様子はUSCARが発行・放送したさまざまな媒体で紹介されている。例えば、一九六二年二月九日発行の壁新聞「写真ニュース」三六号では、宮古島の北小学校で行われた演奏会に約八〇〇〇人が参加したと報じられている。また、一九六四年二月七日発行の一〇四号でも、「先島で親善演奏する陸軍バンド」という見出しで紹介されており、離島でも演奏活動を行っていたことがわかる。一九六六年の第一回おきなわ祭り（一九六六年九月二六日、二四一号）や、一九六七年の消防出初式で国際通りをパレードした（一九六七年一月一九日、二五八号）などの記述からも、基地内外のさまざまなイベントで演奏し、地元住民への露出度が高かったことがわかる。つまり、琉米親善活動の一翼を担っていた団体の一つだったといえる（図②）。

学校バンドと在沖米陸軍主催学校行進バンドコンテスト

戦後の沖縄（那覇）では、一九四八年に那覇高校が米軍から流出した中古の楽器を用いて演奏し学校バンドが再開したようだ［名渡山 一九八三：五一五］。那覇商業高校学校行進バンドの顧問だった佐久本興鴻によると、一九四七〜四八年ごろには学校バンドがあったが、楽器がそろっていなかったためハーモニカなど他の楽器で補っていた。戦後沖縄でも日本同様に、旧日本軍軍楽隊出身者が学校バンドを率いていたようで、軍楽隊出身の友利明夫教諭が那覇高校でブラスバンドを結成したとのことである。一九五一年ごろには二五名前後の編成で、運動会や地域行事でパレードを行っていた。佐久本はこの時部員だったそうだが、衣装は制服に脚絆だった。高校卒業後に米軍のクラブでジャズマンとし

図②　大宜味で行進する第29陸軍バンド（1957年11月20日）（沖縄県公文書館所蔵）

て働いていた人たちも、学校の吹奏楽部に教えに来ていた[*14]［佐久本 二〇〇九：二三］。

一九五九年からは、当時の第29陸軍バンド指揮者だったハローウェル准尉の提案で、琉球大学音楽科との合同練習が行われ、翌年には各種イベントで合計五回合同演奏会が行われた［渡久地 一九六〇：三〇］。また、高校生も第29陸軍バンドと合同演奏をしており、一九六三年五月二六日には、那覇の政府前広場でペリー提督来琉一一〇周年を記念して「琉米混合バンドコンサート」が行われた。

図③　政府前広場で行われた琉米混合バンドコンサート（1963年5月26日）（沖縄県公文書館所蔵）

図③は那覇高校バンド、那覇商業高校バンド、第29陸軍バンドのメンバー総勢一〇〇名で構成された混合バンドが一八五三年のペリー提督訪問をテーマに演奏している様子で、このコンサートには一〇〇〇人ほどの観客が参加した[*15]。これらの学校はのちに扱う学校行進バンドコンテストの常連校である。当時の沖縄は日本本土に比べ経済的には遅れていて、楽器も不足していたかもしれないが、米軍のクラブで演奏していた人たちが生徒を指導していた点や、陸軍の軍楽隊と共演したという点で、学生は音楽的に恵まれた環境にあったかもしれない。いずれにせよ、沖縄のバンドは米軍楽隊の影響を少なからず受けていたことは確かで、その後のマーチングの発展にも影響したようだ[*16]。

図④ 琉米カーニバル・商品博覧会の様子(1962年7月3日)(沖縄県公文書館所蔵)

そのような共演がきっかけになったのか、一九六四年に、第29陸軍バンド主催の学校行進バンドコンテストが始まる。[*17] 沖縄で本格的な競技としてのマーチングが始まったのはここからである。当コンテストでは入賞チームに楽器購入に充てるという名目の賞金が贈られたが、それは米軍基地内で独立記念日のころに開催されていた「琉米カーニバル・商品博覧会」(図④)の収益金の割り当てを受ける沖縄娯楽福祉資金から拠出された。[*18] 一九六二年から沖縄レクリエーション福祉協会(カーミット・B・ブラネイ中佐会長)の主催で、米軍基地内にあるズケラン体育館と練兵所で開催され、後述する四軍記念日や現在の嘉手納基地アメリカフェスト(少し前までは嘉手納カーニバル)のように、沖縄の地元住民が参加できる催しだった。はじめは参加者が琉米合わせて数千人だったが、一九六三年は三〇万人、一九六四年には四七万五〇〇〇人の参加があったという。[*19] 一九六五年は四万七〇〇〇ドルの収益をさまざまな団体に寄付しており、全琉中高行進バンドコンテストには賞金一三〇〇ドルが充てられた。[*20] つまり、本コンテストは、米軍主催ではあるが、賞金は米軍の予算から支出されてはいなかった。

表①は、米国民政府の出版物や新聞などを参照し、本コンテストの開催状況をまとめたものである。一九六四年の初回は、ズケラン陸軍部隊内グラウンドで開催され、軍人、軍属、家族が多数参加し、沖縄側からは大田政作首席、琉球政府文教局部長、学校関係者が参加したようだが、基地内だったため一般の参加者は少数だった。そのため、第二回から奥武山球場で開催することとなった。[*21] するとその年は約七〇〇〇の観衆が訪れ、中高一三校が出場した。毎回賞金は全額楽器の購入資金に充てられ、開会のあいさつや賞金の授与は高等弁務官、行政主席、軍や琉球政府の要人が行った。ちなみに、一九六五年当時の労働者の給与総額（月額）の平均は七七ドルだった［琉球銀行調査部編 一九八四：一三一五］。

第三回のみ在沖陸・空・海・海兵隊の共催となっているが、それ以外の年は陸軍が主催している。また、この回から、出場校が二〇校に増えたため、A（二九名以上）・B（二八名以下）に分けて審査するようになった。審査員は琉米合同で構成されており、例えば第二回は、琉球政府文教局の与那覇修、琉球大学の渡久地政一、第29陸軍バンドのルイス・ボードク准将、アルバート・バーベイト曹長、ケネス・チン軍曹の五人となっており、音楽、時間、行進、規律を基準に審査された。[*22] 日米のボーイスカウトが日米両国旗を掲揚し、第29陸軍バンドが日米両国歌を吹奏したが、一九六〇年代はスポーツイベントなどでも日の丸掲揚が行われていた。[*23] 国旗と国歌はペリー来航時の模様を連想させるが、その時とは違い、日本の国旗と国歌も登場している。米軍楽隊は軍服を着ているところも、当時を彷彿とさせる。「琉米親善」イベントではあるが、「日米親善」の意味合いも帯びてい

※Aは29名以上、Bは28名以下　※第1回、第2回はA・Bの区分なし　※学校名の下の数字は賞金（ドル）

高校B						中学A						中学B						備考
1位	2位	3位	4位	5位	参加賞	1位	2位	3位	4位	5位	参加賞	1位	2位	3位	4位	5位	参加賞	
						?	?	?	?	?	?							軍人、軍属、家族が多数参加、沖縄の参加者少数
						上山200	那覇150	垣花100	首里75	真和志50	北谷、中城、浦添各40							米軍人3人組「トラベラーズ」の余興有
豊見城250	—	—	—	—	糸満、南農（賞状）	垣花250	上山200	—	—	—	古堅、首里（賞状）	真和志250	神原200	寄宮150	—	—	北谷、中城、浦添（賞状）	陸・空・海・海兵隊の共催、《76本のトロンボーン》合奏で閉幕（マキューン指揮）
豊見城250	興南200	—	—	—	北農、浦添各25	上山250	垣花200	—	—	—	那覇、首里各25	寄宮250	石田200	—	—	—	北谷、古堅、神原、古蔵、真和志、西原、浦添各25	《ハロー・ドーリー！》の合奏で閉幕（渡久地指揮）
興南250	中央200	—	—	—	南農50	上山250	コザ200	—	—	—	—	真和志250	垣花200	—	—	—	神原、北中城、寄宮各50	トロフィー追加、《サウンド・オブ・ミュージック》、《エル・キャピタン》合奏で閉幕（コプランド指揮）
豊見城250	那覇200	糸満100	真和志50	—	—	真和志250	那覇200	上山100	コザ50	—	—	垣花250	石田200	松島100	寄宮50	—	—	《エル・キャピタン》合奏で閉幕（コプランド指揮）
那覇250	興南200	小禄100	豊見城50	糸満50	—	真和志250	石田200	コザ100	—	—	—	垣花250	安岡200	寄宮100	松島50	越来50	—	
小禄260	興南210	—	—	—	中央、沖縄各75	真和志260	神原210	那覇110	—	—	—	寄宮260	松島210	山内110	—	—	越来75	

表① 米陸軍主催学校行進バンドコンテスト開催状況
（『今日の琉球』、USCAR 広報局文書、「写真ニュース」（壁新聞）、『守礼の光』、*Morning Star, Ryukyuan Review* より作成）

回	開催年月日	開催場所	参加校数	来賓	審査員	賞金合計	高校A 1位	2位	3位	4位	5位	参加賞
1	1964年?月?日	ズケラン陸軍部隊内グラウンド	?	大田政作首席、琉球政府文教局部長、学校関係者	?	?	?	?	?	?	?	?
2	1965年11月28日	奥武山球場	13校 高校5 中学8	ワトソン高等弁務官、陸軍副司令官チャールズ・D・ディオーサ少将、松岡政保主席、西銘順治那覇市長など	与那覇修琉球政府文教局音楽指導主事、渡久地政一琉球大学教授、ルイス・ボードク准将、アルバート・バーベイト曹長・ケネス・チン軍曹	1300	那覇商業200	小禄150	那覇100	沖縄工業75	沖縄50	—
3	1966年11月27日	奥武山球場	20校 高校10 中学10 （約800人）	アンガー高等弁務官、第313空軍司令官ジェイ・T・ロビンス、松岡、古堅宗徳那覇市助役、陸軍司令部親善担当官・情報官ジェイムズ・J・マレン中佐	審査員長：第29陸軍バンド長レイ・O・マキューン准尉、副委員長：渡久地	1900	那覇商業250	首里200	沖縄150	—	—	中央、那覇、小禄、浦添（賞状）
4	1967年11月26日	奥武山球場	20校 高校7 中学13	アンガー、陸軍副司令官ジョン・M・フィン少将、松岡、西銘	?	2100	那覇商業250	沖縄工業200	—	—	—	知念25
5	1968年11月17日	奥武山球場	12校 高校5 中学7	アンガー、フィン、陸軍司令部親善担当官・情報官リチャード・G・ウイラー中佐、松岡	?	2000	沖縄250	豊見城200	—	—	—	—
6	1969年11月9日	奥武山球場	14校 高校6 中学8	ランパート高等弁務官、仲宗根繁琉球政府文教局管理部長、平良市長公室長、陸軍副司令官ロバート・B・スミス少将	渡久地、比嘉琉球政府社会教育課長、H・H・コプランド准尉、第29陸軍バンド3人	2250	那覇商業250	沖縄200	—	—	—	—
7	1970年11月8日	奥武山球場	16校 高校8 中学8	ランパート、スミス、平良良松那覇市長、中山興真琉球政府文教局長	渡久地、アーモンド・E・コーカー軍曹	?	中央250	浦添200	那覇商業100	—	—	—
8	1971年11月7日	奥武山球場	13校	スミス、平良市長、中山、在琉米軍司令官代理ジョン・J・ヘイズ陸軍少将	渡久地、第29陸軍バンド3人	2125	浦添260	—	—	—	—	—

たといえるだろう。一九六八年一一月一七日開催の第五回から、賞金だけでなくトロフィーも授与されるようになった。

学校行進バンドコンテストは、順位を競うコンテストだったことは間違いないが、第29陸軍バンドが指揮を執って最後に大合奏をしたり、審査員は米国人と琉球人の混成であったり、さらには双方の要人が参加しメディアにもしきりに取り上げられたりした、重要な琉米親善イベントの一つであった。

四　USCAR製作番組の中の琉米親善――米軍楽隊と学校バンドを中心に

USCARフィルムの中の「第29陸軍バンド」と「学校行進バンド」

USCARが製作した番組の内容は多岐にわたるが、実際にどれだけの琉米親善やバンドを扱った番組があったのだろうか。すでに述べたように、正式なリストはなく、新聞のテレビ欄の悉皆調査をしても番組の内容までは記載されていないことがほとんどであるため、正確な数は不明である。しかし、公文書館が所蔵するフィルムリストには番組タイトルや内容が記載されているため、ある程度の傾向を把握することはできる。表②③はフィルムリストから、それぞれ「(第29)陸軍バンド」「学校行進バンド」が記載されているタイトルを抽出したものである。未編集の素材フィルムや、番組シリーズ名が不明なものもあるが、比較的頻繁に扱われていたことや、番組シリーズを横断して放送されていたこと、関連イベントが定期的に行われていたことなどがわかる。

本節では、表②③の中から、シリーズ名が記載されており、米陸軍軍楽隊や学校行進バンドコンテストの様子がよくわかる番組を六つ選び、USCARテレビ番組がどのように米陸軍軍楽隊や学校行進バンドコンテストを番組として放送したかみていく。それぞれの全体像を明らかにすると同時に、琉米親善番組としての特徴を探る。

「特別番組——第29陸軍バンド演奏会と第6回中高校行進バンドコンテスト」（一九六九年一一月二八日放映）

本番組は表②③のアイテム番号1953で、二二分ほどの無声の映像である。この演奏会は琉球新報社主催の定期演奏会で、一九六九年に始まったようである。一一月二八日に放送された本番組は、新聞のテレビ欄で次のように紹介されている。


在沖アメリカ陸軍琉米親善委員会では、色々な形で沖縄の中学校や高校の音楽教育の向上に寄与している。また、第二九陸軍バンドにおいても公開の場所で演奏会を催し多くの人達に音楽鑑賞の機会を与えている。

こうした機会をより多くの人達へ提供するため、この程、琉球新報社と共催で定期的に演奏会を持つ事になり、さる十一月十二日、同ホールで演奏会を催した。この日はクラッシックや

表② 第29陸軍バンド関連タイトル（公文書館所蔵フィルムリストより）

	アイテム番号	タイトル	放映年月日（撮影年月日）	長さ	備考
1	1	特別番組：親善のかけ橋（第29陸軍バンド）	1970.5.15	26分56秒	有声、進行表あり、沖縄県公文書館所蔵版は無声（YouTubeなし）
2	148	テレビ・ウィークリー：軍雇用員陸上競技大会・宮古砂糖	1960.11.22	14分04秒	沖縄県公文書館所蔵（14分19秒）
3	187	テレビ・ウィークリー：①琉米親善バンド ②馬天港浚渫	?	07分24秒	沖縄県公文書館所蔵
4	777	陸軍バンド演奏	?	02分25秒	
5	952	鼓笛隊パレード	?	03分21秒	糸満ロータリー 小・中学生バンドと軍楽隊
6	971	第29陸軍軍楽隊イブニングコンサート（琉球新報ホールにて）・琉球新報外観	1969.11.28	01分40秒	
7	1295	29アーミーバンドNo.3 長い拍手・サイン	1970.5.15	44秒	1の素材
8	1332	29アーミーバンドNo.1 コプランド・きがえ・舞台裏	1970.5.15	01分00秒	1の素材
9	1345	29アーミーバンドNo.4 ジャズ	1970.5.15	02分46秒	1の素材
10	1357	世界の音楽特集（主催 琉球新報社）	1970.5.15	06分34秒	1の素材、有声、《スラヴ行進曲》など
11	1398	第29陸軍軍楽隊イブニングコンサート	1969.11.28	03分07秒	1953の素材、有声（映像と同期）、《ウエストポイントマーチ》
12	1606	親善のかけ橋	1970.5.15	05分35秒	1の音声ファイル、《サンブル・エ・ミューズ連隊行進曲》、《スラヴ行進曲》（後半）など
13	1654	前半 陸軍バンド（宮古）・後半 座間味渡嘉敷電気事業12月29日引き渡し式	1970.5.15 ?	?	リストにはあるがフィルムはアクセス不可能
14	1697	29陸軍バンド（宮古）No.5	1970.5.15 ?	24秒	
15	1698	29陸軍バンド（宮古）No.4	1970.5.15 ?	02分51秒	
16	1699	29陸軍バンド（宮古）No.3	1970.5.15 ?	02分05秒	
17	1700	29陸軍バンド（宮古）No.2	1970.5.15 ?	?	リストにはあるがフィルムはアクセス不可能
18	1701	29陸軍バンド（宮古）No.1	1970.5.15 ?	?	リストにはあるがフィルムはアクセス不可能
19	1870	テレビ・ウィークリー：①第29陸軍バンド宮古講《(ママ)》演 ②伊是名発電所落成式	1970.2.2	11分17秒	宮古高校体育館、沖縄県公文書館所蔵
20	1953	特別番組：第29陸軍バンド演奏会と第6回中高校行進バンドコンテスト	1969.11.28 （1969.11.9・12）	28分16秒	ナレーション台本あり、沖縄県公文書館所蔵
21	2003	テレビ・ウィークリー：全陸軍雇用員運動会	1961.11.20	04分32秒	沖縄県公文書館所蔵
22	2201	29アーミーバンドNo.7	1970.5.15	01分42秒	1の素材
23	2208	29アーミーバンドNo.7	1970.5.15	58秒	1の素材

表③　学校行進バンド関連タイトル（公文書館所蔵フィルムリストより）

	アイテム番号	タイトル	放映年月日（撮影年月日）	長さ	備考
1	246	バンドコンテスト No.6	（11.7）	02分23秒	1971年と思われる
2	248	バンド行進コンテスト	（11.7）	03分19秒	1971年と思われる
3	368	バンドコンテスト No.3	（11.7）	03分07秒	1971年と思われる
4	373	バンドコンテスト No.6	（11.7）	03分46秒	1971年と思われる
5	905	バンドコンテスト No.7	（1969.11.9）？	02分01秒	
6	906	バンドコンテスト No.6	（1969.11.9）？	21秒	
7	907	バンドコンテスト No.9	（1969.11.9）？	03分15秒	
8	908	バンドコンテスト No.4	（1969.11.9）？	02分00秒	
9	909	バンドコンテスト No.8	（1969.11.9）？	03分23秒	審査員3人
10	910	バンドコンテスト No.5	（1969.11.9）？	02分26秒	
11	929	第6回学校行進バンドコンテスト	（1969.11.9）	02分44秒	
12	930	第6回学校行進バンドコンテスト	（1969.11.9）	02分58秒	
13	931	第6回学校行進バンドコンテスト	（1969.11.9）	59秒	
14	932	第6回学校行進バンドコンテスト	（1969.11.9）	01分45秒	
15	933	第6回学校行進バンドコンテスト	（1969.11.9）	32秒	
16	934	第6回学校行進バンドコンテスト	（1969.11.9）	01分06秒	
17	935	第6回学校行進バンドコンテスト	（1969.11.9）	01分03秒	
18	936	第6回学校行進バンドコンテスト	（1969.11.9）	01分32秒	
19	972	行進バンドコンテスト	？	02分48秒	
20	1143	人・時・場所：第8回学校行進バンドコンテストについて	1971.9.7	06分46秒	第7回の映像を使用
21	1146	テレビ・ウィークリー：第8回学校行進バンドコンテスト	1971.11.22（1971.11.7）	13分29秒	沖縄県公文書館所蔵
22	1953	特別番組：第29陸軍バンド演奏会と第6回中高校行進バンドコンテスト	1969.11.28（1969.11.9·12）	28分16秒	ナレーション台本あり、沖縄県公文書館所蔵
23	2016	テレビ・ウィークリー：①バンド夏季講座②軍事施設内の歯科医講習生（宮平さん）	（1960.8）	15分18秒	沖縄県公文書館所蔵
24	2227	テレビ・ウィークリー：第7回学校行進バンドコンテスト	1970.11.30	06分58秒	沖縄県公文書館所蔵

凡例（表②③共通）

※「TV」は「テレビ」に統一した。

※「長さ」欄は、公文書館でデジタル化されたファイルの持続時間。後付けのテロップ等を含む。

※「備考」欄に「沖縄県公文書館所蔵」とあるフィルムは、沖縄県公文書館のウェブサイト（YouTubeチャンネル）で公開されているので、下にQRコードでリンクを記載した（2024年3月25日閲覧）。

表②　　表③

新曲など十六曲が演奏され会場いっぱいの音楽ファンを魅了した。

（『沖縄タイムス』一九六九年一一月二八日夕刊、四面）

本番組の場合幸いにも、放送時に生で読まれたナレーション台本（図⑤）が残っており、右の紹介文と同様の記述が見られるため、文面はそこから抜粋して新聞社に提供されたと考えられる。以下で、映像とナレーション原稿を比較しながら全体像を確認していく。*24

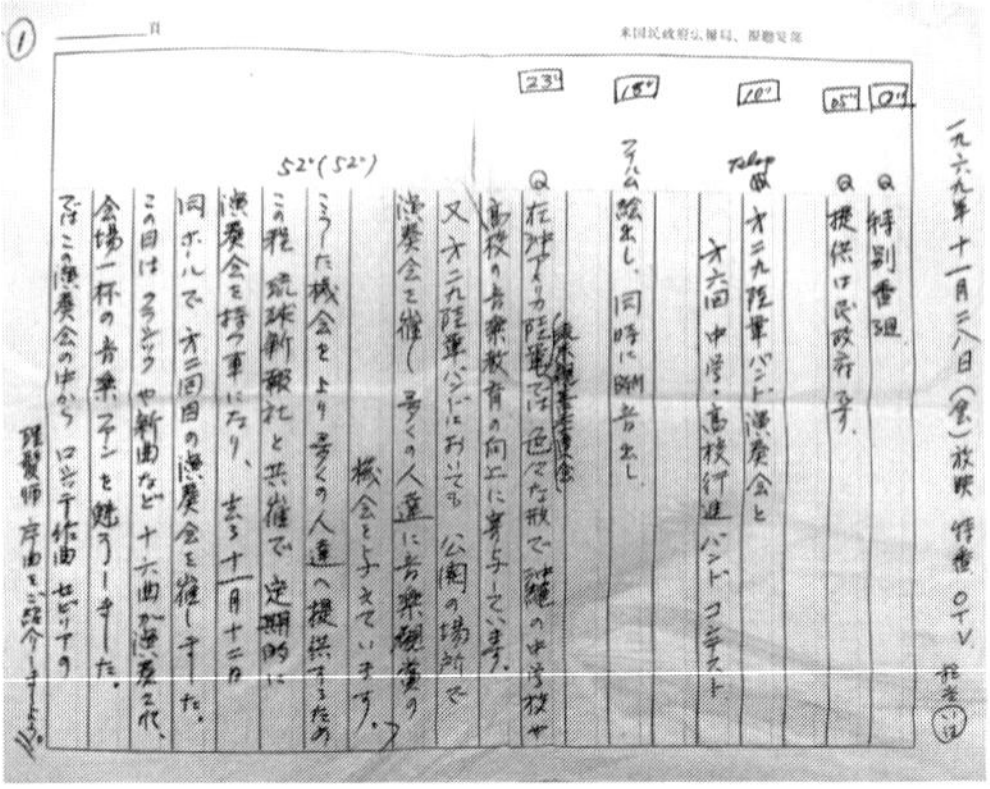
一九六九年十一月二八日（金）放映　作成ＯＴＶ

00"　Q 特別番組

05"　Q 提供は民政府です。

10"　Telop 第二九陸軍バンド演奏会と 第六回中学・高校行進バンドコンテスト

18"　フィルム絵出し、同時にBGM音出し

23"　Q 在沖米陸軍では色々な形で沖縄の中学校や高校の音楽教育の向上に寄与しています。又第二九陸軍バンドにおいても公園の場所で演奏会を催し多くの人達に音楽鑑賞の機会を与えています。

52"(52")　こうした機会をより多くの人達へ提供するためこの程琉球新報社と共催で定期的に演奏会を持つ事になり、去る十一月十二日同ホールで第二回目の演奏会を催しました。この日はクラシックや新曲など十六曲が演奏され、会場一杯の音楽ファンを魅了しました。では、この演奏会の中から ロッシーニ作曲 セビリアの理髪師 序曲をご紹介しましょう。

図⑤　「特別番組——第29陸軍バンド演奏会と第6回中高校行進バンドコンテスト」ナレーション原稿（米国国立公文書館所蔵、RG260 USCAR Textual Items, Box 1）

まずナレーション原稿の最初のページをみると、〇秒で「特別番組」、五秒で「提供は民政です」というナレーションが入ったことがわかる。一〇秒の時点で番組サブタイトルのテロップを表示、一八秒で「フィルム絵出し　同時にBGM音出し」という指示がある。二三秒からのナレーションは、新聞で紹介されたものとほぼ同じである。映像の方は、琉球新報社社屋の道向かいのビルと琉球新報社全景のショットで始まり、「米第29陸軍軍楽隊イヴニング・コ

ンサート　午後七時　三階ホール」という立て看板が映され、制服姿の生徒たちで満杯の客席にカットする。学校行進バンドコンテストに出場する生徒たちであろうか（0:00–0:55）。

この番組では、演奏曲の中から《セビリアの理髪師序曲》の演奏が使われたようである。開始から一分一六秒で指揮者H・H・コプランド准尉の名前が字幕スーパーで紹介され、約八分間、演奏された音楽をたっぷりと流したようである。映像の方では、舞台の全景が映され、手書きのイベント名の横断幕が上方に見える。しばらく舞台全体を映したのち、カメラがズームしていき向かって左半分の演奏者たちにフォーカスする。それから右側へパンし、舞台の右半分をとらえ、さらにズームし、前列の演奏者数名にフォーカスする。バンドメンバーの大半は白人男性だが、カメラがズームインすることで、女性やアフリカ系、アジア系のメンバーがいることがわかる。その後何度かパンやズームイン・アウトを繰り返したのち、元の位置に戻って再び全景が映される。

そして、九分一〇秒の時点で、この演奏会や学校行進バンドコンテストの意図が次のように語られる。

> 数々の名曲が演奏され、人々の心にやすらぎを与え、友情の触れ合う楽しい一時《ひととき》を過ごしましたが、この演奏会の企画に当った琉球新報社では音楽を通して人々の情操教育を図り、ひいては学校バンドの向上に寄与すると言う主旨（ママ）の下に計画されたと述べています。この意図と成果は在沖アメリカ陸軍琉米親善委員会が中学や高校バンドの育成を目的に一九六四年から継続し

て行われている中・高校行進バンドコンテストの内容においても容易にみる事が出来ます。（傍点原文）

「やすらぎ」に傍点が付されているのは、それを強調したいのか、アナウンサーが読みやすいようにしたのかは不明だが、「友情」という言葉が使われており、また琉米親善委員会についても言及されていることから、この二つのイベントが琉米親善を目的としたものであること（を伝えていること）がわかる。どのようないきさつで琉球新報社と米陸軍が共催することになったのかも不明だが、いずれにせよ、この二団体の企画に共通点が見られることから本特別番組が作られたことが示されている。

そして、奥武山球場に掲げられた「才6回学校行進バンドコンテスト」の横断幕の映像で場面が転換する。出場校名の書かれたプラカードが映され、衣装をまとい楽器を持った生徒たちが開会式に参加している様子がうかがえる。次に第29陸軍軍楽隊の指揮者が映され、ズームアウトして軍楽隊の隊列全体が映される（9:36–9:48）。次のショットでカメラは、遠くのスコアボードにズームインし、日米の国旗がたなびく様子をとらえる（9:49–10:13）。その間、ナレーションで本コンテストの説明があり、軍楽隊による日米両国の国歌吹奏で幕が開けられたことが告げられる。映像は観客席にカットし、ここにも制服姿の多くの生徒がいること、客席は大勢の人で埋まっていること、アメリカ人の観客もいることが示され、琉米の共同イベントであることがわかるようになっている。在沖アメリカ陸軍副司令官スミス少将の主催者代表あいさつで使用された言葉（「友情」）にもその意図があからさまに述べられている。「音楽と言う世界共通の言葉でアメリカと沖縄の理解と友情を深めると同時に皆さん一人々々が最善をつくされるよう望んで止みません」。そして、平良市長公室長が平良那覇市長の祝辞を代読したあとコンテストが始まる。ナレーションで審査員などが紹介された後、一二分六秒から二六分二五秒まで約一四分間、出場した一四校の中から一三校の演技が放送された。それぞれの順位とスポンサー名（すべて第二兵站部隊）は字幕スーパーで表示された。

中学生の演奏・行進で始まる映像の方を見てみると、全景が映るよう、客席側にカメラがセッティングされていることが多く、つまり会場の観客の目線で演技がとらえられていることがわかる。しかし、カメラはズームができ、演奏者らをより至近距離からとらえることができるため、テレビで見た観客は演奏者の顔や楽器を演奏している様子を近くで見ているような感覚になるだろう。

琉米混成の審査員や、アメリカのカメラマンが生徒の近くで写真を撮っている様子も映っている。アメリカ側は複数のカメラマンが、時には三脚を使って撮影している。中学生は制服の場合が多いが、高校生は鮮やかな衣装を着ていることが多いようだ。映像はモノクロなので色まではわからないが、USCARの広報誌『守礼の光』はカラー写真を掲載しているため、衣装の鮮やかさが確認できる。出場校が多いためやむを得ないが、それぞれの演奏が全体ではなく一部のみ紹介されているところが、前述の陸軍軍楽隊のコンサートとは違う。

最後に授賞式が行われるが、そこでジェームズ・B・ランパート高等弁務官が以下のあいさつをする。「本日、ここで見られた友好的且つ感銘を促す競技は学生の皆さんがやがて責任ある立派な社会人となり目標に向って懸命に努力している事を物語っているのです」。ここでも「友好」という言葉が使われており、米側の意図が感じられる。次に屋良行政主席の祝辞が代読されたようだが、屋良はこの前日に愛知揆一外相と面会し、核抜き、本土並み返還を要求していたためか欠席だった。

「特別番組——親善のかけ橋（第29陸軍バンド）」（一九七〇年五月一五日放映）

本番組は表②のアイテム番号1の番組で、本章で扱う番組の中で（一部無声だが）唯一音声がついているものである。また、文字資料（番組進行表）も残っている。上述したように、当時は映像と音は別々にとっており、放送する際に同時に流していた。映像全体は二七分ほどの長さで、音声は演奏やインタビューを録音したもの、ナレーションやテロップ・スーパーは生で流していたようである。そのため、映像自体に後付けの文字情報は一切含まれていない。以下で、番組進行表と映像を照らし合わせながら全体像をみていく。

まず、進行表では〇秒から五秒間「特別番組」、次の五秒間に「提供　民政府」となっており、テロップの指示だと思われる。一〇秒経過したところでフィルムを回し始める「絵出し」という指示がある。そこから、サブタイトルなどのスーパー「親善のかけ橋（第29陸軍バンド）」と「制作　民政府広報局　担当イハ」が入る。その間一分間「音テープ①」を流したようである。映像の方を見てみると、はじめの一分間に、琉球新報ホールに向かって歩く人々、イベントの立て看板（「米オ29

陸軍軍楽隊定期演奏会　午後六時　三階ホール」）、制服姿の若者や大人の観客の姿が、《サンブル・エ・ミューズ連隊行進曲（フランス分列行進曲）》にのせて映されている。ちなみに、ここまでの音声は表②のアイテム番号1606にも収録されており、拍手まで入っていることから当日第29陸軍バンドが演奏したものと思われる。

拍手と同時に舞台の幕が開き、指揮者（H・H・コプランド准尉）が現れる。舞台全体が映るようなロングショットで始まり、舞台の上部には「世界の音楽特集　主催：琉球新報社」という横断幕が見える。進行表では、映像は一分二五秒から、音声は一分〇六秒から《スラヴ行進曲》が流れるとなっている。曲名、作曲者名、指揮者名は字幕スーパーで表示されたようである。

演奏中はそれぞれの演奏者や指揮者の顔に寄ったショットに切り替わる。それから再度客席にカメラが向けられるが、興味深いことに、最前列で学生服姿の男性が録音機とマイクを持っている様子が映し出されている。当時の録音機は今より大きいが、コンサートの録音は禁止されていなかったのだろうか。むしろ陸軍バンドの演奏を録音していること自体が、若者のお手本になっているということで宣伝効果があったのだろうか。

再び舞台全体のショットになり、カメラは左右にパンしたり、ズームアウトしたりしながら、再度演奏者に寄ったショットが現れる。先にみた前年のコンサートの映像でも同様のカメラの動きがみられたが、今回は以前はほとんどなかった演奏者の顔や楽器のクロースアップが多用されている。いずれにせよ、テレビの観客は、コンサート会場にいた観客とは違い、演奏者の顔をより間近で、違うアングルから見たことになる。手元の映像は音と同期していないが、約八分半（1:01–9:31）たっぷりと一曲すべてを収録している。

次にコプランドのインタビュー映像と音声が流れる。音声はオリジナルの英語で、放送時は日本語のナレーションをかぶせていたと思われるが、進行表には記載がない。第29陸軍バンドの指揮官として一九六八年二月八日に沖縄に来たこと、北は名護から南は那覇まで観客の前で演奏できたのはとても喜ばしいことだったなどと話している。映像は続くが途中で音声がなくなり（9:32–10:13）、米軍のバスから軍楽隊と関係者が降りて軍用機に乗る映像に切り替わる。飛行中の機体と雲が数秒映されたあと、飛行機から降り挨拶をする人々が映し出される。その後彼らがバスに乗って移動した先が宮古高校体育館で、大勢の子供たちもそこに向かっている。舞台の横断幕に切り替わったところで、琉球新報社主催の第29陸軍軍楽隊の宮古公演とわかり、後援に宮古高校、宮古琉米文化会館、ＯＨＫ宮古放送局などが名を連ねている。無音の状態が続いているため演奏曲目は不明だが、大勢の観客が詰めかけている様子が映されている[*25]（10:14–12:23）。

場面は再び琉球新報ホールでの「イヴニング・コンサート」になり、舞台上で花束贈呈が行われている（12:24–12:46）。そしてすぐに先ほどと同じ指揮者へのインタビューの映像が現れるが、ここではインタビュアーのサミュエル・Ｈ・キタムラ（広報局職員）とのツーショットで、学校行進バンドコンテストの話題になっている。コプランドの部下がコンテストの審査員を務めていること、コンテストの最後に軍楽隊を中心に、総勢五〇〇人の演奏者で大音量で演奏したのが大変稀有なこと、生徒たちが上達しており、特に中学生のバンドの質が高く、ふつうは高校のバンドの方が中学よりうまいが、沖縄では逆のケースも多いことなどについて述べている（12:47–13:40）。ちなみに、進行表では音テープの分と秒を示した数字がいくつか書かれているが、そこでインタビュー映像を流したかどうかは進行表からはわからない。

再度最初の「世界の音楽特集」に戻り、今度は違う指揮者（オラー曹長）で《魔弾の射手》、次にコプランドの指揮で《戦場にかける橋》が演奏される（13:41–20:15）。そして演奏が終わると、二人の指揮者に二人の女子生徒から花束が渡される。すると会場のアナウンスが入り、琉球新報社からコプランドに感謝状が贈呈されるという。いったん音声が切れ、画面が切り替わり、感謝状を持った琉球新報社の代表と通訳のキタムラが並んで立っている。「感謝状　H・H・コプランド・ジュニア殿、貴下は、米第29軍楽隊指揮者として、沖縄の学校音楽、行進バンドの指導や演奏会で、沖縄の音楽文化の向上に寄与され、琉米親善に貢献されました。ここに感謝状を……」と読み上げたところで音が切れ、大音量の拍手に切り替わる。前述のように、このような米軍人の表彰式は当時の「流行り」であった。次にコプランドから軍楽隊のメンバーや琉球新報社へのお礼の言葉が述べられ、最後に《星条旗よ永遠なれ》が演奏される（22:33–25:55）。編集のパターンは前半と似ているが、後半部分は進行表とのずれが生じており、途中で音声が切れている。そして最後に別のBGMが流れ出し、中学生と思しき男子生徒二人がコプランドやほかの隊員からサインをもらい握手をし、嬉しそうにしている場面で終わる。

進行表には続きがあり、二八分二五秒で字幕スーパー「明日（16日土）は4軍記念日[*26]／軍施設の一般公会《（ママ）》／多様なプログラムと娯楽／お家族《（ママ）》お揃いで御来場下さい」が入る。そして二八分四〇秒には「ライブ」「4軍記念日に因んで4軍各施設では色々な行事を催します。公開は午前10時〜午後5時」の指示がある。「サブ」が消されて「ライブ」になっているため、文字を入れる予定を変更したのかもしれない。二八分五〇秒に「提供民政府」、二八分五五秒に「終り」とテロップで表示されたようだ。民政府提供番組のため、コマーシャルも米軍関連のものだった。いずれにせよ、通常はナレーション原稿に記載されている時間（タイミング）などの指示が見られることから、この番組はナレーションなしで放送された「音楽番組」だったのかもしれない。

　全体的に軍楽隊の音楽（行進曲）をじっくり聴かせるような構成になっており、特に最後の楽曲は米軍楽隊ならではの曲で、後年（一九八七年）に米国の公式行進曲に指定された愛国的な曲である。軍楽隊が、地元の新聞社を通じて、沖縄住民に音楽を披露し、大勢の人々が参加した様子が映し出されている。生徒たちも間近で軍楽隊の演奏を聴く機会を得て喜んでいるように見え、この軍楽隊が「親善の架け橋」であったと締めくくられているようだ。一方で、大人（アメリカ）が子供（沖縄）に指導するというパターナリスティックな隠喩も見いだせる。

「テレビ・ウィークリー——①バンド夏季講座」（一九六〇年八月撮影）

　パターナリズムということで言えば、実際に米軍楽隊のメンバーが沖縄の生徒向けに夏期講座を行っており、それがUSCAR番組で取り上げられている（表③のアイテム番号2016）。主催（提供）は那覇琉米文化会館だが、開催場所は学校のようで、軍服を着た軍楽隊が学校に赴き、生徒に演奏指導をしている様子は、琉米親善やパターナリズムの象徴といえるだろう。

学校行進バンドコンテストの審査員もしていた琉球大学の渡久地政一によると、一九六〇年に、夏期休暇を利用して、吹奏楽講座を開催することになり、広く受講者を募ったが、多くは学生だった。八月の月曜日に、二時から四時まで合計四回行われたそうだが、その時間帯に一般の人が参加するのは難しいだろう。七つのセクション別に主として個別指導が行われ、はじめは五〇人ほどいた受講者がだんだん減っていき、最後には二十数人になったそうだが、その理由が、「個人指導は面白くない」「その位の基礎技術はわかっている」「合同演奏をしないからつまらない」というようなことだった［渡久地 一九六〇：三〇］。渡久地は、戦後沖縄での学校バンドの勃興は目覚ましいが、基礎力が乏しく、演奏が稚拙だと批判し、ゆくゆくは「米琉合同大吹奏楽団（国際バンド）の結成」を目指して企画されたが少々心細いとコメントしている［渡久地 一九六〇：三〇〜三一］。

「テレビ・ウィークリー――①バンド夏季講座」は製作年が不明だが、一九六〇年の六月にテレビ・ウィークリーの放送が始まっていること、『今日の琉球』に掲載された渡久地の記事とフィルムの映像を比べると、写っている顔ぶれや服装が同じであること、人数の少なさなどの状況から、一九六〇年八月に撮影されたと考えられる。「テレビ・ウィークリー」は一五分の週刊ニュース的な番組で、夏期講座以外のトピック（「軍事施設内の歯科医講習生（宮平さん）」）も扱っており、夏期講座の映像自体は五分半ほどの長さである。

映像は、軍楽隊が乗るバスから隊員が降り、渡久地と通訳のキタムラが出迎えているところで始まる。イベント情報が書かれた張り紙が映され、「指導：オ29陸軍バンド」と書かれている。次に「集合写真」（動画）で参加者全員（隊員九人、受講生一二人、渡久地）が映り、その後、個別のセクション指導に移る。「トランペット」には男子生徒四人、「フルート　ピコロ」には男子生徒一人、「サキソホーン　アルト　テナー　バリトン」にも男子生徒一人、「トロンボーン　ベース　バリトン」にも男子生徒一人、「打楽器」には私服の女性（女子生徒?）三人、クラリネットには男子生徒五人の受講生がいる。人数が少ないセクションは講師一人に通訳一人、クラリネットの場合は講師二人、通訳三人がついている。最後に出てくる「ホルン」には生徒がおらず、講師が教室の入り口に一人ホルンを持ちながら手持ち無沙汰で立っており、誰も来ないのでしまいには一人で練習している。しかし、「集合写真」にはホルンを持っている生徒がおり、女性は二人しかおらず、人数が合わないため、別日に撮影されたと考えられる。「指導」という言葉に表れているように、ある種のパターナリズムが反映されているといえるが、琉米文化会館が企画した琉米親善イベントが、必ずしもうまくいくわけではないことが垣間見える興味深い映像になっている。

「テレビ・ウィークリー――第七回学校行進バンドコンテスト」（一九七〇年一一月三〇日放映）

第七回のコンテストの映像で残存しているのは「テレビ・ウィークリー」の七分ほどのものであ

る（表③のアイテム番号2227）。第六回と違い、客席ではなくグラウンドから撮影された映像が多く、行進する生徒たちが真横のアングルで、かなり近い位置から撮られている。奥武山球場前の道路や、舗装されていない駐車場が映され、米軍のバスから生徒たちが降りてくる様子や、軍楽隊が会場内を歩いてフィールドに入っていく様子、琉米の観客が客席に上がっていく様子など、開始前の状況が映される。そして、観客席から撮られた観客や日米国旗が映される。再びグラウンドに戻り、在沖陸軍副司令官ロバート・B・スミス少将と平良良松那覇市長による開会のあいさつの模様が、複数の違ったアングルや画角のショットで構成されている。軍楽隊の前方の演台に一番近い場所で国旗などを持つ四人の軍人のショットが挿入され、その後各出場校が映される。そして、第六回の番組では取り上げられていなかった、閉会式の様子も収められている。ランパート高等弁務官があいさつをする様子がクロースアップで提示され、トロフィーを渡す場面も含まれている。ちなみに、彼ら軍人は、第七心理部隊のポリシー・ハンドブックで「地域住民の民撫工作には、軍服姿より、その地域の民族衣装や一般の民間人のスーツなどの姿が良い」〔國吉 一九八六：一七一〕と指示されていたとおり、軍服ではなくスーツ姿で登場する。中山興真琉球政府文教局長もあいさつをしたあと、トロフィーを手渡している。つまり、前年の「特別番組」と違い、実際の演奏より、開会式や閉会式の方に焦点が当てられた作りになっている。「テレビ・ウィークリー」と「特別番組」の特性の違いが浮きぼりになっているといえるかもしれない。いずれにせよ、本映像は番組の半分の長さしかない。もう半分がある（あった）のか、あるいは別のトピックと組み合わされていたのか。

「人・時・場所――第八回学校行進バンドコンテストについて」（一九七一年九月七日放映）

第八回学校行進バンドコンテストは一九七一年一一月七日に行われたが、本番組は一九七一年九月七日放送の「人・時・場所」という三〇分番組である。当日の『琉球新報』では以下のように紹介されている。

在沖米陸軍琉米親善委員会では、一九六四年以来、毎年、秋に中学校、高等学校を対象に行進バンドコンテストを開催している。ことしも琉米親善委員会では、十一月七日に第八回学校行進バンドコンテストを計画して、その準備を進めている。そこできょうは、この催しについて関係者をスタジオに招きいろいろ話をきく。

―出演者―

在沖米軍琉米親善計画担当者（千里フィーナー）、琉球大学教授（渡久地政一）、真和志中学校教諭（屋比久勲）

聞き手＝当間文貴

（『琉球新報』一九七一年九月七日夕刊、四面）

本番組は生放送の座談会で、合間に映像（インサートフィルム）を見せながら進められる形式である。そのため、この映像（表③アイテム番号1143）は六分半ほどの長さである。また、第八回はまだ行われていないため、使用映像は第七回（以前）のものであり、例えば、開会のあいさつは第七回とまったく同じ映像が使われている。そして、出場校の生徒たちが演奏・行進する映像や、審査員（琉米一人ずつ）の映像、観客が熱心に見入っていたり拍手をしたりする映像、観客席に夫人らと一緒に座っているランパート高等弁務官の映像などがある。前述の「テレビ・ウィークリー」にはこのような映像がなかったことや、映像の長さ（2227と1143を足すと一五分ほどになる）を考慮すると、前年の「テレビ・ウィークリー」で使用した映像をこの「人・時・場所」で再利用したとも考えられる。USCAR番組の放送終了後、フィルムは持ち帰って視聴覚部で保管し、別の番組で再利用することはよく行われていたそうだ。そのため、番組名がフィルム缶に書かれていても長さが短く不完全であることがある。

フィルムリスト（表③）には一一月七日と書かれているタイトルがいくつかあり、撮影年は書かれていないが、『守礼の光』の写真と照合したところ、一九七一年の第八回の映像であるようだ。リストに番組名が書かれておらず、番組で使用したとは思えないが、それぞれ、演奏・行進する様子が撮られているため、これらが番組で使われた可能性も排除できない。

「テレビ・ウィークリー——第八回学校行進バンドコンテスト」（一九七一年一一月二二日放映）

表③のアイテム番号1146の番組で、最初のショットは、開会式の模様と思われ、演奏する米陸軍軍楽隊を中心に、出場校の生徒たちも一緒に演奏している様子と、三脚を使って撮影しているカメラマンもとらえられている。次に出場高校のプラカード（中央高、興南高、那覇高、沖縄高）、観客席の様子（日傘をさした人が多く、観客の中にはフィアリー民政官夫妻もいる）が映される。そして、無声のため音は聞こえないが、米陸軍軍楽隊が両国の国歌を吹奏すると、観客は起立し、それに合わせて日米の国旗が掲揚される。毎回恒例の儀式だが、「琉米」親善に加えて「日米」親善の意味合いもあることが視覚的にも聴覚的にも示され、復帰が間近に迫った当時の状況をより一層想起させる。第七回同様スミス副司令官によるあいさつ、琉米混合の観客席、浦添高校（第一位）の生徒（プラカード）、平良市長のあいさつなどが続き、出場者たちがグラウンドから退場し、開会式が終わる。

次に寄宮中学校の演奏が映し出されるが、本番組で取り上げられているのはすべて一位になった学校の演奏である。ナレーション原稿が残っていた第六回とほぼ同じような番組構成だが、今回は映っている審査員の数が多く、近くから撮られている。沖縄からは渡久地（ともう一人）、米軍からは三名の軍楽隊員が審査にあたっていたようで、演奏を見ながらメモを取っている。鉛筆を持った手と、リズムを刻む足のクローズアップも使われている。以前はグラウンドで審査をしていたが、今回はバックネット裏にいるようだ。真和志中学校、小禄高校の演奏が続き、子供の観客が指を動かしながら聴いているクローズアップも挿入されている。最後が浦添高校の演奏で、他同様、様々な角度から撮られたショットで構成されている。続く閉会式では、在沖米陸軍司令官代理のジョン・J・ヘイズ少将のあいさつとトロフィーの授与が行われる（この様子は『守礼の光』ではカラー写真で紹介されている）。そして、恒例の出場者全員での大合奏で幕を閉じる。

年によって若干違いはあるものの、これらの学校行進バンドコンテストを扱った番組で共通する映像の特徴として、琉米の要人挨拶のクロースアップ、客席からの俯瞰ショット、並んだ日米の国旗のショット、グラウンドから演奏を撮ったショットなどがあげられ、おおむね琉米両方の人々が偏らないように構成されている。

五　おわりに

戦後沖縄における軍楽隊による沖縄住民向けの演奏は、琉米親善という政策・戦略の下に行われた活動だった。彼らの主な任務はもちろん、軍の式典等での演奏や軍人・軍属向けの慰問であり、その任務の特性上、普段の活動と琉米親善活動にさほど違いがなかったといえる。また、音楽イベントは住民に受け入れられやすいものだっただろう。しかし、民間地で軍服姿で行う演奏活動は、ホールでのコンサートであっても、余興的要素以外の要素が含まれてしまう。つまり、軍服で行う演奏、パレード、マーチングは、視覚・聴覚両方から威厳を示すことにもなる。青少年向けの教育効果、音楽技術の向上への貢献などをアピールする学校行進バンドコンテストにおいても、軍楽隊の威厳は示された。さらに、球場で大規模に行われるイベントとしてのスペクタクル性、日米両国歌吹奏・国旗掲揚に内包されるナショナリズムなど、さまざまな要素も加わり、高等弁務官、陸軍や琉球政府・自治体の代表が必ず参加するような一大恒例イベントになった。数々の「琉米親善」イベントの中でも子供から高等弁務官まで参加する、異例のものだったといえる。軍楽隊による琉米親善とは、音楽というソフトな手段を使用しつつ、軍楽隊の性質から、軍の威厳も示されてしまう文化外交イベントであったといえるだろう。

そして、そのような軍楽隊による琉米親善活動の広報宣伝とは何だったのか。直接、面と向かって軍楽隊とかかわった人々、例えば、演奏指導を受けた人々や、共同で演奏をした高校生、イベントに参加した要人などは、ある意味最も密な「交流」（外交）を行ったグループといえる。コンサートやコンテストを客席から眺めていた観客は、同じ場所にはいたが、直接交流はしていないグループである。そして、後日（あるいは事前に）雑誌、新聞、テレビなどのメディアを通じてコンサートやコンテストのことを知ったり、写真を見たり、映像を見たりして、間接的に琉米親善を目撃した人々がいる。その中でも、音楽イベントであるコンサートやコンテストを伝えるのに最も適していたのはテレビであろう。もちろん、現場のように生の臨場感を味わうことや実際に外国人を間近で見たり声を聞いたりすること、イベントのすべてをみることはできない。しかし、テレビ番組では「良い場面」を編集でき、生では見ることが難しいクローズアップの映像を使うことができ、ナレーションで詳細な情報や宣伝文句を伝えることができる。つまり、テレビ番組で琉米親善を追体験できるどころか、場合によっては、「現場」では体験できないことも体験できてしまう。広報局は琉米親善を様々な方法で宣伝していたが、テレビは音楽による交流を伝え、間接的に琉米親善を「体験」させるのに適したメディアだったといえるだろう。

1——一時期番組制作を外注していたこともあったが、ほとんどが視聴覚部内部で制作されている。USCAR製作テレビ番組やUSCARフィルムについての詳細は［貴志ほか編 二〇二〇］を参照。

2——時には琉球政府の番組が放送されたこともあったようで、放送回数はおおよそのものである。

3——布告の詳細は、沖縄県公文書館のウェブサイト「琉球政府の時代」（https://www3.archives.pref.okinawa.jp/GRI/documents/）（布告・布令・指令等(5)米琉親善）を参照。「米琉親善」は占領初期の呼称。

4——一九七〇年七月に行われた名城ビーチの清掃活動は『琉球新報』で好意的に報道されたことが米軍によって報告されている。米国民政府広報局の「写真ニュース」やテレビ番組、ラジオ番組でも取り上げられた。また、一四人の米軍人が入院中の少年のために献血を行った。「Public Reactions to Beach Cleanup Campaign」一九七〇年八月六日（USCAR広報局文書、Box 43, Folder 3）、「Summary of "News in Review" for Miyako Island」（同上、Box 42, Folder 7）。このように陸軍と民政府は協力しながら民事活動を行っていた。一九六〇年代半ばに米陸軍省が策定した民事活動の定義に関しては［吉本 二〇一五：八〇～八一］参照。米国民政府は「コザ暴動」後は特に琉米関係に気を遣っていたようで、米陸軍との会議録にも友好関係を築くことの重要性が強調されている。また、沖縄にいるアメリカ人は、この島にいるすべての人々に、有効なリーダーシップやガイダンスを提供できるので重要だとも述べられており、後述するパターナリズムがここでも垣間見える。「Talking Points: Ryukyuan-American Relations」（同上、Box 42, Folder 7）。

5——鼓笛隊の服装に関しては［笠原 二〇〇一：六五～六六］を参照。

6——本書をトラベルライティングやコンタクトゾーンの観点から分析した研究に［山里 二〇一一］がある。また、ペリー来航時から現代に至るアメリカと沖縄のパワー・ポリティクスを「米琉親善」の観点から論じた研究に［山城 二〇一三］がある。

7——原文は一八五三年「亜人来着ニ付日記　咸豊三年~四年」一五一三号（『琉球王国評定所文書』第八巻、四七二頁）。

8——原文は同上（四八一頁）。

9——原文は「亜人成行御国許江御届之扣」一五〇五号（『琉球王国評定所文書』第七巻、六〇一頁）。

10——一九二八年には経済的理由で閉校した。一九二二年には、パトリック・コンウェイという人物が「ミリタリー・バンド・スクール」を設立している［Martin 1999: 59］。

11——音楽教育改革、好景気、新たな移民の流入、ラジオ、映画、車などの人気による余暇の変化、劇場での仕事の減少など複合的な要因もあった［Humphreys 1989: 53-54; Martin 1999: 43-44］。

12——一九二一年に宮良長包率いるブラスバンドが沖縄県師範学校で、備瀬知範率いるブラスバンドが第二高等女学校で結成された。女学校は男子禁制で保護者以外の男性が演奏を聴くことができなかったため、石垣越しに男子が演奏を聴いていたという［名渡山ほか 二〇〇九：一〇四］。

13——*Civil Administration of the Ryukyu Islands, Semi-Annual Report for Period1 July 1964 to 30 June 1965*, Vol. 13, No. 1, The High Commissioner of the Ryukyu Islands.

14——崎山用豊は一九五八年ごろ、高校生の時に、師範学校出身の外間永律の指導のもとマーチングバンドで演奏したことを回想している［名渡山ほか 二〇〇九：一〇四~一〇五］。

15——「琉米混合バンドコンサート」一九六三年五月二五日（沖縄県公文書館、USCAR広報局写真資料 079, 260CR-39_0486-01, 0000213564）。撮影日は五月二五日となっているが、写真解説では一九六三年の琉米親善週間初日の五月二六日となっている。

16——「沖縄県のバンドキャラクターと九州地区のバンドキャラクターは違いすぎるし、サウンド作りもドリル構成も違っていた」とのコメントがある［広岡 二〇〇九：九］。

17――佐久本は一九六二年から那覇商業高校のバンド部の顧問をしており、第29陸軍バンドが、那覇商業高校まで出場依頼に来た際、校長に出演するか聞かれ、生徒に相談して出場を決めたとのことである［佐久本 二〇〇九：二二四］。

18――『守礼の光』一一〇号（一九六八年三月）二二頁。

19――「写真ニュース」四七号（一九六二年七月一三日）、一二三号（一九六四年六月一七日）、一七七号（一九六五年七月一日）。

20――「写真ニュース」二二八号（一九六六年六月二三日）。

21――与那覇修文教局音楽指導主事によるコメント。与那覇は一九五〇年、首里中学校勤務時にバンドを組織した。沖縄の学校が毎年九州のコンクールで上位入賞し全国的なレベルになっていることや、北部からの参加校が少ないという問題も与那覇より指摘された（「第六回学校行進バンド・コンテスト――着実に向上する演奏および行進技術」『今日の琉球』第一四巻一号、琉球列島米国民政府、一九七〇年一月、三八頁）。また、開校した一九六六年から四年連続で上位入賞していた豊見城高校（表①参照）はズケランの米軍基地で、アメリカンフットボールのハーフタイムにマーチングを披露したお礼にグラウンド整備、楽器などの提供を受けた［名渡山ほか 二〇〇九：一〇七］。

22――「中高校行進バンド・コンテストでにぎわう奥武山球場」（壁新聞）琉球米国民政府、七号（一九六五年一二月一〇日）。

23――戦後の日本国旗掲揚許可に関する資料については、沖縄県公文書館のウェブサイト「あの日の沖縄、1970年1月1日 日本国旗の自由掲揚始まる」（https://www.archives.pref.okinawa.jp/news/that_day/7801、二〇二四年三月二五日閲覧）が詳しい。また、同館ウェブサイトで第三、四、五回のプログラム、写真、関連資料を閲覧できる（沖縄県公文書館、USCAR広報局文書、Box 375, Folder 18, Box 376, Folder

10, Box 377, Folder 3、二〇二四年七月一三日閲覧）。日米両国旗掲揚と両国歌吹奏は毎回プログラムの最初に組まれていたようである。

24――ナレーション原稿に記載された経過時間は漢数字、手元の映像の実際の経過時間は算用数字で表す。多少のずれがあるが、ショット持続時間のおおよその目安のため記述する。

25――離島での公演は軍用機が使用できるかどうかにかかっていたようで、一九六九年の一二月八日に予定されていた第29陸軍バンドの宮古公演は、機材トラブルのためキャンセルされた。本映像は、スケジュール再調整後、一二月二〇日あるいは二七日に行われたようである。「Military Band Concert at Miyako Senior High School Gymnasium」（USCAR広報局文書、Box 18, Folder 5）。

26――一九五〇年より陸・海・空・海兵隊四軍の記念日が統合され、五月の第三土曜日がArmed Forces Dayに制定された（「Armed Forces Day History」https://afd.defense.gov/History/、二〇二四年三月一八日閲覧）。公式には「米軍記念日」と訳されていたようだが、実際のイベントは四軍それぞれで行っていたためか、「四軍記念日」という呼称が使われている。

＊参考文献

上原兼善　二〇二〇『黒船来航と琉球王国』名古屋大学出版会

大西雅博・中家淳悟　二〇一三「日本におけるマーチングの未来像――日本の新しい文化として」（『環太平洋大学研究紀要』第七号、一三一～一三六頁）

笠原潔　二〇〇一『黒船来航と音楽』吉川弘文館

貴志俊彦・泉水英計・名嘉山リサ編　二〇二〇『よみがえる　沖縄　米国施政権下のテレビ映像――琉球列島米国民政府（USCAR）の時代』不二出版

國吉永啓　一九八六「米国の沖縄統治と影の軍団」(『沖縄文化研究』第一二号、法政大学沖縄文化研究所、一四三〜一七七頁)
佐久本興鴻　二〇〇九「私とマーチングバンド・バトントワーリング」(『日本マーチングバンド・バトントワーリング協会沖縄支部創立二〇周年記念誌』一二三〜一二五頁)
長木誠司　二〇一三「吹奏楽の戦後と現在」(戸ノ下達也編『日本の吹奏楽史——1869–2000』青弓社、一六二〜一六八頁)
塚原康子　二〇〇一「軍楽隊と戦前の大衆音楽」(『ブラスバンドの社会史——軍楽隊から歌伴へ』青弓社、八三〜一二四頁)
都賀城太郎　二〇一三「戦後の吹奏楽とポピュラー音楽」(戸ノ下達也編『日本の吹奏楽史——1869–2000』青弓社、一五七〜一六一頁)
渡久地政一　一九六〇「有意義だつた吹奏楽夏期講座——基礎練習にはもっと力を入れよ」(『今日の琉球』第四巻一〇号、一九六〇年一〇月、二九〜三一頁)
戸ノ下達也　二〇一三「吹奏楽の近現代史」(戸ノ下達也編『日本の吹奏楽史——1869–2000』青弓社、一一〜二六頁)
中家淳悟　二〇一一「マーチングバンドを育てるために——その歴史的背景と実践」(『教育フォーラム』四七号、一二五〜一三五頁)
名渡山愛文　一九八三「吹奏楽」(『沖縄大百科事典』中、沖縄大百科事典刊行事務局編、沖縄タイムス社、五一五頁)
名渡山愛文・崎山用豊・大城政信・金城昇・大城政敬・上原義仁　二〇〇九「座談会2　沖縄のマーチングバンド・バトントワーリングの歴史」(『日本マーチングバンド・バトントワーリング協会沖縄支部創立20周年記

念誌』一〇四～一一四頁）
広岡徹也　二〇〇九「日本マーチングバンド・バトントワーリング協会沖縄支部設立20周年を振り返って」（『日本マーチングバンド・バトントワーリング協会沖縄支部創立20周年記念誌』九頁）
ペリー，マシュー・カルブレイス　二〇一四（一八五六）『ペリー提督日本遠征記』上、宮崎壽子訳、KADOKAWA
外間政彰　一九八三「琉米親善委員会」（『沖縄大百科事典』下、沖縄大百科事典刊行事務局編、沖縄タイムス社、九五五～九五六頁）
細川周平　二〇〇一「世界のブラスバンド、ブラスバンドの世界」（『ブラスバンドの社会史――軍楽隊から歌伴へ』青弓社、五五～八一頁）
細川周平　二〇二〇『近代日本の音楽百年――黒船から終戦まで　第1巻　洋楽の衝撃』岩波書店
宮城悦二郎　一九八三「琉米親善」（『沖縄大百科事典』下、沖縄大百科事典刊行事務局編、沖縄タイムス社、九五五頁）
銘苅全郎　一九八三「米軍民生協力活動」（『沖縄大百科事典』下、沖縄大百科事典刊行事務局編、沖縄タイムス社、四一一～四一二頁）
山里勝己　二〇二一「ペリー提督100年の夢――トラベルライティングとしての『アメリカ艦隊遠征記』」（名桜大学環太平洋地域文化研究所編『環太平洋地域文化研究』二号、一七～二七頁）
山城雅江　二〇一三『POPの交錯する地勢――アメリカ／ウォーホルと沖縄のポップ文化誌』学術出版会
吉本秀子　二〇一五『米国の沖縄占領と情報政策――軍事主義の矛盾とカモフラージュ』春風社
琉球銀行調査部編　一九八四『戦後沖縄経済史』琉球銀行

Humphreys, Jere T. (Summer 1989) “An Overview of American Public School Bands and Orchestras before World War II.” *Bulletin of the Council for Research in Music Education*, no. 101: 50-60.

Martin, Michael D. (October 1999) “Band Schools of the United States: A Historical Overview.” *Journal of Historical Research in Music Education*, 21 (1): 41-61.

*——本研究はＪＳＰＳ科研費 17K02060, 23K00148 の助成を受けたものである。

コラム② 質屋とニッカン・トランペット 戦後沖縄・日本の楽器事情

◉名嘉山リサ

沖縄では戦後、米軍から流出した楽器で学校バンドが再開したということだったが、当時指導者だった名渡山愛文、大城政信両氏に興味深いエピソードを伺った。

当時の日本製の楽器は「ニッカン」（日本管楽器株式会社）製のもので、重く厚みがあり、演奏すると手などが痛くなる、鋳物のようなものだったそうだ。沖縄では日本製の楽器以外にも、質屋で米国製の高価だが良質の楽器を手に入れることができた。

米軍基地のある地域では、Aサインバー、ステーキハウス、土産品店、仕立て屋、刺繍店など、米国人相手の店がずらりと並んで営業していたが、[*1]質屋（Pawn Shop ポーン・ショップ）もその一つであった。一九五〇年頃コザで始められ、一九六〇年頃には那覇に五〇軒、コザに六〇軒、普天間に二〇軒のほか、平良川、天願、石川、金武、辺野古など、全島に二〇〇軒ほどの質屋が営業していた。[*2]

米軍にはそれぞれの部隊に軍楽隊があり、楽隊隊員は軍から楽器を支給されていた。彼らは個人使用用の楽器も持っており、プライベートでも楽器を持ち歩き、機会があれば即興で演奏することもあったようだ。彼らは給料が足りなくなると、もらったばかりの新しい楽器を質に入れていたので、当時の質屋には良い楽器が売られていた。名渡山氏はそのような楽器を求めて沖縄中の質屋をまわっていたので、質屋の店主とも顔見知りになり、訪れると「楽器あるよ」と声をかけられた。

ある時、軍の支給品が質屋に流れていることがばれ、憲兵の調査が入り、楽器を返すように言われた。九州で行われるコンクールに出場予定だったため、それまで待ってもらうよう交渉し、了承を得た。コンクール終了後楽器を返そうとしたが、相手は取りに来なかったという。

　ニッカンとヤマハは一九六三年に共同でトランペット開発を始め、一九六五年に第一号機、ニッカン・インペリアルTR−1を発売した。翌年、さらに開発を進めTR−1の上位機種でヤマハの管楽器第一号になるYTR−1を発売した（その後、一九七〇年にニッカンはヤマハに吸収合併された）。YTR−1は現在の楽器とは大分違うが、細かいところを見ると、欧米の楽器からの影響がみられるようだ。*3

質屋が立ち並ぶコザ、センター通り（1963年7月）（沖縄県公文書館所蔵）

　質屋で手に入れたイタリア製の楽器を使っていた大城氏は、ニッカンの新しいトランペットが発売される前に日本に音楽留学した。トランペットはこうあるべきだと留学先の人々に話したところ感心された。それまでのニッカンのトランペットは、マウスピースからの勾配がなく太さが同じだったため、高い音が出にくかったという。ニッカン・ヤマハの楽器開発に大城氏も貢献したのかもしれない。

　楽器から日・琉・米の物資の差が垣間見えると同時に、日本の高度経済成長期に楽器も「成長」したことがわかる。

1――コザ地区の米国人向けの店舗に関しては、加藤政洋「基地都市コザにおける門前商店街「ゲート通り」の店舗構成とその特色」（立命館大学人文学会編『立命館文學』六五六号、二〇一八年、五三一〜五一三頁）、波平勇夫「戦後沖縄都市の形成と展開――コザ市にみる植民地都市の軌道」（『沖縄国際大学総合学術研究紀要』九巻二号、沖縄国際大学総合学術学会、二〇〇六年、二三〜六〇頁）など参照。

2――「基地経済(6) 質屋―流質品の増大が悩み―部隊前にズラリの壮観も」（『琉球新報』一九六一年一月八日、二面）。

3――「YAMAHA 世界の冠たるブランドとなるまでの歩み」（アルソ出版ウェブサイト、https://www.alsoj.net/trumpet/magazine/view/920/2825.html、二〇二四年三月二三日閲覧）。

＊――聞き取りに応じていただいた名渡山愛文氏、大城政信氏に感謝いたします。

第3章

沖縄ポップの作品創出とリズム様式の確立

一九七〇～九〇年代レコード・CDアルバムの展開から

◉久万田晋

一　はじめに

一九六〇〜七〇年代初期の沖縄では、米軍の支配下から日本復帰という困難な政治社会的状況のもと、オキナワン・ロックや沖縄フォークが様々な音楽的な試行錯誤を繰り返していた。それらの成果の上に七〇年代半ば以降、沖縄の民族アイデンティティをポピュラー音楽のスタイルで表現する沖縄ポップが台頭した。[*1]沖縄ポップは、沖縄の内側（沖縄系人の社会）に向かって発信されてきた従来の民謡や新民謡とは異なり、沖縄の外部に向かって沖縄の民族アイデンティティを強力に表現しているのが特徴である。七〇年代後半から八〇年代初めにかけての喜納昌吉や知名定男の活躍後、日本も含めて世界のポピュラーミュージック界がワールド・ミュージックの隆盛を迎える一方、沖縄ポップはしばらく停滞していたが、八〇年代末以降再び盛り上がりを見せた。一九九〇年には喜納昌吉&チャンプルーズがメジャー・シーンに復活し、知名定男もネーネーズを率いて再登場した。八〇年代に沖縄県内で活動を継続していたりんけんバンドも全国デビューして大きな話題を呼んだ。さらに、喜納や知名ら戦後民謡第一世代を親に持つ第二世代に加えて、ネーネーズ、新良幸人&パーシャクラブ、日出克、ディアマンテス、大島保克、西泊茂昌ら戦後第三世代ともいえる音楽家たちが続々と登場し、九〇年代沖縄ポップの隆盛に貢献した。

本論では、一九八〇年代半ば以降の日本におけるCD生産枚数の推移と沖縄ポップのアルバム発表状況の関係について考察するとともに、一九七〇年代から九〇年代の沖縄ポップの展開において、沖縄の伝統的文化である民謡やカチャーシー（沖縄の伝統的な自由乱舞。三線《さんしん》の早弾きで伴奏する）から借用・流用した掛け声や三線の早弾き、民俗芸能エイサーなどのリズム様式が、どのように沖縄ポップに導入され、新たな音楽様式として確立されていったかについて考察してみたい。

二　沖縄ポップ主要バンドのアルバム製作状況について

沖縄ポップが台頭した一九七〇年代から一九八〇年代にかけては、世界のポピュラー音楽の製作、演奏、需要の場において、従来のアナログ技術からデジタル技術への転換という大きな変化が起こった。音楽制作の現場では、一九八〇年代以降、デジタル化の波が急速に広がり、一九九〇年代から二〇〇〇年代にかけてデジタル・オーディオ・ワークステーション（DAW）と呼ばれるコンピュータによるデジタル編集技術が浸透していった。楽器においては、一九八〇年代以降、安価なデジタル・シンセサイザーやサンプリング・マシンが楽器市場に登場し、音楽制作現場やプロ・アマを問わず音楽演奏家の間に急速に普及していった。

日本の音楽市場においては、一九八四年に従来のアナログ・レコード（LP、EP）にかわってデジタル方式のCD（コンパクト・ディスク）の生産と販売が始まった。[*2] 一九八四年に六三六万五千枚だった生産枚数が、一九八九年には一億五千枚に達した。[*3] CDシングル盤（8㎝CD）も一九八九年から生産が開始された。一九九〇年代に入ってデジタル再生機器が各家庭に急速に普及し、CDのアルバム、シングルを合わせた生産枚数は拡大の一途を辿り、一九九八年にはCDアルバムの生産枚数が三億二九一万三千枚と最高を記録し、アルバム、シングルを合わせた生産枚数は四億五七一七万枚とそれぞれ国内過去最高となった。この状況下でミリオンセラー作品が続出して「CDバブル」とも言われる活況となった。しかし一九九九年以降は売上・生産枚数が減少に転じた。二〇〇八年にはCD（シングル、アルバム）の生産枚数は一億八八七二万四千枚、二〇一八年には一億三七二〇万五千枚と、一九九八年のピークから二〇年間で半分以下まで縮小した。その一方で二〇〇〇年以降、楽曲のダウンロード販売や音楽配信サービスの普及拡大が続いている。

次に、一九七〇年代から九〇年代にかけて活躍した沖縄ポップの代表的なバンドによるアルバム作品の発表状況を確認しておきたい。ここでは、喜納昌吉&チャンプルーズ、りんけんバンド、ネーネーズの三者について扱うこととする。表①「沖縄ポップ主要バンドのアルバム年表」に、これら主要三バンドの発表アルバムをまとめた。ただし、CDシングル盤、リミックス盤、ベスト盤、伝統曲CDは除いている。また表中の一九八九年以降はすべてCD盤となっている。

喜納昌吉&チャンプルーズ[*4]は、これらのバンドの中では最も早く本土デビューを果たした。一九七〇年代半ばから八〇年代初頭にかけて、「喜納昌吉&チャンプルーズ」（一九七七年、フィリップス）、「BLOOD LINE」（一九八〇年、ポリドール）、「祭」（一九八二年、バップ）、「THE CELEBRATION LIVE」（一九八三年、バップ）と四枚のLPレコードによるアルバムをリリースしている。「THE

CELEBRATION LIVE」発表後、しばらくの活動休止期間を経たのち、一九八九年に「BLOOD LINE」CD盤（ポリドール）で日本・沖縄の音楽界に復帰した。その後「ニライカナイ PARADISE」（一九九〇年）、「Earth Spirit」（一九九一年）、「チャンプルーズ ルネッサンス」・「IN LOVE」（一九九二年）、「RAINBOW MOVEMENT」（一九九三年）と五作品を東芝ＥＭＩから発売した。その後「火神」（一九九四年）、「CHAMPLOO」（一九九五年）の二作品をマーキュリーレーベルから発表した。続いて「すべての武器を楽器に」（一九九七年）、「赤犬子」（一九九八年）の二作品を日本コロムビアから発表した後、「すべての人の心に花を」（二〇〇一年、Mu Paradise Records）以降、インディーズ・レーベルからの発表に移行し、「忘てぃやういびらん 忘てぃやないびらん」（二〇〇四年、EGO MUSIC）、「Nirai Pana ニライパナ」（二〇一二年、HIGH WAVE）を発表している。

りんけんバンド[*5]は、一九八七年にカセットテープ「ありがとう」を沖縄県内でマルフクレコードから発表したが、一九九〇年に同アルバムをCD盤としてWAVEレーベルから全国発売した。また同年に「なんくる」を同じくWAVEから発表した。その後、「リッカ」・「カラハーイ」（一九九一年）、「アジマァ」（一九九二年）、「りんけんバンド」・「バンジ」（一九九三年）、「gon gon」（一九九四年）、「CHEREN」（一九九五年）、「一つ星」（一九九六年）、「夏ぬ子」（一九九七年）、「満天ぬ喜び」（一九九八年）、「NIFEE（謝）」（一九九九年）と一一枚のアルバムをソニー・ミュージックレコーズから発表した。これ以降は、自らのレーベルであるりんけんレコードに移行し、「Qing-dahmi」（二〇〇〇年）、「島中七月」（二〇〇二年）、「EISA」（二〇〇三年）、「黄金三星」（二〇一二年）と発表を続けている。

ネーネーズ[6]は一九九一年にデビューアルバムである「IKAWU」をインディーズ・レーベルのディスクアカバナーから発表した。その後、「ユンタ」(一九九二年)、「あしび」(一九九三年)、「コザdabasa」(一九九四年)、「なーらび」(一九九五年)のアルバムをキューンソニー[7]から発表した。その後ソニー内のアンティノス・レコードに移り、「明けもどろ〜うない」(一九九七年)、「オキナワ〜メモリアル」(二〇〇〇年)を発表して初代ネーネーズの活動の最後となった。

これらの主要バンドのアルバム発表過程をまとめると、喜納昌吉&チャンプルーズは一九八九年の活動再開から一九九八年「赤犬子」までの作品をメジャー・レコードレーベルから発表し、それ以降はインディーズ・レーベルに移行した。りんけんバンドは一九九〇年の「ありがとう」CD盤から一九九九年「NIFEE(謝)」までの作品をメジャー・レコードレーベルから発表し、それ以降は自主レーベルに移行した。ネーネーズは、一九九二年「ユンタ」から二〇〇〇年「オキナワ〜メモリアル」までをメジャー・レーベルから発表して初代ネーネーズとしての活動を終了している。二代目以降のネーネーズは二〇〇二年「美らうた」以降、インディーズ・レーベルからアルバムを発表している。

これらを見ると、いずれのバンドも一九九〇年代以降、日本におけるCD生産販売枚数の上昇・拡大にあわせてメジャー・レコードレーベルから旺盛なアルバム発表を行い、CD生産販売枚数がピークを迎えた一九九八年あたりを境界として、メジャー・レコードレーベルとの契約を終了し、インディーズ・レーベルあるいは自主レーベルからの作品発表へと移行していることが確認できる。

表① 沖縄ポップ主要バンドのアルバム年表

※CDシングル盤、リミックス盤、ベスト盤、伝統曲CDは除いた

発売年	喜納昌吉&チャンプルーズ	りんけんバンド	ネーネーズ
1977	「喜納昌吉&チャンプルーズ」(LP)フィリップス		
1980	「BLOOD LINE」(LP)ポリドール		
1982	「祭」(LP)バップ		
1983	「THE CELEBRATION LIVE」(LP)バップ		
1987		「ありがとう」(カセット)マルフク	
1989	「BLOOD LINE」ポリドール		
1990	「ニライカナイ PARADISE」東芝EMI	「ありがとう」WAVE 「なんくる」WAVE	
1991	「Earth Spirit」東芝EMI	「リッカ」ソニー 「カラハーイ」ソニー	「IKAWU」ディスクアカバナー
1992	「チャンプルーズ ルネッサンス」東芝EMI 「IN LOVE」東芝EMI	「アジマァ」ソニー	「ユンタ」キューンソニー
1993	「RAINBOW MOVEMENT」東芝EMI	「りんけんバンド」ソニー 「バンジ」ソニー	「あしび」キューンソニー
1994	「火神」マーキュリー	「gon gon」ソニー	「コザ dabasa」キューンソニー
1995	「CHAMPLOO」マーキュリー	「CHEREN」ソニー	「夏〜うりずん」キューンソニー 「なーらび」キューンソニー
1996		「一つ星」ソニー	
1997	「すべての武器を楽器に」日本コロムビア	「夏ぬ子」ソニー	「明けもどろ〜うない」アンティノス
1998	「赤犬子」日本コロムビア	「満天ぬ喜び」ソニー	
1999		「NIFEE(謝)」ソニー	
2000		「Qing-dahmi」りんけんレコード	「オキナワ〜メモリアル」アンティノス
2001	「すべての人の心に花を」Mu Paradise Records		
2002		「島中七月」りんけんレコード	「美らうた」ディグレコーズ(2代目ネーネーズ)
2003		「EISA」りんけんレコード	
2004	「忘てぃやういびらん 忘てぃやないびらん」EGO MUSIC		「愁」ディグレコーズ(3代目ネーネーズ)
2008			「彩」ディグレコーズ(3代目ネーネーズ)
2012	「Nirai Pana ニライパナ」HIGH WAVE	「黄金三星」りんけんレコード	

これらはメジャー・レコードレーベル側としては、CD生産販売枚数の上昇・拡大期には積極的にアルバム製作販売をサポートし、CD生産販売枚数がピークを過ぎて退潮する中で、沖縄ポップの各バンドに対してアルバム製作や販売戦略の見直しを働きかけたであろうことが想像できる。沖縄ポップ側からすれば、CD生産販売枚数の上昇・拡大期には、メジャー・レーベルの全国的な組織力、宣伝販売力を利用して自らの音楽アルバム製作やライブ活動を展開し、CD生産販売の縮小期以降は、アルバム製作やライブ活動についてより自由度が高いインディーズ・レーベルや自主レーベルからの発表へ切り替える選択を行い、特に二〇〇〇年代以降、急速に拡大する音楽ダウンロード販売や音楽配信ビジネスへの対応を模索したことが推測できる。

各バンドにおける詳細は異なっているとはいえ、一九九〇年代の沖縄ポップ主要バンドのメジャー・レーベルからの旺盛なアルバム発表状況が、全国的なCD生産販売の拡大期とほぼ重なっており、CD生産販売の退潮とともにそれが終焉を迎えたことを確認できるのである。

三　沖縄ポップにおけるリズム様式の創出

本節では、一九七〇年代から九〇年代の沖縄ポップの展開において、伝統民謡から借用・流用した掛け声や三線の早弾き、エイサーなどのリズム様式が沖縄ポップに導入される過程について、具体的な楽曲の分析を通じて考察してみたい。

はじめに、本論でたびたび言及する沖縄独特の民謡の掛け声と三線の早弾き奏法について説明しておきたい。沖縄の伝統的民謡の世界においては、オフ・ビート的なタイミング（基本拍の裏に挿入される）の掛け声が特徴的である。これは舞台上で流行民謡歌手により演唱される流行民謡・新民謡だけではなく、女性集団舞踊のウシデーク（臼太鼓）や旧盆の機会に演じられるエイサー、さらに祭りや一般の人々の祝い事で演じられる集団乱舞カチャーシーにも見られるものである。つまり沖縄の民俗音楽全般に見られる特徴的なリズム様式であるといえる。これについて音楽学者の小島美子は次のように説明している。

この自由な踊りを沖縄ではカチャーシーという。〔中略〕そしてかけ声が「あと打ち」のリズムでたとえば・サ・サ・ササのように入る。私たち本土の多くの人は「ヨイヨイ、ヨイヤサット」などと拍のアタマから掛け声をかけるのは、全く抵抗感なしにできるのだが、あと打ちは苦手である。

このリズム感を、私は波に乗るようなスウィング感と表現してみたが、それは沖縄の方々にもかなり共感していただくことができた。

〔小島 一九九七：三〇～三一〕

ここで指摘される「あと打ち」のタイミング、すなわちオフ・ビート的に挿入される掛け声として表されるリズム感覚は、沖縄の民俗音楽が日本本土の民俗音楽と異なる大きな特徴だといえる。

次に沖縄民謡における三線の早弾き奏法について説明しておきたい。沖縄の民俗音楽では数多くの民謡の伴奏に三線が使用されるが、その中でも特に特徴的な早弾き（ソービチ、草弾とも記述される）といわれる急速調の技巧的な奏法がある。これは本来カチャーシーという個人の自由乱舞を伴奏する演奏法として発達してきたものである。早弾き奏法はそれほど昔から存在したものではなく、二〇世紀以降に発達を遂げた演奏法であり、富原盛勇（トンバルナークニーとして知られる）や普久原朝喜（チコンキーフクバルとして知られる）ら近代の民謡名人によって創造・発展させられてきた技法である。[*8] この早弾き奏法は本来沖縄の民謡・新民謡の世界で用いられる技法であるが、沖縄で琉球舞踊コンクールが始まる一九五〇年代以降は、舞踊の伴奏を務める琉球古典音楽の演奏家も、雑踊り（近代以降の創作舞踊。主に庶民の暮らしぶりを振り付け、音楽には地方の民謡曲を使用する）の伴奏を務める必要性から、徐々に早弾き奏法を用いるようになっていった。この早弾き奏法も、太平洋戦争後は変化してきていることが民族音楽学者のマット・ギランによって指摘されている。

この「跳ねる」リズムは、沖縄では他の早弾き奏法と区別され、「トゥンジャービチ（グワー）」として周知されている。〔中略〕このリズムは戦前から存在していたが、戦後に急速に流行したようである。また、古典音楽の演奏者の間では、一九七〇年代頃からは、トゥンジャービチが非常に流行しているので、これらが現在の早弾き演奏法の主流だと言えよう。

［ギラン 二〇〇八：七八〜七九］

ギランはこの論文において、三線の早弾き奏法の「跳ねる演奏法」（トゥンジャービチ）においても、演奏者によって跳ねる割合にはかなり個人差があることを具体的な計測によって指摘している。以降は、これまで紹介した沖縄の伝統民謡や民俗音楽におけるオフ・ビート的な掛け声や三線の早弾き奏法が、沖縄ポップにどのように導入・流用されていくのかを、実際の楽曲を見ながら具体的に検討してゆきたい。

1　《ハイサイおじさん》（「喜納昌吉&チャンプルーズ」所収）

一九七七年にアルバム「喜納昌吉&チャンプルーズ」が全国発売された。《ハイサイおじさん》に代表される、うねるような烈しいリズムに沖縄的なメロディーと言葉を乗せた斬新なスタイルによって、喜納昌吉《きなしょうきち》（一九四八年生）は日本のポピュラー音楽界に衝撃を与え、沖縄の民族アイデンティティーを主張する沖縄ポップというジャンルの台頭を強烈に印象付けたのである。

本アルバムは沖縄ポップの誕生を宣言した記念碑的なアルバムである。本曲は喜納昌吉が経営する民謡ライブハウス「ミカド」でライブ録音され、東京にて最終的な編集作業が行われた。全体のプロデュースとアレンジは日本のニュー・ミュージック・シーンで活躍した矢野誠が担当している。本曲について、喜納昌吉は次のように語っている。

ハイサイおじさんは、私の最初の作品なので、それなりの思いがある。大学の仲間たちと最初のチャンプルーズを作り、ハイサイおじさんのシングルをレコーディングしたのは復帰前。それが沖縄で大ヒットしたのはちょうど復帰をはさんだ前後の時代だ。[*9] そのころの沖縄は最も沖縄らしく輝いていた。アメリカの鎖は外れ、日本はまだ縛りきれてなかったからだ。ハイサイおじさんはその狭間に立ちのぼった沖縄の輝きをうまくつかんだのだと思う。

〔石岡編 二〇一八：一九〕

《ハイサイおじさん》では喜納昌吉の個性的なシャウト唱法が際立っているが、旋律そのものは従来の民謡や新民謡によくある琉球音階（ドミファソシド）に基づいている。三線パートが歌のメロディー・ラインを先導しながら、喜納のリードボーカルと女性コーラスの掛け合いで歌が進行する。これはコール・アンド・レスポンスという様式（日本語では音頭一同形式）で、アメリカのゴスペルやアフリカ音楽、さらに日本民謡に至るまで世界中の民族音楽やポピュラー音楽に広く見出せる歌唱形式である。もちろん音頭一同形式は沖縄民謡にもかなり見られるので、従来の民謡や新民謡から継承した様式という見方もできる。

歌詞の内容は、喜納昌吉の身近にいた人物をモデルにしており、掛け合い的に進行するコミカルで歯切れのいい口語調歌詞が展開されている。伝統的な短詩形である琉歌（八八八六）的な世界が多かった新民謡（創作民謡）と比べてもかなり型破りである。

譜例①

《ハイサイおじさん》

採譜：久万田 晋

リズムの面では、沖縄の祝いの席などで自由に踊られるカチャーシーを思わせる急速調の跳ねるリズム（ここでの三線は早弾き奏法）をもとに、ドラムス、エレキ・ベース、エレキ・ギターというポピュラー音楽特有のリズム・セクションを導入し、さらに二拍目・四拍目のオフ・ビート（裏拍）を強調した8ビート[*10]のドラムスがドライブ感を煽っている。その一方で、ベース・ラインはジャズの4ビート風な四分音符中心のなめらかな進行が組み合わされ、歌と三線による中核的な旋律線を邪魔しない工夫がなされている（譜例①）。沖縄民謡のカチャーシーのリズム様式をポピュラー音楽のシャッフル・ビートに変換することで導入しているとも見なせるだろう。このように沖縄民謡のリズム様式とポピュラー音楽のリズム様式を重ね合わせることで、より強力なビート感を生み出すことに成功しているのである。またリード・ボーカルの合間に、女性コーラス・パートによって「・ハ・ハ・ハ・ハ」という掛け声が基本拍の裏に挿入される、という沖縄民謡に特徴的なオフ・ビート感覚の歌唱様式が導入されている（譜例①の最後部）。このような伝統的な沖縄

民謡のリズム・歌唱様式を踏襲・引用した《ハイサイおじさん》は、沖縄や日本本土の聴衆に伝統的沖縄民謡との様式的な繋がりを強く意識させたことは間違いないだろう。

この曲の最初の録音は六〇年代末に沖縄で行われ、父である喜納昌永のアルバムに収められた。「喜納昌吉&チャンプルーズ」収録のバージョンのテンポは♩=142であるが、最初の録音では♩=112の速さであり、テンポがかなり遅い。この沖縄での最初の録音から、一九七七年のアルバム全国発表までの一〇年足らずの期間にテンポが二五パーセントも速くなっているのである。これは喜納昌吉がライブ活動を通じて、本曲のリズムを強化することで、沖縄や日本本土の観客により力強い印象をアピールできるように工夫を重ねた結果だと考えられるのである。

2　《島小ソング》（「喜納昌吉&チャンプルーズ」所収）

ここでは《ハイサイおじさん》と同じ「喜納昌吉&チャンプルーズ」に収録されている《島小《しまぐわー》ソング》を取り上げて検討してみたい。この曲には強いメッセージが込められている。喜納は次のように述べている。

復帰後、沖縄の独立運動家の名護宏明と出会って、もともとは琉球独立の国歌として作ったものだけど、ストレートすぎるということでタイトルは島小ソングとなった。今となれば、そのまま国歌とすればよかったとも思う。［石岡編 二〇一八：一九］

譜例②

《島小ソング》

採譜：久万田 晋

第一コーラス後の間奏部

この曲には日本（ヤマトゥ）に対する沖縄民族アイデンティティの主張が強力に打ち出されており、沖縄出身者に向かって民族アイデンティティの覚醒を呼び掛ける歌詞内容となっている。ここではこの曲の間奏部に典型的に表れているリズム様式に注目したい（譜例②）。ここでのドラムス・パートは16ビート的な細かい装飾を所々に混ぜながら、基本的には8ビートのパターンを演奏している。エレキ・ベースもドラムスと同様に8ビートを基調としながら、所々に16ビート的なフレーズを挿入している。ここで注目したいのは、《ハイサイおじさん》では8ビート基調のリズム上に、伝統的沖縄民謡に特有のオフ・ビート的な掛け声「・ハ・ハ・ハ・ハ」を拍の裏に重ねる試みがなされていたが、ここでは同じくオフ・ビートの掛け声を「跳ねない（イーブンの）」8ビート上に重ねるという試みがなされていることである。これはおそらく喜納とチャンプルーズが創り出したリズム様式であり、これまでの沖縄民謡から新民謡への展開では見られなかった独創的な音楽様式だと言わなければな

らない。

二〇世紀以降、伝統的な民謡様式（カチャーシーなど）を踏襲することから始まった沖縄の新民謡の様式[*11]からさらに展開し、沖縄ポップが伝統的沖縄民謡に固有な掛け声を導入して新たなリズム様式を創造した事例だと指摘できるのである。

四　沖縄ポップにおけるリズム様式の展開

照屋林賢《てるやりんけん》（一九四九年生、父はワタブーショーで有名な照屋林助）率いるりんけんバンドは、琉球音階（ドミファソシド）に基づく旋律にカラフルな和声づけをほどこし、沖縄方言や琉球古典語基調の歌詞を乗せる。また沖縄民謡のカチャーシーや民俗芸能エイサーのリズムを独特の方法で導入している。八〇年代半ばから沖縄県内で活動していたが、WAVEレーベルからのCD「ありがとう」発表によって全国的に知られるようになった。メロディアスで抒情的な曲からリズミカルな曲、さらには重厚なエイサー風リズムの曲、喜劇的語りを活かした曲と、その表現範囲は幅広く、独自の沖縄的表現の方法を切り開いてきた。ここではりんけんバンドの初期の代表曲を事例として、その音楽様式の特徴に注目してみたい。

1　《ありがとう》（「りんけんバンド」所収）

譜例③

《ありがとう》

採譜：久万田 晋

この曲は元々オリオンビールのコマーシャル・ソングとして作成された。同曲を収載したカセット・アルバム「ありがとう」が沖縄で一九八七年に発売された。一九九〇年にWAVEレーベルから全国発売された。この録音では、リズム・トラックや三線パートなど主要部分の多くがデジタル・シーケンサー（あらかじめデジタル的にインプットされた音列を再現する）によって録音・制作されていた。それをバンド・メンバーの演奏に置き換えて再録音したのがアルバム「りんけんバンド」である。*12

《ありがとう》の歌詞内容は、沖縄の伝統文化における様々な祝事（行事）を羅列するものである。ここでは、「りんけんバンド」収録の《ありがとう》の間奏部の一部を採譜した（譜例③）。この曲でも喜納昌吉&チャンプルーズ《ハイサイおじさん》で導入されたカチャーシーの跳ねるリズム様式が踏襲され、三線パートは沖縄民謡によく見られる早弾き奏法の様式で演奏されている。ボーカルにおいては、跳ねるリズムの中で掛け声をオフ・ビート的に拍裏に挿入する「・ハ・ハ・ハイヤ・ハイヤ　イヤサッサ」という一般的にカチャーシーなどでもよく使われる掛け声の様式が流用されている。しかし《ハイサイおじさん》とはやや異なったリズム・アレンジが施されている。《ハイサイおじさん》ではベース・ラインが4ビート的に四分音符で滑らかに動くのに対して、ここでは一拍ごとにオクターブ音程で跳躍するベース・パターンを多用している。これは二拍のまとまり（つまり2ビート）を重視したリズム・アレンジであると考えられる。

リーダーの照屋林賢は自らの音楽的立ち位置について次のように表明している。

> 沖縄には三線が入ってきて六百年とかの歴史がありますけど、ぼくはそこで培われたものを、洋楽器のバンドでやろうと思っていた。あの三線のリズムと音程をちゃんと活かすんです。〔中略〕ぼくのは、その音を拾ってきて、その音のあり方を忠実に守りながら、洋楽器のバンドでどう変えていくか、ビートをどう充てはめるかということをやったんです。一つ一つの音をね。「ありがとう」なんかそうですね。
>
> 〔藤田編　一九九八：一一七～一一八〕

ここで照屋は、沖縄の伝統音楽を支える中核的な楽器である三線特有のリズムや音程をポピュラー音楽の音楽様式の中に活かそうと努力してきたことを表明している。それは伝統的民謡、新民謡の旋律にポピュラー音楽的なリズムや和声を単純に付加することではない。具体的な音やリズムの細部に対して細心の注意をはらいながら、伝統音楽的な様式とポピュラー音楽的な様式を融合する

譜例④

《かてーむん》

採譜：久万田 晋

第一コーラス後の間奏部

作業を試みていることをここで語っているのである。

２　《かてーむん》（『なんくる』所収）

「かてーむん」とは、「困ったもの、厄介なもの」を意味する沖縄方言である。作詞は照屋林助（照屋林賢の父）である。ここでは跳ねない8ビート・リズム上に女性ボーカルによる「・ハ・ハ・ハ・ハ」というオフ・ビート的な掛け声が重ねられている（譜例④）。これは《島小ソング》において喜納昌吉&チャンプルーズが採用した跳ねない（イーブンの）8ビートとオフ・ビート的な掛け声の様式を融合する方法を踏襲したものと理解できる。しかしリズム・アレンジはかなり異なっている。跳ねない8ビートのシンプルなドラムスのリズム上に、ベースは八分音符でオクターブ跳躍を繰り返すという、一九七〇年代のディスコのリズム様式で多用されるパターンを演奏している。

３　《七月エイサー待ちかんてぃ》（『なんくる』所収）

本曲は、歌詞においては沖縄の伝統的な民俗芸能であるエイ

譜例⑤

《七月エイサー待ちかんてぃ》

採譜：久万田 晋

サー[*13]の世界を描いている。音楽的にもエイサー様式を導入していることは明らかである。譜例⑤に表した間奏部分（第一コーラス後）ではカチャーシーの急速調とは異なり、比較的ゆったりしたテンポ（♩＝68）の8ビートのリズム上に、男性ボーカルによって「・イーヤ・ハイヤ　ワッターシンカ・フェーシディキラサ・ハイヤ」という伝統エイサーにおいて一般的に歌われる掛け声がオフ・ビート的な感覚で挿入されている。また二拍目、四拍目のスネア・ドラムが打たれる場所にエイサーで使用される大太鼓の音が重ねられている。三線はカチャーシー風の早弾きではなく、通常のエイサー楽曲の伴奏を思わせる八分音符主体の旋律線がシンセサイザーとのユニゾンで演奏されている。

りんけんバンドは、この曲の他にも《まーかいが》（「ありがとう」所収）、《なんくる節》（「なんくる」所収）など、エイサーの音楽様式を導入した楽曲を多く発表している。またりんけんバンドのステージ衣装も伝統エイサー衣装を想起するデザインとなっている（CD「なんくる」・「りんけんバンド」

のジャケット内写真でも確認できる）。このようなエイサー様式の導入について、照屋林賢は次のように語っている。

エイサーに使う唄っていうのはだいたい昔から決まっていて、そういう唄を伝承していくというのもいいんだけど、音楽っていうのは時代ごとに新しく作られていくっていう面もないと、生きた音楽としての価値がなくなるっていうことがあると思うんです。だから、ぼくらが今エイサーをどんなふうに必要としているかということ、要するに、ぼくらのエイサーに対する解釈っていうのを現代的な歌詞でストレートにうたっていくという作業が絶対に必要だと思ったんです。それに、エイサーの唄が昔は作られたのに今は作られないっていうのは淋しいなっていう思いもあるし。《まーかいが》をレパートリーに取り入れてくれたエイサーもあるようなんですが、《七月エイサー待ちかんてぃ》とか《なんくる》とか、もうどんどんエイサーでやってくれなきゃいかんと思ってますよ。

［松村 一九九一：二四］

このように、照屋林賢は伝統エイサーの楽曲を直接流用して編曲を施すのではなく、今日的な感覚にもとづいてエイサーの新たな楽曲を創作するという意識を持っていることがわかる。これは言いかえれば、彼の作品世界の中でエイサーを捉え直し、再構成する試みだともいえる。《七月エイサー待ちかんてぃ》に見られるようなエイサー様式の引用は、りんけんバンドに限ったことではなく、九〇年代沖縄ポップに広く見られる傾向である。たとえば喜納昌吉&チャンプルーズ《アース・スピリット》や《久高マンジュウ主》は、いずれも伝統エイサーの有名楽曲を流用してアレンジすることで沖縄ポップの様式に仕立てたものだ。[*14] 九〇年代初期から中期の沖縄ポップにおいては、この他にもネーネーズやパーシャクラブも同様にエイサー世界へ接近する楽曲を発表している。[*15]

このように九〇年代以降の沖縄ポップにおいて、エイサーのリズム様式や楽曲そのものの流用、ライブステージへのエイサーの導入や衣装の模倣など、沖縄ポップがあたかも音楽的起源をエイサーに求めるかのようなアプローチが多く試みられている。[*16] 特に《七月エイサー待ちかんてぃ》では、沖縄ポップのリズム様式へのエイサーの音楽様式の導入・融合が試みられている。これは喜納昌吉&チャンプルーズが始めた、伝統的な民謡・カチャーシーのオフ・ビート的な掛け声や三線の早弾き奏法を沖縄ポップの脈絡に導入する試みと方向性を同じくする方法だと言えるだろう。

五　沖縄ポップにおけるリズム様式の踏襲と再構築

これまでに取り上げた喜納昌吉&チャンプルーズやりんけんバンドら戦後（流行）民謡第一世代を親に持つ第二世代に加えて、九〇年代以降はディアマンテス、ネーネーズ、日出克、新良幸人&パーシャクラブ、西泊茂昌、下地暁ら戦後第三世代ともいえる音楽家たちが続々と登場した。筆者はかつて、これらの世代の沖縄ポップに顕著な傾向として「沖縄新ロマン主義」ともいうべき潮流を指摘した［久万田 一九九八］。これは、現実の沖縄社会を描写するのではなく、想像上のユートピアとしての沖縄イメージを浪漫的に表現する傾向である。その代表例としては、たとえば神話や宗教的イメージに依拠した日出克《異人伝説》（CD「神秘なる夜明け」一九九四年）、伝統的村落共同体の豊穣・繁栄という懐古的な沖縄イメージを憧憬・賛美するパーシャクラブ《五穀豊穣》（CD「NANAFA」一九九六年）、伝統的倫理や特定の地域（与那国）の風土を礼賛する西泊茂昌《風のどなん》（CD「風が癒す唄をきけ」一九九六年）などが挙げられる。[*17]

これらは、理想的な沖縄イメージの表現を目指していながら、音楽的には沖縄固有の琉球音階（ドミファソシド）ではなく、総じて五音音階（ラドレミソラ、いわゆるマイナー・ペンタトニック）や七音音階（ラシドレミファソラ）を基調として作られている。この背景には、沖縄イメージ表現にとどまらず、凡アジア的世界への無意識的な希求が潜んでいる可能性もある。九〇年代を通じて、こうしたスタイルが沖縄のユートピア的イメージの慣用的表現として定着し、再生産されてきた。ここではそれらの中から、日出克とパーシャクラブの事例を取り上げ、彼らがリズム様式において先例からどのように受け継ぎ、さらに改変を加えているかについて考えてみたい。

1 日出克《異人伝説》・《みなとーま》（CD「神秘なる夜明け」所収）

日出克《ひでかつ》（一九六一年生）は竹富島生まれの音楽家で、一時日本本土で宗次郎のバック・ミュージシ

譜例⑥

《異人伝説》

採譜：久万田 晋

第一コーラス後の間奏部

ヤンをつとめていた。一九九三年のデビュー作《ミルクムナリ》は沖縄でセールス一万枚を越える大ヒットとなった。また同曲は、沖縄における著名な創作エイサー団体の琉球國祭り太鼓（一九八二年発足）を代表する演目として採用されている。彼の諸作品は、いずれも周到なスタジオワークによって緻密に作り込まれており、九〇年代半ばまでの沖縄ポップの諸作品の中でもひときわ高い完成度を見せている。またそのサウンドの完成度が歌詞表現における神話的モチーフへの傾倒を音楽的に支えている。

ここで取り上げる《異人《まれびと》伝説》は、歌詞の音数律は七五調を基本としているが、随所に沖縄（特に宮古八重山）の古謡に特徴的な形式である対句的構成が見られる。歌詞は標準語を基調としているが、「マレビト」、「ニルヤ」など沖縄の神話や民俗信仰を想起させる語句が各所に埋め込まれている。ここに描かれる世界は特定の時代や文化というわけではなく、沖縄における想像上の神話的世界観が展開されている。

主要旋律は和声短音階（ラシドレミファソ#ラ）に基づいている。

リズムについては、シーケンサー特有の平板なベース・ラインは八分音符主体で、ドラム・パターンは8ビートが基調だが、間奏部はユーロビート風の16ビートとなっている（譜例⑥）。こうした「跳ねない」8ビートのリズムの上に「・ヒヤ・ヒヤ」という沖縄的なオフ・ビート感覚の掛け声が重ねられるが、喜納昌吉&チャンプルーズ《島小ソング》（譜例②）やりんけんバンド《かてーむん》（譜例④）に見られたような四分音符一拍毎の裏にではなく、二拍目、四拍目（つまり2ビート単位の裏拍）に挿入されている。こうした沖縄的な掛け声の付加は、喜納昌吉&チャンプルーズのようなリズム組織における不可欠な要素というよりは、アレンジ上の素材として付加されているようにも見受けられる。それはともかく、ここにおいて跳ねない8ビート（もしくは16ビート）に沖縄民謡的なオフ・ビート感覚の掛け声を導入するという《島小ソング》で確立されたリズム様式が、沖縄ポップの標準的な様式として定着する様を確認することができるのである。

同アルバムに収められた《みなとーま》は、伝統的八重山民謡の節歌（三線伴奏で歌われる曲）を沖縄ポップとして編曲したものである。《みなとーま》は伝統的脈絡での演奏の場合、一般的には跳ねる早弾き奏法で演奏される。[*18] 伝統的に跳ねる早弾き奏法（沖縄本島のカチャーシー奏法と類似）で演奏される曲を沖縄ポップとしてアレンジする際に、あえて跳ねない8ビートに変換し、さらに三、四拍目の拍裏に「・ティ・ティ」というオフ・ビート的な掛け声を挿入している。ドラムスには16ビート的なニュアンスが付加されており、ベース・パターンは8分音符でオクターブ跳躍を反復するという、りんけんバンド《かてーむん》（譜例④）と類似したパターンが採用されている（譜例⑦）。

譜例⑦

《みなとーま》

採譜：久万田 晋

2分18秒〜

民謡旋律の流用やオフ・ビート的な掛け声の挿入という沖縄伝統的な要素を用いながらも、最終的には沖縄ポップの楽曲として完成させるという方法がここに典型的に表れている。

日出克は、インタビューにおいて、自らの音楽と沖縄の音楽の距離と関係について次のように語っている。

> 祖母が祭唄の歌い手であったということぐらいですね。特に意識して民謡を聞いたということはないです。無意識のうちに体の中にしみ込んでいる、という感じでしょうか。むしろ、矛盾しているようですが、自分の音楽においては、沖縄をどこまで切り捨てられるか、ということをテーマにしていますね。
> ［磯田・黒川編 一九九五：七二］

ここで「沖縄をどこまで切り捨てられるか」と述べているように、日出克においてはたとえ沖縄の伝統的な民謡旋律の引用であっても、あくまで伝統的な世界とは異なる自らの音楽として楽曲を完成させることに意識が注がれていることが窺われるのである。

2　パーシャクラブ《五穀豊穣》（CD「NANAFA」所収）

民謡歌手として活動を続けてきた新良幸人《あらゆきと》（一九六七年生）と、元りんけんバンドのベーシスト上地正昭を中心に結成され、一九九五年にメジャー・デビューを果たした。ファーストCD「新良幸人パーシャクラブ」では、伝統的民謡の旋律をロック・ファンク的なリズムに乗せるアプローチが主体だったが、その後のCDアルバムでは、精力的にオリジナル曲を発表している。

ここでは、《五穀豊穣》を事例として検討してみたい。この曲はパーシャクラブによるオリジナル曲である。旋律は無半音五音音階（ラドレミソラ）のいわゆるマイナー・ペンタトニック・スケールが基調である。リードボーカルを務める新良幸人による歌詞は、彼の出身地である石垣島（白保）方言ではなく、音数律も八六が目立つ古典琉球語を思わせる表現となっている。歌詞の中には「五穀豊穣」、「神の美作」、「豊かなるくぬ御世ぬ」といった、沖縄の伝統的村落共同体に関わるイメージが豊富に歌い込まれている点が注目される。ここで歌われている「五穀豊穣」、「神々ぬ恵み」をムラの共同体のために乞い願うというようなイメージは、具体的な特定の地域ではなく、現在の「沖縄」において幻視される理想郷的なイメージであろう。かつて沖縄にあったかもしれない、そして今や現実的にはどこにもないような想像上の理想的な共同体イメージなのである。ここには先述した沖縄新ロマン主義的な傾向が典型的に表れている。

ここではリズム様式について、特徴が顕著に表れている前奏部に注目してみたい（譜例⑧）。五小

譜例⑧

《五穀豊穣》

採譜：久万田 晋

前奏部（5小節目以降）

節目から始まるサンバ的な「跳ねない」16ビートのリズムを土台として、三線パートは四分音符中心のシンプルなフレーズとなっている。それに対して、金管楽器によって16ビートのシンコペーション感覚が強調された主旋律が奏されている。編曲上で特徴的なのは、この16ビート基調のリズムに重ねられる掛け声である。まず「・ハ・ハ・ハ・ハ」というカチャーシー的な掛け声が、各拍の裏（つまり4ビート単位の裏拍）に挿入されている。その一方、「・スイ・スイ」というエイサー的な掛け声が二拍目、四拍目（つまり2ビート単位の裏拍）に重ねられている。こうした重ね方は、伝統的民謡（エイサーを含む）ではあり得ないことである。ここでは沖縄民謡のオフ・ビート的な掛け声の導入に当たって、二種のビート単位（4ビート単位および2ビート単位）での掛け声が重層化され、従来の民謡・新民謡の世界では見られない新たなポリ・リズム的なリズム構造を現出させているのである。これは生のライブ演奏においてではなく、レコーディン

グ・スタジオでのデジタル・オーディオ・ワークステーション（DAW）によるサンプリング技術を多用した楽曲制作でこそ可能となる編曲・録音手法なのである。*19

パーシャクラブのリード・ボーカリスト新良幸人は、パーシャクラブの音楽的な立場について次のように語っている。

パーシャクラブで歌うオリジナルはウチナーグチだけど、僕らの世代が日常で使うような方言は、あんまりきれいじゃないのね。だからそれは意図的に、美しい沖縄の言葉、耳にして心地いい方言を使うようにしている。〔中略〕でもね、メロディや音階なんかはいちいち沖縄を意識したことはないよ（笑）。僕らがここに暮らして、ここで音楽をやっていれば、あえて言うならそれが僕らの沖縄らしさなんじゃない？　僕らは紅型の衣装も着ないし、エイサーもしない。僕ら自身が沖縄なんだから、僕らを売り物にしているつもり。［『STREET SOUNZ』二〇〇三：四五］

ここで新良は、沖縄の伝統的なカチャーシーの掛け声や民俗芸能エイサーのリズム様式を自らの音楽に意識的に導入してきた喜納昌吉&チャンプルーズやりんけんバンドら先行する世代の音楽的な方法に対抗するように、音楽的様式に関して「いちいち沖縄を意識したことはない」と発言している。これは沖縄の伝統的な音楽様式の導入について、一種の開き直りとも取れる否定的な態度のようにも思われる。先に紹介した日出克が「沖縄をどこまで切り捨てられるか」と述べる態度とも通底するだろう。これらの発言は、たとえ彼らが沖縄の伝統的な要素を自らの音楽に取り入れることはあっても、主たる目的はあくまでも自らの音楽を自由な立場と感覚から創作・構築することにあり、特に伝統的要素の導入にこだわってはいないという立場の表明とも解釈できる。しかしこれは、新良が沖縄の伝統的な要素に対して無関心、無意識であることを意味してはいない。彼はパーシャクラブの結成以前（一九九〇年代）から八重山民謡のソロ歌手としてライブ活動を続けてきた。またパーシャクラブのバンドメンバーであるサンデー（仲宗根哲、太鼓）との二人組で伝統的八重山民謡を中心的レパートリーとしたライブ活動を行っている。[*20] つまり、ここでの「沖縄を意識したことはない」という発言は、あくまでもパーシャクラブというグループにおける音楽的な方向性や方法論を戦術的に語っているのだと解釈すべきなのである。そうした新良幸人の沖縄の伝統的要素に対する多面的な立ち位置の問題はともかくとして、パーシャクラブ《五穀豊穣》においては、喜納昌吉&チャンプルーズやりんけんバンドが一九七〇年代以来試みてきた、伝統的沖縄民謡のオフ・ビート的な掛け声や三線の早弾き奏法をポピュラー音楽の8ビート、16ビートのリズムに導入するという沖縄ポップの様式創造からさらに新たな次元へ踏み出し、従来の沖縄の民謡・新民謡のリズム様式ではあり得なかったポリ・リズム的なリズム様式創造への試みを確認できるのである。

六　おわりに

本論では、一九九〇年代の沖縄ポップ主要バンドのメジャー・レーベルからの旺盛なアルバム発表状況が、全国的なCD生産販売の拡大期とほぼ重なっており、それが一九九〇年代後半のCD生産販売の退潮期に終焉を迎えたことを指摘した。

一九七〇年代に沖縄から先陣を切って本土デビューを果たした喜納昌吉&チャンプルーズは、伝統的沖縄民謡におけるカチャーシーのリズム様式をポピュラー音楽のリズム様式（跳ねる8ビート、跳ねない8ビート）に導入した。喜納昌吉&チャンプルーズに続いて、一九八〇年代以降に活動を始めたりんけんバンドは、喜納昌吉&チャンプルーズが創造した新しいリズム様式を継承すると共に、それに加えて民俗芸能エイサーのリズム様式を沖縄ポップのリズム様式に導入した。喜納昌吉&チャンプルーズもりんけんバンドも、カチャーシー的なオフ・ビート的掛け声や三線の早弾き奏法、エイサー的リズム様式という伝統民謡や民俗芸能の音楽的要素を、沖縄ポップにおいて彼らが打ち出す沖縄の民族アイデンティティ表現を支える音楽的な源泉として流用したのである。

日出克は、先行する喜納昌吉&チャンプルーズやりんけんバンドから受け継いだ跳ねない8（および16）ビートに沖縄的オフ・ビートの掛け声を導入した。さらに本来跳ねる早弾き奏法で演奏される民謡曲をあえて跳ねない8（および16）ビートに変換して沖縄ポップ的な楽曲を構築している。さらにパーシャクラブにおいては、沖縄音楽の伝統的なオフ・ビートの掛け声をポピュラー的なリズム様式に導入した上で、そのリズム・テクスチュアをさらにポリ・リズム化するという伝統的民謡世界では見られない新たな試みを行っていることを確認した。

本論では、二〇〇〇年代以降の沖縄ポップその他の音楽状況についてはこれ以上言及しないが、[*21] いまや新民謡（創作民謡）であれ沖縄ポップであれ、沖縄的世界を表現しようとするあらゆる音楽が、ここまで見てきた七〇〜九〇年代の沖縄ポップが創出したリズム様式の引用、流用、参照なしに成立しえないことは確かなことだと思われる。

1――沖縄ポップの展開については久万田［一九九八・二〇〇四・二〇〇五］を参照されたい。

2――コンパクトディスクは、一九七〇年代にソニーとフィリップスが共同開発し、一九八二年から世界的に製品化が始まった記憶媒体である。

3――音楽ソフトの年別・種類別生産数量の推移については一般社団法人日本レコード協会ホームページ（https://www.riaj.or.jp/g/data/annual/ms_n.html）を参照。

4――喜納昌吉&チャンプルーズの発表アルバムについては、『喜納昌吉を知るハンドブック』［石岡編 二〇一八］を参照。

5――りんけんバンドの発表アルバムについては、「りんけんバンド：RINKEN BAND Official Website」（https://www.rinken.gr.jp/artist/rinkenband/index.html）を参照。

6――ネーネーズの発表アルバムについては、『沖縄ポピュラー音楽史――知名定男の史的研究・楽曲分析を通じて』［高橋 二〇一〇］を参照。ネーネーズの二〇〇二年以降のメンバーチェンジについては、通常「二代目」「三代目」と言い表わしている。

7――ソニー・ミュージックレーベルズの社内レコードレーベル。

8——沖縄民謡における早弾き奏法については、『日本民謡大観　沖縄・奄美　沖縄諸島篇』の「カチャーシー」の項［日本放送協会編　一九九一：五二七～五二八］、および久万田［二〇二三：一六二～一七三］を参照されたい。

9——『喜納昌吉を知るハンドブック』には次のように記述されている。

昌吉がチャンプルーズとして初めてレコーディングした「ハイサイおじさん」は最初、父・喜納昌永の一九六九年のLPレコードに収録され、昌永も三線で参加した。父としても昌吉を世に出したいという思いがあってのことだった。その後シングルカットされてマルフクレコードから発売されると、「ハイサイおじさん」は爆発的に売れはじめ、沖縄だけでなく本土にも飛び火して、色々な人が歌い始めた。

［石岡編　二〇一八：一六～一七］

日本におけるエスニック・ポップの先駆者である久保田麻琴は、喜納昌吉全国デビューより二年前の一九七五年のアルバム「HAWAII CHAMPROO」に《ハイサイおじさん》のカヴァーを収録している。また「はっぴいえんど」の活動を通じて日本語ポップスの可能性を開拓した細野晴臣は、アルバム「泰安洋行」（一九七七年）所収の《Roochoo Gumbo》後部で《ハイサイおじさん》のフレーズを引用している。

10——ここで言う4ビート、8ビートとは、ポピュラー音楽におけるリズム様式の基本的単位であり、特に音楽の基礎であるベース・ラインやドラムスのリズム・パターンに典型的に表現される。4ビートとはリズム組織が四分音符を基本とするもの、8ビートとはリズム組織が八分音符を基本とするものを指す。二〇世紀以降アメリカで展開したポピュラー音楽史において、2ビートはラグ・タイムや初期のジャズ、4ビートはスイング・ジャズからモダン・ジャズ、8ビートはロックンロールやロック、ソウル、16ビートはロック、ソウル、ファンク、ディスコにおいて典型的に見られる。また、8ビートと16ビートには、跳ねるリズム（シャッフル、バウンス、スウィングなどと呼ぶ）と跳ねないリズム（イーブンなどと呼ぶ）の区別がある。

11――具体的には普久原朝喜による昭和前期以来の創作曲（新民謡）の事例、そして普久原恒勇による戦後期の西洋音楽やポピュラー音楽様式の導入の事例を指している。これについては久万田［二〇〇四・二〇〇五］を参照されたい。

12――全国的なデビューとなったCDアルバム「ありがとう」発表と同じ一九九〇年には、二枚目のアルバム「なんくる」が同じWAVEレーベルから発表されている。さらに一九九三年のアルバム「りんけんバンド」では、「ありがとう」および「なんくる」に収載されていた曲が再録音され、より練り上げられた演奏を聞くことができる。

13――エイサーは、本来沖縄各地域で旧盆の折に地域の青年達によって踊られる民俗芸能であったが、戦後始まったエイサーコンクールを通じて、沖縄の民族アイデンティティーを主体的に表現する芸能として大きく発展した。エイサーについては久万田［二〇一一］第五章参照。

14――喜納昌吉&チャンプルーズ《アース・スピリット》（CD「EARTH SPRIT」所収）は、エイサーにおいて最も核心的な曲である《七月念仏》（《仲順流り》）の歌詞と旋律をそのまま引用し、バンド・アレンジを施したものである。

15――ネーネーズ《ほしのパーランクー》（CD「あしび」所収）、パーシャクラブ《固み節》・《クーダーカー～仲順流り》（CD「新良幸人パーシャクラブ Ver.1.02」所収）など。

16――この問題については、久万田［二〇一一］第五章を参照されたい。

17――こうした伝統的地域共同体的心性への依拠は、日本本土の「演歌」とともに、第二次大戦後の日本のポピュラー音楽の諸ジャンルにおいても特殊な事例であると思われる。

18――たとえば、大工哲弘『八重山歌謡全集』には、《湊《みなとー》ま》に関して「正調」、「早調子」、「二揚」という三種の演唱が収められている。各々三線の演奏法は細部が異なっているが、三種いずれも跳ねる早弾き奏法で演奏されている。

19──《五穀豊穣》のライブ演奏の映像では、「・ハ・ハ・ハ・ハ」という、各拍の裏（つまり4ビート単位の裏拍）の掛け声は聴取できるが（生声ではなくサンプラー使用か）、CDバージョンにある「・スイ・スイ」という二拍目、四拍目（つまり2ビート単位の裏拍）の掛け声は聞き取れない。ライブ演奏の確認には以下の二つの映像を参照した（https://www.youtube.com/watch?v=8snWFKVd9kU, https://www.youtube.com/watch?v=yf5fcGw6Fag）。

20──さらに宮古島出身のアーティスト下地イサム（勇）とのユニットSAKISHIMA meetingとしての活動も行っている。

21──九〇年代後期以降、沖縄からはモンゴル800、HY、オレンジレンジ、D-51などのバンドが次々と全国的マーケットに進出し活躍した。彼らはハードコア・パンク、ヒップホップ、ミクスチャー、ネオ・フォークなど、九〇年代以降の世界のポピュラー音楽の様式を摂取し、従来の沖縄ポップとは異なるアプローチながら、沖縄出身としての固有の音楽表現を模索している。これらの状況については、久万田［二〇〇三・二〇二三：一四八〜一六八］を参照されたい。

＊参考音源（CD）

新良幸人パーシャクラブ「新良幸人パーシャクラブ Ver.1.02」TOCT-8746、一九九四年

喜納昌吉&チャンプルーズ「喜納昌吉&チャンプルーズ」TKCA-70396、一九九四年（一九七七年発表のLP（クラウンレコード）の復刻版）

喜納昌吉&チャンプルーズ「EARTH SPRIT」TOCP-6850、一九九一年。

喜納昌吉&チャンプルーズ「火神」PHCL-5014、一九九四年
大工哲弘「八重山歌謡全集」全八枚、アカバナー、二〇一二年
ネーネーズ「IKAWU」APCD-1001、一九九一年
パーシャクラブ「NANAFA」TOCT-9467、一九九六年
日出克「神秘なる夜明け」BVCR-679、一九九四年
りんけんバンド「ありがとう」EVA-2016、一九九〇年
りんけんバンド「なんくる」EVA-4004、一九九〇年
りんけんバンド「りんけんバンド」SRCL-2579、一九九三年

＊参考文献

磯田健一郎・黒川修司編　一九九五『オキナワン・ミュージック・ガイド　フォー・ビギナーズ』東亜音楽社
石岡裕編　二〇一八『喜納昌吉を知るハンドブック』ピースメーカーズネットワーク
ギラン，マット　二〇〇八「沖縄の三線音楽における〈早弾き〉演奏法の音楽性の考察――リズムを中心に」（『沖縄芸術の科学』第二〇号、六五～八九頁）
久万田晋　一九九八「九十年代沖縄ポップにおける民族性表現の諸相」（沖縄県立芸術大学大学院芸術文化学研究科編『沖縄から芸術を考える』榕樹書林、一三四～一六二頁）
久万田晋　二〇〇三「沖縄ポップと〈しまうた〉――融解する境界」（『Inter Communication』№46、NTT出版、一〇二～一〇七頁）
久万田晋　二〇〇四「沖縄ポップのあしあと」（『アジア遊学66　特集　島唄の魅力』勉誠出版、三〇～四〇頁）
久万田晋　二〇〇五「二十世紀沖縄におけるポピュラー音楽の展開――新民謡から沖縄ポップへ」（櫻井哲男・

水野信夫編『諸民族の音楽を学ぶ人のために』世界思想社、一四八～一六八頁）
久万田晋　二〇〇七「沖縄民謡から島唄へ」（徳丸吉彦・高橋悠治・北中正和・渡辺裕編『事典　世界音楽の本』岩波書店、四三三～四三六頁）
久万田晋　二〇一一『沖縄の民俗芸能論――神祭り、臼太鼓からエイサーまで』ボーダーインク
久万田晋　二〇二三『沖縄・奄美の島々を彩る歌と踊り』ボーダーインク
小島美子　一九九七『音楽からみた日本人』（NHKライブラリー57）日本放送出版協会
高橋美樹　二〇一〇『沖縄ポピュラー音楽史――知名定男の史的研究・楽曲分析を通じて』ひつじ書房
日本放送協会編　一九九一『日本民謡大観　沖縄・奄美　沖縄諸島篇』日本放送出版協会
藤田正編　一九九八『ウチナーのうた　名曲101選&CDガイド』（ONTOMO MOOK）音楽之友社
松村洋　一九九一「沖縄人の思いをのせて夜空をかけるエイサーの響き　沖縄本島にエイサーを追って＋照屋林賢インタビュー」（『MUSIC MAGAZINE』一九九一年一一月号、一九～二七頁）
『STREET SOUNZ』二〇〇三（SHINKO MUSIC MOOK）シンコーミュージック

コラム③　沖縄ポップとことば　◉久万田晋

　一九七〇年代以降に台頭した沖縄ポップについて、私はかつて「沖縄の民族アイデンティティをポピュラー音楽のスタイルで表現する音楽」と定義した。沖縄ポップの音楽家に限らず、ポップ・ミュージックの作り手・歌い手にとって、楽曲における歌詞とはその表現において欠くことのできない重要な役割を担っている。沖縄ポップやそれに先行する事例を見ると、歌詞表現の方法は必ずしも一枚岩というわけではない。たとえば伝統的琉歌調あるいは沖縄の口語、または標準語、さらには標準語プラス沖縄語など、音楽家や楽曲によって実に多様なありようを見せている。

　二〇世紀以降の世界的なレコード文化の隆盛のもと、日本コロムビアによって録音された新民謡《安里屋ユンタ》（一九三四年）は、大正から昭和前期にかけて沖縄の音楽教育界を牽引した宮良長包が編曲を手がけたが、星迷鳥による歌詞は元々の民謡の歌詞から離れて標準語に基づいたものとなっている。

　こんにち沖縄の歌として知名度の高い《芭蕉布》（作曲・普久原恒勇、作詞・吉川安一、一九六五年）の歌詞は、所々に沖縄的な単語を挿入しているが、全体的には標準語で構成されている。歌詞は沖縄の琉歌形式八八八六調ではなく、日本本土風の七五調に基づいている。この歌の眼差しは、日本本土から沖縄を異国情緒的、あるいは懐古趣味的にイメージするように作られているのだ。

　沖縄発のフォークソングである佐渡山豊《どぅちゅいむにぃ》（一九七二年）は沖縄語で始まるが、次第に沖縄の言葉や料理、世相の説明となり、さらには標準語による政治社会批判や教訓的内容が展開されてゆき、その歌詞世界はかなり混沌とした言語状況を見せている。これは沖縄の日本復帰に直面して心理的混乱を抱えた沖縄の若者（佐渡山自身）の葛藤を色濃く反映したものと考えられる。

　沖縄ポップの興隆を全国的に印象付けた喜納昌吉&チャンプルーズ《ハイサイおじさん》（一九七七年）におけるコミカルで歯切れよい日常会話的な歌詞は、従来の沖縄新民謡に多い伝統的琉歌調に比べると、かなり型破りで自由なものである。その一方で、沖縄的民族意識の覚醒を強く呼び掛ける《島小《しまぐゎー》ソング》や、田中角栄元総理の汚職を標準語で皮肉る《番長小《ばんちょうぐゎー》》など、楽曲によって多彩な歌詞表現を試みている。

　九〇年代沖縄ポップの復活とともに全国デビューしたりんけんバンド《ありがとう》（一九九〇年）の歌詞は沖縄語に基づいているが、やはり沖縄文化の説明的口調となっている。その一方で《志情》や《肝《ちむ》にかかてぃ》などの叙情的なバラード曲では、歌詞が伝統的な琉歌様式を踏まえて作られている。りんけんバンドは、沖縄を外側に対して説明しようとする方向と、沖縄の内なる美意識へと沈潜する方向の両方を使い分けているのである。

　日出克《ミルクムナリ》（一九九三年）は、創作エイサー団体の楽曲としても使用されて沖縄でも認知度が高い曲である。その歌詞は八重山諸島の古謡に基づき、伝統的シマ共同体の豊穣と繁栄を乞い願うという民俗文化的な世界が展開されている。これはパーシャクラブ《五穀豊穣》（一九九六年）などとも共通して、理想郷としての沖縄イメージを歌い上げるロマン主義的な傾向を強く持っている。

　九〇年代にJ－POP界で活躍していた石垣島出身のビギンは、CD「ビギンの島唄　オモトタケオ」（二〇〇〇年）以来、沖縄ポップあるいは「しまうた（島唄）」の世界に方向転換し、二〇〇〇年代「しまうた（島唄）」ブームの牽引役となっている。彼らの楽曲の歌詞は基本的には標準語に基づいており、日本本土の聴衆あるいは沖縄生まれであっても沖縄の方言が不得意な若い世代の注目を集め、共感を得ている。

二〇〇〇年代以降、「しまうた（島唄）」とも深く交流しつつ活動する下地イサム（勇）は、出身地である宮古島の久松方言に基づいた歌詞世界を展開している。多くの聴衆に歌詞を通じて楽曲のメッセージを伝えることを重要な目的とするポップ・ミュージックにおいて、下地のような聴衆の理解が難しい特殊な方言に基づく音楽活動の展開は、強烈な異彩を放っている。

このように、沖縄ポップ（やそれ以前から）の音楽実践におけることば（歌詞）のあり方は、実に多種多様な姿を見せている。それは各々の音楽家の出自や音楽的な立ち位置、さらには表現戦略に密接に関わるものなのである。

第4章 故郷をつなぐメロディ

戦後ハワイの邦字新聞・ラジオから見る沖縄救済運動と芸能の記憶

◉遠藤美奈

一　はじめに

本章は、戦後のハワイ日系移民社会ではじまった沖縄救済運動のなかで、邦字新聞やラジオ放送局を通じて紹介された演芸会や沖縄音楽とその後の展開までを扱う。

ここで扱うメディアは、二〇世紀初頭からメディア研究や移民研究の中で「エスニック・メディア」と呼ばれてきた。例えばアメリカでは、ヨーロッパ系移民らが流入し、新たな国家が形成されていくなかで、多様な母国の言語を用いるメディアが展開していった。表面的な考えでは、移入国と異なる言語で製作されたメディア（新聞やラジオ等）は、移民らの文化的背景や共同体の強化につながり、同化を阻む要因になることを想起させる。社会学者パークは、この同化を阻害する可能性の有無を明らかにするため研究に取り組んだが、翻ってこれらエスニック・メディアが主流文化への同化を阻むことなく、むしろ同化を可能にする役割があると結論を導き出している［Park 1922］。その後もアメリカへ多様な移民の流入が増えるにつれ、エスニック・メディアは増加したが、のちの研究でも同様に同化を促す機能があることが報告され続けた。エスニック・メディアがコミュニティ内における重要な情報流通経路となっているのである［Jeffers & Hur 1981］。また、「出身社会の習慣・言語などを伝承する「文化の保存」」、エスニック・アイデンティティの覚醒を促す「集団の啓発」」といった多元主義を生み出す要因となっている点は、まさに本章の事例と合致する［藤田 二〇〇四：一一三〕。

ただし、本章で取り上げるエスニック・メディアは、新聞、ラジオ、テレビといった媒体だけではなく、人から人へ重要な物事を伝えるという観点から、芝居や音楽といった芸能も包含したいと考えている。それが何よりも日系移民社会の中で、信頼にたる有機的な情報伝達手段として、戦後から現在への情報の架け橋にもなっていると考えられるからである。

二　日系社会の様相

1　戦前の日系移民史概略

日本からの海外への移民は、明治政府からの移民許可が下りないまま、一八六八（明治元）年に始まった。日本とハワイの政府間で公認されるようになったのは、一八八五（明治一八）年のことで、官約移民と呼ばれている。以後は、私約移民、自由移民となり、合わせて二〇万人弱の、さまざまな都道府県出身者らが海を渡って新天地を求めた。一方で、増加する日本からの移民に危機感を抱いたアメリカは、排日運動を強め、一九〇八（明治四一）年から移民の制限を強化し、やがて一九二四（大正一三）年、排日移民法により、事実上、移民を禁止した。

こうしたなかで、一九〇〇（明治三三）年にハワイへ到着したのは沖縄県からの移民だった。他府県に比べて、いわゆる後発組であるために、仕事や生活の上で他者から厳しい眼差しを向けられたとされている。当時、沖縄県出身者が文化的に遅れていると感じさせたいくつかの要因には、独特な言葉づかい、特有の食文化、ハジチ（刺青）などの習俗があった。沖縄での習俗を色濃く残したまま移民先で生活することは、日系社会で文化的な理解の齟齬や不当で差別的な言動を生み出すことにつながった。しかしながら、その一方で、歌や踊りといった芸能の側面においては、必ずしも低く見られることはなかったようだ。例えば、当時日系社会を代表する芸能であった盆踊りでは、盆に祖先を弔うという重要な要素が沖縄の盆踊りにはあったことで尊ばれたり、コンテスト（競演会）で優勝したりするなど、高く評されていた［遠藤 二〇一五］。

2　戦前の日系社会における慈善興行のはじまり

移民社会では、同郷者による相互扶助は不可欠で、ハワイに現存する最初期の邦字新聞『The YAMATO（やまと新聞）』（一八九五年創刊）の一八九五年一〇月二六日付の紙上では、慈善事業が行われていたことを確認できる。そこには、「コレラ病流行の為久しく開かざりし日本人慈善会月次会」[*1]の開催とある。この記述から、新聞の刊行が開始される前から会は組織されていたようで、日系社会の中で慈善的な行為として、共同体に必要な基金造成の活動が行われてきたことがわかる。こんにちでは、こうした資金造成には衣類や食品などのバザー、野球やゴルフなどのコンペもあるが、芸能による慈善演奏会も欠かせない。慈善演奏会の初出は、同紙一八九六年五月二三日に「大芝居興行／来ル三十日土曜日ヨリ六月六日の土曜日迄アラケヤ町益城屋ノ斜向フニ於テ大芝居興行仕リ」とあって、「蘇我対面、狭間官場、仝砦」などを演じ、「三日目（六月二日）ハ慈善興行トシテ利益金悉皆墓地日本人小学校幼稚園及慈善会へ寄附」に充てる試みを行っている。*2 ただし、六月二日の邦字新聞には、「五月三十日ハ慈善興業トシテ利益金悉皆墓地、日本人小学校、幼稚園及慈善会へ寄附スベシ」*3 とあって、興行初日からその上演によって資金を募っていたようだ。さらに二日後の新聞には、「慈善興業の純益　日本人芝居興行元宮本華太郎、海山正行、川本権吉、田中勇の四氏より増設日本人墓地、幼稚園、日本人小学校買収、日本人教会堂へ各弐円五拾仙づつ寄附ありたり」と、日系人が当時必要とした学校建設にも充てている。こうした相互扶助の基本的な理念がすでに初期の移民社会に根付いていたことがうかがえる。

三　窮状を伝えるメディアと窮状を語る口

1　比嘉太郎と沖縄救済のはじまり

第二次世界大戦以降、いまなお各地で生じている争いでは、相互ともに内外へ発信する情報や方法はとても重要である。戦中は、真に重要で機密性の高いものから、意図的な誤情報の発信まで、相互が扱う情報の振れ幅は大きい。そのため大衆は、いつの時代も情報の信憑性に振り回され、人が

「信じることができる情報」は何であるかを探し求める。さらに、先の大戦では、アメリカだけでなく、日本から移民が入植したブラジルやアルゼンチンなども日本と敵国になったことで、母国との関係性は複雑化した。特にブラジルでは、日本の戦勝を信じた「勝ち組」と敗戦を認める「負け組」の対立が起こり、日系社会という大きな共同体を分裂させたことは特筆に値する。

さて、ハワイでは、日系人が日本語で入手できたメディアは戦時中もあった。米国政府に検閲されながらも発刊され続けた新聞『布哇《ハワイ》タイムス』[*4]『The Hawaii Herald』[*5]である。ハワイでは、移民の大多数が捕虜とならずハワイに留まったが、主導者的な日系人だけはアメリカ本土の収容所へ移送されたので、共同体において影響力を持つ人は限られていた。このようななかで、共同体が「信じることができる情報」とされたのが、日系二世部隊兵が戦地などで目の当たりにした様子であった。これらの発信がどのようなメディアよりも人々の心情に伝わる手段として機能した。とりわけ沖縄系移民のなかでは、二世の比嘉太郎（一九一六～八五）の足跡や発信が戦中から戦後にかけて際立ち、彼自身がメディアの機能を果たしたととらえることができる。

比嘉太郎はいわゆる帰米二世で、ハワイで生まれ幼少期に沖縄本島中部の北中城村に移り住み、祖父母のもとで育つ。比嘉の伝記は多くあるので詳細は他に譲るが、日本本土での就職をしたのち、一九四〇年に帰布する。そして、一九四一年には徴兵ののち基礎的な訓練を受け始め、一九四二年六月に第百歩兵大隊としてアメリカ本土に向かい、四三年には欧州戦線へ出征している。イタリアの戦地で負傷した後、アメリカ本土で療養を行っていたが、間もなく収容所を運営する戦時転住局

（War Relocation Authority、通称：ＷＲＡ）などから依頼を受けて、アメリカ各地の日系人へ講演訪問をする。一九四四年六月から一九四五年一月まで四〇州の日系移民らの収容所等に招聘され、前線で戦う日系二世兵の様子や現状などを伝えた。

この訪問は各地で大いなる歓迎を受け、カリフォルニア州マンザナー収容所では、二日間で二八〇〇人以上が会場に詰めかけ、会場に収まりきらないほどだったという。当時の様子として「戦争に志願して行った二世の胸の中を、一世に理解してもらうことを、比嘉さんは一晩で皆にわかってもらった」と、とある日系人がＷＲＡ職員へ心境を漏らしている［崎原 一九八一：六］。戦時中は、従軍した兵士が目の当たりにした様子だとしても、多くの人に信じてもらうことは難しいかもしれない。しかし彼が伝えた言葉は、まごうことなき真実として多くの人たちに受け止められ、伝わっていったようだ。一方で、このアメリカ本土での様子は比嘉本人の執筆でハワイの日系人へも伝えられた。『布哇タイムス』には、一九四四年九月一八日から一九四五年五月一一日まで合計四二回にわたってその様子が連載された。[*6] ＷＲＡによる戦略的な側面もあったことは想像に難くないが、誤情報が多い社会の中で、比嘉の行脚は強い反響を呼び、比嘉自身もまた、自らの言動の影響力を感じていたように思われる。

比嘉は、一九四五年二月にアメリカ本土からハワイへ戻り、新聞連載と並行してヨーロッパ戦線で戦った日系兵やその実情についてハワイ各所でも講演等を続けた。そうした中で、戦況は変化し、いよいよ沖縄への上陸が始まる。比嘉は、自らの経験を多くの人に語り、被災地の惨状をよく理解していたからこそ、戦争被災者への救済、そして何より「故郷沖縄の人々にそのような苦しみを味わい《（ママ）》させたくない」との強い思いがあった。彼は、自らの死をも覚悟した上で、通訳兵として故郷沖縄へ向かう決心をしている〔比嘉 一九八二：一八七〕。この頃までには、アメリカ本土での行脚を経験していた比嘉を知る政府も後押しし、戦地への従軍がかなった。出布前には真喜志康輝[*7]宅で激励会が開かれ、『日布時事』記者の豊平良金ら県系人から県民の「難民救済」を嘆願されている〔比嘉 一九八二：一八七～一八九〕。こうして戦中から多くの沖縄系移民が沖縄での地上戦に対して心を砕き、支える準備をしていたことがうかがえる。『布哇タイムス』には、四月下旬から「初め好調の沖縄戦　長期戦となるやも知れず」（二二日）、「米軍沖縄に新上陸」（二三日）、「米軍沖縄で阻止日本軍那覇全線に亘り頑強抵抗」（二四日）、「戦略的高地占領」（二五日）などの見出しで報道がなされ続けた。ハワイの沖縄系移民がどのような心境で沖縄への上陸を報じる新聞を手に取ったのかは想像を絶するものがある。

　比嘉はそのようななか、一九四五年四月二五日には嘉手納飛行場に到着した。第一〇軍情報部に配属され、中尉や大佐らと寝食や行動を共にする。のちに彼らとの縁が、アメリカ本土の米国赤十字社や米国キリスト教連盟など、アメリカによる沖縄への幅広い支援のきっかけにつながる。比嘉は、六月二一日には、喜舎場収容所で豊平良顕（『日布時事』記者豊平良金の従弟）ら有力者と対話し、救済に必要な資料を集めたという〔比嘉 一九八二：一九〇〕。沖縄で集めた資料とは何なのかは判然としないが、終戦後すぐの八月一七日には中城湾港を出発して、九月一三日に帰布する。この期間、沖縄での通訳兵をする傍ら、沖縄で見た惨状を『布哇タイムス』や『The Hawaii Herald』へ四回にわたって寄稿し、日系社会へ伝え続けた。これらの記事は「戦禍の沖縄より」と題され、各回に副タイトルが付された（表①）。

初回には、「比嘉一等兵は米軍の手により沖縄の占領地が迅速に復興しつつあるのに一驚した」と加えられ、検閲された新聞らしい冒頭となっている。内容は米軍による助力によってすでに復興の兆しがあるところを賛美しつつも、沖縄の人たちの生活の場の喪失が比嘉の手によって丁寧に描かれている。最終掲載の「何も残らぬ首里と那覇」で描かれた内容は、「那覇に行く…完全な建物と云ふては一軒もない、波の上神社は見る彰《（ママ）》もなく…只あの大きな鳥居が…波の上宮は此処ですと物語つていた位」と、出身者にとっては衝撃的すぎる光景が伝えられた。

表①　比嘉太郎「戦禍の沖縄より」記事一覧

副タイトル	執筆日	掲載日	紙面
「迅速な復興振りに驚く」	1945.4.27	1945.5.31	3面
「主人を偲ぶ清掃の屋敷」	1945.5.3	1945.6.14	3面
「デマに戦き墓内に潜伏」	1945.5.19	1945.7.3	3面
「何も残らぬ首里と那覇」	1945.6.29	1945.8.4	2面

※「掲載日」「紙面」の情報は、すべて『布哇タイムス』のもの

検閲が入りつつも、比嘉からの生の声は、ハワイの日系社会に大きな落胆をもたらしたに違いない。だが、その一方で、戦中から沖縄系移民が救済の心づもりと覚悟をもっていたことは、戦後の迅速な復興を大いに手助けした。

2　救済活動は歌に乗せて――「巣なし鳥心」

比嘉は、さらにここから驚くほど早い行動を見せている。ハワイへの帰路の船上でしたためた

「戦災沖縄より帰って」と題した原稿はすぐさま『布哇タイムス』と『The Hawaii Herald』へ送られ、両紙ともに「只今帰って来ました」のタイトルで九月一四日に掲載された。のちに比嘉自身も「在留日系人に大きな話題を投げあたえた」[*8]と述べているように、写真入りのその記事は、戦禍に巻き込まれた故郷沖縄に対する複雑な心境の吐露が含まれている。比嘉は、新聞掲載当時を回顧して、「特に」日系社会に大きな反響を与えたのが、一九四五年六月一七日に中城村島袋収容所（四月から七月まで開設）で出会った泡瀬出身の当間嗣英から教わった《収容者の苦》だったとしている「比嘉一九八二：一九一」。この歌詞は、自著『ある二世の轍』に当時の新聞記事が翻刻されているが、当時の紙面と一部内容が異なっているので、少し長いが『布哇タイムス』から該当箇所を引用する[*9]（ゴシック体は書籍に掲載のない文章）。

巣なし鳥心

欧州戦線以上の危険を覚悟して沖縄へ赴いた私は沖縄に到着してから軍務の傍ら悩める哀れなる住民を少しでも慰め得た事を満足に思ひます。

実を申しますならばもつと沖縄に居座つて少しでも余計働かせて頂きたかつたのですけれども沖縄住民の苦しんでいる姿を布哇の皆様にも御知らせしやうとの希望のもとに帰布したのでありります

沖縄民衆の心情を表した一節の歌を御紹介申ませう

収容者の苦[10]（小浜節譜）

一、眠る目の苦しさ／哀り仮枕／外や小夜嵐／思ひ積みて
二、かねる打苦しさ／何時までがやゆる／草葉露心／胸やゝせはてゝ
三、枕打ぬらす／夢の通路や／朝夕馴染の／我家の御側
四、哀りさや浮世／巣なし鳥心／あきよ宿る木ん／紅葉なたみ

これは一避難民が思ひ出の儘を歌にしたものであるがよくも歌ひ表したものと思ひます、特に末節「巣なし鳥心、あはれ宿る木も、紅葉さしたか」の句は現在の沖縄住民をよく表現したものです。

〔中略〕

私はこれから皆様に機会あらば欧州戦線並びに太平洋戦中の私の体験と見聞と沖縄の現状を併せてお伝へ致したいと考へて居ます

引用文頭のとおり、後ろ髪を引かれながら帰布した比嘉であったが、自分の役目をハワイでの沖縄救済と見定めていた。それは自分が発する言葉がどれほどの影響力を持つのかを、アメリカ本土での巡講で痛感していたからこそ、このような行動をとったのではないかと考えられる。そうした影響力を持つ比嘉に「特に」と言わしめたのが「歌」であったことは興味深い。その背景として、ハワイの三線奏者らがこの歌を用いて、「ハワイの隅々にまで」知れ渡るほど、各所で愛唱したことに

である。例えば、比嘉はマウイ島での講演歓迎会で、マウイ島の琉球音楽愛好家らが《収容者の苦》を披露し、会場で涙しない参列者はいなかった様子を記憶に留めている〔比嘉 一九七四：一六八〕。その様子からは、間接的だが沖縄の惨状を伝えたメディアとしての「歌」の力に着目せざるを得ない。歌には、新聞や講演と同様に人に伝えるという伝達手段になる側面があって、一種のメディア媒体とみなすことができる。さらに、琉歌の八八八六の短詩に凝縮された思いをハワイの沖縄系移民、特に一世らが理解し共感できたことは重要で、故郷沖縄へ心を寄せざるを得なかった。また、琉球古典音楽は、どのような歌詞であっても琉歌形式であれば歌うことができる、という特徴的な音楽構造を持っているので、ハワイにいた琉球古典音楽愛好者にとっては好都合で、嗜みのある人であれば歌えたという背景も大いに作用した。ハワイ諸島の各地に三線を愛好する多くの人たちがいたことの証左でもあるのだろう。

さて、この《収容者の苦》と題された歌は《小浜節》を伴奏として演奏すると書き添えられている。もともと《小浜節》は八重山諸島の小浜島の土地ほめや世果報（平和で豊かな世の中）を祈る歌詞で歌われるのだが、明るい内容に比して哀調ある旋律を持っている。このことから、明治以降の沖縄本島の市井で急成長した沖縄芝居の別れの場面で用いられる曲として定着してしまったようだ。[*11] 作詞の当間も哀調ある旋律や芝居の場面になぞらえて、したためたのではないかと想像する。一方で、この歌詞に注目すると、現在では《恨みの嵐》（当銘由俊作詞作曲）として、別名かつ別旋律で歌い継がれている。「巣なし鳥心」の四番の歌詞はすべてそのままに二番として歌われることが多く、同様に一番の上句と三番の二句目と四句目を合わせた歌詞は三番目に概ね歌われる。曲調は、《小浜節》とは異なり、「恨み」のイメージとは対照的な早弾きで明るい雰囲気を持つ。嘉手苅林昌などもマルテルレコードから吹き込みをしている。

また、比嘉は、当間作の歌詞をもう一つ入手している。「八重垣の想」と題された歌である。比嘉によれば、筆跡から当間が書いたものとわからないように、わざわざ他人に代筆させてまでハワイへ持ち帰った歌詞なのだが、時局を鑑みて新聞等で紹介する機会がなかったと語っている［比嘉 一九七四：一六三～一六四］。

八重垣の想

一、砲煙天を渦巻きて／闘い今やたけなわか／心は千々に早れ共／捕れの身は如何にせん

二、仰ぐ御空はおぼろ月／散るか今宵も我友よ／想ふこの身の切なさよ／またも一雨小夜時雨

三、赦せ甲斐なき我なれど／赤い血潮は同じこと／散るは大和の桜花／何時か続かん吾も

この曲は歌詞が七五調の口説形式で作られている。口説は、沖縄音楽の中でも一音一句でリズミカルに歌われていくので、歌詞が明快に聞き取れる。そのため時系列的な経過を描写することに長けていて、歌詞には相手へ訴えかけるメッセージ性も兼ね備えている。「八重垣の想」よりも少し先のことになるが、一九五五（昭和三〇）年に沖縄本島で行われた伊江島の土地収奪に伴う住民の行脚

での《陳情口説》はまさにそれで、米軍の蛮行を歌詞にして多くの人たちに歌い訴え続けた例がある［石原・新垣 一九九八：一六一］。「八重垣の想」には、曲目の指定は書かれていないが、《下り口説》の一番の旋律型を重ねるか、《早口説》で歌うことができそうである。歌とは、一種の強いメッセージを伴う重要なメディアであることを再確認させてくれる。

3 音楽家と資金造成

比嘉は、帰布し名誉除隊したことが新聞紙上で報道されると、ハワイ諸島内を巡講して日系人を中心に沖縄の様相を伝えるようになった。*12 巡講で比嘉がどのような話をしたのか、新聞記事に談片が掲載されている。沖縄の戦禍を伝える内容は、多くの日系人たちに衝撃を与え、「殊に戦渦を受けた避難民の生活状況は聞くものをして胸を痛まし」*13 た。ここでも引用されているのが「哀りさや浮世／巣なし鳥心」の琉歌である。比嘉もまた巡講でたびたび用いていたのだろう。沖縄の各地収容所を廻っていた比嘉は、具に人々の様子を観察し、約三〇万人の避難民に何が必要なのかを理解していたので、人々に衣類と生活必需品を送る道を立てることをまず最初に訴えた。間もなくやってくる冬を見越してのことでもあった。とはいえ、障壁は内にも外にもあった。例えば、戦争を契機とした日系人排斥運動の加速による日系社会への影響や米軍の輸送許可といった外的要因、日本の勝利を疑わない「勝ち組」による妨害といった内的要因などである。

最初に取り組まれた衣類救済運動では、一二月三日から一七日までの間で一五一トンもの衣類が集められ、沖縄へ運ばれ人々の手に渡すことができた。一九四六年二月には、沖縄救済委員から感謝の広告が掲載され、三月には沖縄からの感謝の手紙などが新聞紙面に踊った。終戦後の速やかな初動によって、沖縄の多くの人たちへ必要なものをすぐに届けることに成功したのである。この最初の成功から、必要とされる物資を定めて送付するようになり、物資別の多様な救済組織が組成され、活動は活発化していった。沖縄の惨状を伝えた歌は、音楽家の献身的な奉仕によって広まり、その後は、さまざまな救済会による活動と結びつき演奏会となって、惨状を伝えるメディアとなりつつ、資金造成にも一役買った。

慈善公演は、沖縄芸能のみならず日本音楽にいたるまで、芸能に嗜みのある人物や芸能家らが、無償出演によって寄付行為を手助し、ハワイ在住の不遇兵士やアメリカ本土にいる日系米国傷病兵への慰問などのためにも使われた。[*14] なかには、ハワイの日系社会の住民らを慰安する芸能公演などもあって、日系社会の内と外とで奔走した。それはまるで日系社会の複雑なアイデンティティ構造を象徴しているようでもある。このような中で、琉球古典音楽の奏者たちは戦前から高い演奏技術を有していたので、故郷沖縄の基金造成のための演奏会をいくつも主催し支えた。

例えば、泡瀬出身の仲眞良金（良樽金）は好例である。彼は、ハワイで最初期の琉球盆踊や琉球古典音楽の指導者である仲眞良永（一八七五〜一九三四）の息子で、一九三二年にハワイで琉球古典音楽の研究所（仲眞琉球絃楽研究会）を開設した（図①）。一九四七年は一五周年を迎える年でもあったので、一月二五・二六日に「琉球大演芸会」と題した演奏会をカラカウアで主催した[*15]（図②）。こ

図①　仲眞琉球絃楽研究会（1934年）（ハワイ・プランテーションビレッジ内展示）

図②　「琉球大演芸会」（『布哇タイムス』1947年1月24日）

の周年記念公演では「入婿」[*16]「伊江島ローマンス[*17]（伊江島ハンドー小）」などを上演し、これまでハワイになかった沖縄芝居や組踊などを演じるための演芸部を始動させた。この公演の盛況ぶりは、表②の寄付金額から明らかである。演奏会は、沖縄戦災児童教育基金募集の目的が加えられ、二月八日にワイパフ本願寺境内でも行われた。話題となったのは、寄付額だけではなく、カラカウア公演で「伊江島ローマンス」の終幕が上演されなかったことにあったようで、物語を知る愛好者らは大変な不満を抱いたらしい。脚本を担当した外間勝美はこのときのことをのちに「最後の切り札」として、複数公演を成功させるためにわざと演じなかったと回想している［外間 一九七四：二一三］。最終公演となるワイパフ本願寺での上演は、大道具の仕掛けがあり、さらに終幕までを全て演じきるとあって、愛好者を喜ばせた。[18]

表②「琉球大演芸会」の純益とその内訳

	当時の金額	現代のドル貨幣価値	現代の円貨幣価値
寄付金純益合計	$2584.56	$35,966.64	約5,438,767円
内訳			
カラカウア	$1395.35	$19,417.64	約2,936,277円
ワイパフ	$674.21	$9,382.28	約1,418,760円
仲眞音楽会(特別寄付)	$515	$7,166.72	約1,083,729円

※「御礼広告」(『布哇タイムス』1947年3月5日、4面)より作成
※「現代のドル貨幣価値」は、US INFLATION CALCULATOR (https://www.usinflationcalculator.com/) によって算出し、「現代の円貨幣価値」はそれを1ドル151.22円レート (2024年3月28日現在) で換算した。

終演後の新聞には、支援者や出演者への慰労会の費用を救済活動の資金にする意見が出たために、全額を沖縄救済に充てたとの記事が見える。それほど、人々が故郷沖縄の支援に動いた。[19]この演奏会は、「仲眞音楽会演芸部基金募集並びに沖縄八万学童教育援助資金募集大演芸会」[20]として、成功を収めるはずだった。というのも、四月の記事には「沖縄八万学童救済教育援助資金の不足額募集琉球演芸会」[21]が催されるとあり、目標額には少し届かなかったようだ。[22]それを補塡する演奏会を追加実施し、予定額よりも多い約千ドルを集めてようやく一連の演奏会を終えた。救済児童数の八万冊のノートなど学用品は六三箱に梱包され、一二月二〇日朝に沖縄への直行船S・S・ケーシ・バーン号で発送された。[23]仲眞音楽会演芸部は、日本難民救済委員会主催の基金募集演芸会などにも出演し、沖縄のみならず本土の救済支援でも活躍した。[24]

それに伴い、好景気に沸いた演芸部の活動は、基金造成の加速によって公演機会が増加して本番が増え、沖縄芝居、狂言、組踊などの上演が一気に興隆した。これら芸能は、それまで沖縄系移民があえ

図③ 「琉球古典芸術紹介の夕」（マウイ島）（『布哇タイムス』1947年9月24日）

て避けていた、故郷の特徴が現れるものであることは注目すべき点である。

こうした演芸会の動きはオアフ島にとどまらず、一九四七年六月一四、一五日には布哇《ハワイ》島琉球芸術倶楽部が「琉球舞踊と芝居の夕」*25を、同年九月二七、二八日には馬哇《マウイ》琉球音楽会が「琉球古典芸術紹介の夕」（図③）を開いている。オアフ島の奏者らが巡業するのではなく、各島の奏者らが主催している点は、ハワイ諸島における沖縄の芸能を支える層の厚さを示している。おそらく他のコミュニティでも他の音楽ジャンルでも真似はなかなかできないだろう。このように、芸能による復興支援が他島にまで広がっていくと、芸能内容の充実や盛り上がりに比例して、沖縄系移民を取り巻く芸能実践の環境や眼差しにも変化がもたらされていく。

四　沖縄救済とラジオ放送

1　戦前の日系社会とラジオ放送

ハワイにおける最初のラジオ放送局の開局は、アドバタイザー社所管のKGU局で[26]、一九二二年のことである。当初、ラジオ放送局で流れる言語は英語であり、ラジオを持っている日系の家庭も少なかった。そこでラジオ販売店が、ラジオ放送とはどのようなものなのかを宣伝するために、会場から放送してみせる計画がなされ、日本語と共に日本音楽を放送することとなった[27]。いよいよ一九二九年一二月八日に日本人ラジオ愛好者へ向けた日本語によるプログラムがKGU局から行われることとなった。これをきっかけに、初めての定期的な日本のラジオ番組が始動する。この最初期の放送は、富士家具商会（ラジオ販売取扱店）、パラマ楽器店（日本物レコード取扱店）、エレクトリック・ショップ（家庭用ラジオ・自動車用ラジオ総代理店）の三つの会社が資金を出し合って、夕方五時半から六時半までの一時間放送を行った[28]。番組の中心は日本物のレコードが主体だったようで、それまでラジオ放送ではほとんど流れることのなかった日本語と日本の歌が継続的に電波に乗るようになった。

日系社会のなかでラジオ保有者が増加すると、日本語プログラムの充実が図られるようになっていった。一九三一年三月に布哇ラジオ同好協会[29]が設立されると、次いで日本語放送会[30]が対抗するように発足した。布哇ラジオ同好協会は、非営利団体で「KGU局を通じて、毎週日曜日晩八時半から九時半までの一時間ずつローカル・タレントの奉仕出演によって日本語プログラムを生放送」［田坂編 一九八五：五〇］した。三曲、浄瑠璃、薩摩琵琶、筑前琵琶、講談、端唄、小唄、尺八など、日系社会で親しみのあった音楽が積極的に放送され、邦字新聞『日布時事』のニュースも加えられて放送された。
一方の日本語放送会は、KGU局のライバル会社であったKGMB局（一九三〇年一月放送開始）を通じて、毎週月曜日の夜八時一五分から九時一五分までの一時間（のち日曜日の夜五時から六時まで）放送を行った〔田坂編 一九八五：五〇〕。同好会からはじまった日本語放送は、ラジオ保有者を楽しませたが、実際の運営状況を知る者は少なく、不満と期待が飛び交うようになっていった。運営側は、「日本人の放送が聴きたいならば誰かが世話をしなければ放送されない」現状があって、どちらの放送局も放送枠を買っているのは広告主で、これがなければ「邦楽の放送はなくなる」状況であることへの理解を求めた。広告から出演者の交渉や各種手配まで同好会が手弁当で行っていたのである。[*31] これを一つの契機として、各局は日本語放送部を直属部署として主任や部員を配置し、商業放送として軌道に乗せていくことになる。
沖縄の音楽は、管見する限り沖縄から来布中の安里永里が、一九三二年七月二五日にKGMB局から《こにゃ節》《ヨシヤイナウ節》《伊野波節》を歌ったことが比較的に古い。[*32] 継続的な放送という点からは、ホノルル琉球音楽研究会を主宰する内間三郎が一九三九年一〇月二二日からKGU局で毎週日曜日に演奏していたようだ。[*33]
だが、真珠湾攻撃が始まると、全面的に日本語放送が禁止され、一九四一年一二月七日を最後に六年間休止することとなる。

2　ラジオの復活——慰安と救済の沖縄音楽

前節のとおり、沖縄救済のための演芸会を催すことで、多くの人たちに足を運んでもらい、また沖縄系移民にとっては、郷里の芸能を楽しむことができた。実際に目の前で繰り広げられる歌や踊りは、感動的だったに違いない。しかしながら、演奏会の会場収容人数には限りがあるうえ、上演回数にも限りがある。演芸会は、資金等を集めるためには瞬発力は大きいが、ロングラン公演でない限り持続性は少ない。こうした点から見れば、もう一つのメディアであるラジオは、演芸会とは異なる形で沖縄救済活動を支える助けになった。

一九四七年二月初頭には、ＫＰＯＡ局が毎週日曜朝七時半から八時まで、日本物のレコードを放送し始め、好評を博す。[*34] それからまもなく同年二月二三日には、ＫＧＭＢ局が日本語放送部を復活させた。毎週日曜朝六時半から七時半まで、流行歌や端唄、小唄、長唄などの日本の音楽を放送すると、大きな反響を呼び、開局五日後には、一〇時一五分から一一時四五分までの番組が追加された。[*35] 毎週土曜朝五時半から六時、毎週日曜朝六時から八時半まで、日本語のアナウンスで日本のニュースや歌番組をハワイ全島に向けて放送し、ＫＨＯＮ局もまた日本語放送を同年七月二〇日から開始した。[*36] 日曜昼の特別放送番組「パラダイス・メロデー」は人気だったようで、流行歌のみならず端唄、浄瑠璃、三曲なども流れた。

沖縄に関する放送については、ラジオパーソナリティを務めた親川喜栄が、「一九四七年九月頃、外間勝美氏[*37]がKHONから放送を始めたのがその切っ掛けではないか」〔親川 一九七四〕と記憶しているが、外間は沖縄救済運動の観点から「同胞慰安の目的でKPOA放送局日本語の時間の中、十五分間ウルマ・メロデーと称して郷土音楽を郷土出身の経営する店の好意で放送」したことを印象深く語っている〔外間 一九七四：二一四〕。外間の語る「ウルマ・メロデー」という番組は、『布哇タイムス』の記事を管見するかぎり、KPOA局のラジオ欄では見つけられなかったが、番組の最後に琉球音楽を流す試みが、一九四七年一〇月一一日からの夜番組に組み込まれて始まっている。そこには、「最後の十分間コロンビア・イン提供琉球音楽」（図④）とあって、概ね外間の話と一致している。

一方のKHON局であるが、日曜昼の特別放送番組「パラダイス・メロデー」でも「琉球音楽」は流れていた。一九四七年九月二〇日以降の広告には、「琉球音楽」の名前を確認することができるので（図⑤）、親川が記憶している放送は、この放送だったのかもしれない。当時は、レコード以外はスタジオ生演奏での放送だったので、琉球音楽も生演奏であった。KHON局で演奏者として名を連ねたのは渡口政幸で、演目がわかるものだけでも《布哇口説》（『布哇タイムス』一〇月四日付広告）や《布哇出征軍人の妻》（一一月八日付広告）といった曲がラジオから流れていた。後者の作詞作曲は不明だが、《布哇口説》は、ラジオ放送が再開する前年の一九四六年七月に「当地で初めて作られた琉球音楽レコード[*38]」として大城朝輝作詞作曲・吹き込みで販売され、その売れ行きも好調だったようだ。このレコードには、《噫我が故郷》《父母の祈り》《恋のホノルル》《戦地より両親へ》

《志願兵》の計六曲が収録されている。実物を手に入れることはできていないが、故郷への思慕や出征した二世らの世代を描いていることを想起させる。余談だが、KGMB局も「沖縄救済更生会プログラム」が準備されていて、この時期には、どの局からも沖縄の音楽が流れていたことになる。

この頃にはKPOA局では、毎週金曜日に夜一〇時から一〇時半まで「ウルマ・メロデー」の放送が定着していたようで、ラジオ番組表には現れないが、一九四八年四月八日の投書欄に「KPOAのウルマ・メロデーで仲眞音楽団の琉球音楽放送は同県人間に大好評（前の仲眞良久《（ママ）》君のナークニ

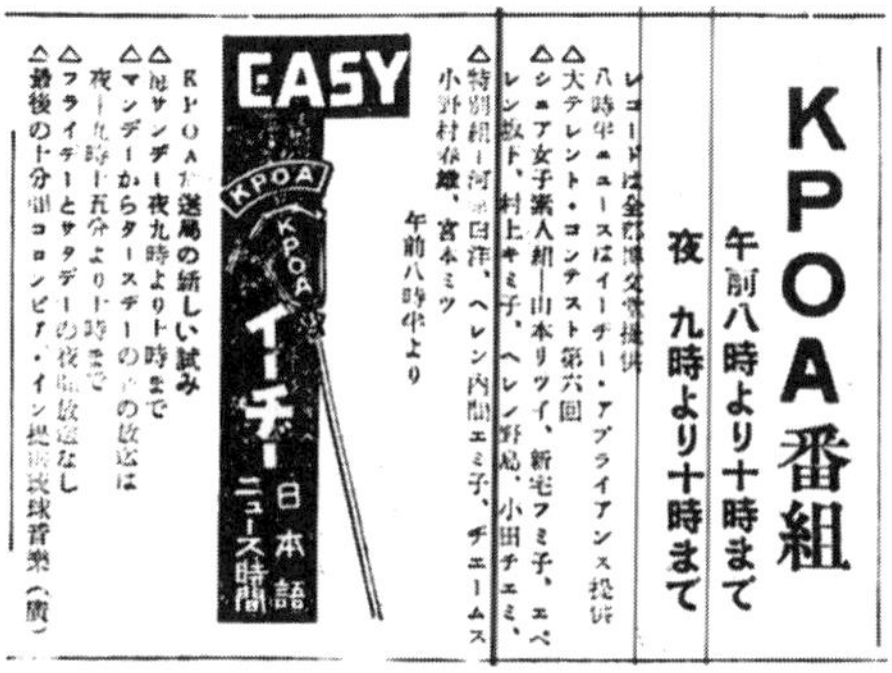

図④　KPOA局のラジオ番組「ウルマ・メロデー」と思われる広告（『布哇タイムス』1947年10月11日、4面）

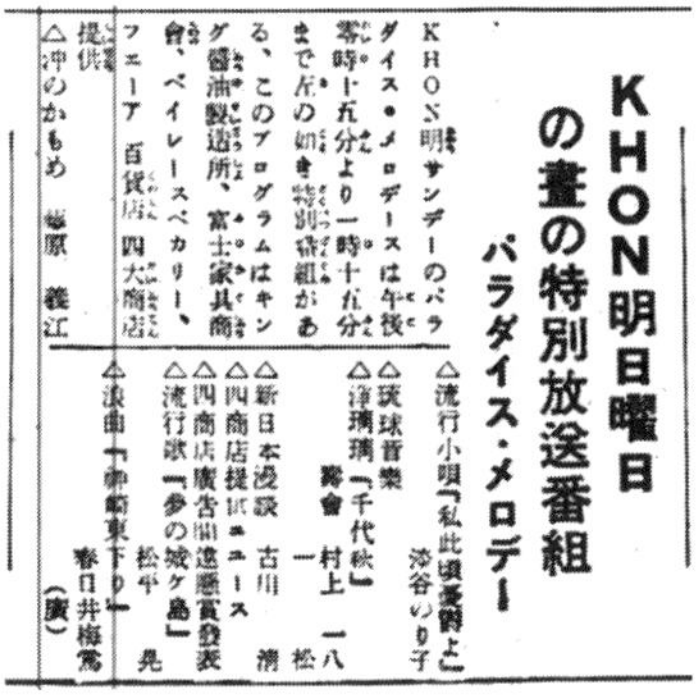

図⑤　KHON局のラジオ番組「パラダイス・メロデー」で流れる琉球音楽の告知広告（『布哇タイムス』1947年9月20日、5面）

ーはよかった生)」とあって、親しまれていたことがわかる。図④のように、当初は「△フライデーとサタデーの夜間放送なし」とあるが、のちに毎週金曜日の晩に定着したとみられる。その過程はわからない。「ウルマ・メロデー」を担当した外間は、パーソナリティの仲嶺真助に「毎週一回、ウルマ・メロデーを通じ、「豚を送れば如何なるか?」といちいち例を挙げてアピール」させ、「お陰で予定の金額以上に集まり、米政府より一隻の軍用船を提供して貰って送り届けたのは周知の通り」[外間 一九七四:二二四]と回顧している。これは、沖縄救済活動として、五五〇頭の豚を七人の沖縄系移民が送り届けた出来事を指すが(第六節で詳述)、これを行った布哇連合沖縄救済会は、一九四七年一二月一八日に本派本願寺慈光園にて発会し、一九四八年四月二〇日まで寄付活動をしている。

ラジオ放送が復活し、各局に日本語放送が戻ると、日系社会に慰安をもたらしただけでなく、救済活動の名目で篤志家らがラジオ放送番組のパトロンとなって、基金造成の一翼を担った。ここで流された沖縄の音楽は、ハワイで活動する琉球古典音楽の奏者らによるものだったが、ハワイで作られた沖縄の音楽も流れていたことが明らかとなった。故郷の歌のほかにも、自らの環境を吐露する歌詞をハワイの沖縄系移民らが表出できるようになったということは、戦前と比べれば大きな変化である。こうした動きは、年を下るごとにさらに加速していく。

五　ハワイ移民の功績を讃えて

1　自らを映し出す鏡――悲劇『沖縄の曙』

ハワイ日系社会では故国を救済するための多様な活動が展開されたが、忘れてはならないことはハワイ諸島内の日系社会もまた、戦前のような生活がすぐにできたわけではないということである。国家神道と直結しうる神社の類は接収され、日系社会の中心にあった寺院の一部の僧侶らはアメリカ本土へ捕虜となって連行され不在化した。自らの生活を確保しながらの救済活動は、ボランティア精神だけでは続けにくく、先を見通すことができない取り組みは不満を生み出した。遠く離れた故郷の様子や物資が手元に届いて喜ぶ様子を伝えることは、救済運動をするハワイの人たちの原動力につながった。新聞は、物資の到着や当地の喜びの声を伝えたが、これを増幅して多くの人に感動を与えることができたのが、芸能であったようだ。

一九四八年、宮城音楽会を主宰する琉球古典音楽奏者の宮城栄吉は、沖縄医療救済連盟[*40]が各種薬品等の不足する沖縄へ支援を行う話を聞き呼応して、同年八月一九日から二二日まで、「医薬医療器具購入資金募集　琉球大演芸会」を催すことを決めた。[*41]舞踊を中心としたプログラムではなく、当時、興隆を見せた沖縄芝居を中心としたプログラムを組んだ。この演芸会の演目は、ハワイの沖縄系移民を描いた初めての芝居、悲劇『沖縄の曙』（外間勝美作・宮城栄吉編曲）だった。悲劇『沖縄の曙』は、「復興にいそしむ戦後の沖縄を背景にハワイより美しい同胞愛を筋にして脚色した[*42]」作品である。物語のあらすじは、外間が晩年簡潔に次のように書き残している。

復興にいそしむ郷土の人々…特に病める人に温かい救いの手をさしのべるハワイの人々の同胞愛をテーマにしたもので、焼き払われた首里の破壊された教会堂を背景に、薬がなくて死に瀕している母を、仏を拝み救わんとする少女…少女の心情を聞いてハワイの人々への救いを求める沖縄系二世兵士を中心に展開する悲劇物で、最後の場面でハワイから送られた薬で母が助かり、一同が喜び歌うという物語だった。

［外間 一九八〇：八七］

現在のところ、台本を見つけることはできていないが、物語で描かれた「沖縄系二世兵士」は比嘉太郎を想起させる。医薬・医療品不足の沖縄が描かれ、薬さえあれば救える命があるという大メッセージを伝え、ハワイの日系人らがその一助となり得ることを表現している。これまでは、故国の惨状を描写することで基金造成を訴えてきたが、援助方法が示され、自らがそこに参与したというリアリティを増幅させている。この初日の上演を伝える記事は、「大入満員札止めの盛況」で「満場は涙を流し、そして郷土復興への奮発心を起こさせ[*43]」たと、その様子を伝えている[*44]。

もう一つ重要なことは、主題歌の導入とその歌詞である。これまでの沖縄救済で行われた主たる物資を順番に並べながら、歌詞の最後で薬品が不足している状況を訴えかける。

劇中歌「恵みの歌」[*45]（スンガー節にて唄う）

一、衣　類　戦世ぬなれや　着る衣んねらん　ヨージント

ハワイから持たち　着ちゃる嬉りさョ　嬉りさョ

二、種　物　草木でん焼きて　はぎ山ぬ土地に　青々と野菜ぬ　稔るつらさヨ

三、郵　便　渡海ゆひざみりば　音信ど頼む　文ぬ道開く　心嬉りさ

四、学用品　鉛筆と帳面字引まで送くて　手しみ学問中　しみてたぼちョ

五、豚　豚肉ねラン　油ねん国に　ハワイ御万人ぬ　送てたぼちョ

六、薬　病たきちきて　薬求みりば　情ある人ぬ　恵でたぼちョ

［外間　一九七四：一二五］

これまでの沖縄救済の様子を振り返る内容である。比嘉太郎の衣類救済運動から始まり、レプタ会などによって種子が送られ、やがて沖縄との郵便が復活し、仲眞音楽会による学用品の輸出、そして布哇連合沖縄救済会による豚の輸送、最後に薬といった具合である。沖縄復興ハワイキリスト救援後援会が沖縄へ乳山羊を輸送する事業などもあったが、演芸会と同時期であったため、ここでは扱われていない。こうした多様なこれまでの活動も重ねて紹介することで、自らの足跡を回顧させ、沖縄救済活動を長続きさせたのかもしれない。自らの救済活動が故郷にどのように届いたのか、

歌や踊りを通じて、実感することにつながったのではないだろうか。

2　往来するヒトとラジオ放送の時代――興隆する沖縄音楽

沖縄救済運動が活発になったことによって、演芸会やラジオを通して沖縄の芸能がコミュニティ内外に向けて発信される機会が大幅に増加した。とりわけ、日本語放送界での存在感は増していった。ラジオでは沖縄系のパーソナリティが活躍し、各局で沖縄に関する独自のラジオ番組が展開した。

KAHU局が一九五〇年九月二〇日から日本語放送を開始すると、宮里平昌と外間勝美がパーソナリティを務める「ウルマメロデー」[*46]が放送されるようになった（図⑥）。毎日朝七時から八時、夜七時から夜一〇時までの時間帯が日本語での放送であったが、「ウルマメロデー」は夜八時四五分から九時三〇分まで放送された。パーソナリティの宮里は、沖縄へ豚を輸送した一人で、一九五〇年五月一二日に沖縄を訪れ、沖縄救済のあり方について、新たな検討時期になっていることを邦字新聞へ寄稿している。沖縄では復興が進み、琉球大学ができたほか、県外からの旅行客を迎える旅館等の建設、何より沖縄県民の生活状況が大きく改善されていることなどを報告し、「沖縄救済運動についてはもう再検討する時期であると思ひます、救済や復興援助は勿論従来通り必要です。しかし今迄のやうに今迄一万弗や二万弗の小規模な救済よりも、その基金をエキスペンスとして華府に働きかけ米政府から大きい救済大きい復興援助をさせることがもっと有効的ではないかと思はれました」[*47]と、沖縄社会の経済的な基盤作りへのシフトを提言している。こうした沖縄で見聞きしたことを踏まえ、「ウルマメロデー」は沖縄の音楽と沖縄の現状が放送されたのではないかと思われる。

これ以降、日本語放送局では、沖縄の音楽を流さない局がないほど、沖縄の音楽は各局の目玉番組となった。KULA局（一九四七年九月一日から日本語放送再開）は、一九五二年一月から番組改編として新しい放送計画を発表している。平日放送から週末のみに放送するラジオ局として生まれ変

図⑥　KAHU局日本語放送開始広告。右端の人物写真の下から三人目が「ウルマメロデー」パーソナリティの宮里平昌（『布哇タイムス』1950年9月20日、5面）

わり、土曜夜（午後六時半から深夜一二時）の時間枠に「デイゴ・メロデー」を設け、沖縄の音楽を流すことを計画した。担当は津波實重、大城登美子、山川貴信だった。

ＫＡＮＩ局は、一九五三年一一月七日、株主の大多数を日系人で占めた新しい放送局として開局し、日本語による音楽とニュースを中心としつつ、ラヂオ東京と提携したプログラムを展開させた。新しいプログラムの目玉の一つとして、開始当初から毎週月曜夜七時から八時までは沖縄番組として沖縄アワー「故郷《ふるさと》の夕」を放送することを決めていた。[*48] 主任は琉球古典音楽奏者の宮城栄吉で、アナウンサーが大城登美子、ニュースを仲嶺真助が担当した。一九五四年には来布中の金井喜久子の作品が放送されることもあった。

やがて一九五五年にアナウンサーの大城が独立すると、ＫＩＫＩ局（一九五二年一月六日から日本語放送開始）と契約を行い、一九五五年一二月三一日から毎週土曜午前八時から九時まで「沖縄アワー」を担当した。これに伴いＫＡＮＩ局の「故郷の夕」は放送中止となった。これは主任の宮城栄吉がアメリカ本土へ転居したためとみられる。惜しまれつつも幕を閉じたことは新聞記事からもわかる。[*49] 宮城はアメリカ本土で過ごすが、宮城と大城とのタッグは続き、ＫＩＫＩ局の「沖縄アワー」のなかで宮城がアメリカ本土で録音した音源をたびたび流した。

一九五五年一月一日元旦には、琉球放送からＫＧＭＢ局に送られた「沖縄の夕」の録音テープ（三〇分）が、「琉球メロデー」のなかで放送された。録音の中には、琉球放送合唱団がうたう《国頭サバクイ》、八重山民謡研究会員の《安里屋ユンタ》などが含まれていたという。また、こうしたテープは各局で共有することもあるようで、KGMB局での放送後はヒロのKIPA局で放送される予定との新聞記事も見られた。さらに同年八月には、琉球古典音楽奏者の幸地亀千代の来布に際して、琉球放送から三本のテープが届けられ、琉球古典音楽、琉球民謡、講談などが流されている。[*50]

沖縄音楽への評価は、かつてのように賛否両論が続いていたかもしれないが、日系社会ひいてはハワイ社会の中で、広く愛聴されるまでになったと言えるだろう。つまるところ、一九五〇年代のラジオ放送における沖縄音楽は、戦後復興の取り組みから娯楽へと大きな変化を見せた。沖縄の音楽をラジオで流すことが容易になった背景には救済活動があり、この活動なくしてハワイにおける沖縄芸能界の勃興はなかったかもしれない。この状況について、比嘉太郎は救済活動の「副産物」とも指摘し、「それまで沖縄人だけの芸術であった琉球芸能が他人種間にも愛される様」になったと、社会的な変化を実感している［比嘉 一九七四：二七九～二八〇］。

六 移民の足跡をとどめるために――感謝の《ウルマメロディー》

芸能が、救済活動を経て沖縄系移民の中で娯楽の色合いを強めると、かつて救済運動のために歌われていた歌や踊りは忘れ去られていった。一方、故郷沖縄では、アメリカによる統治や本土復帰を経てもなお続く、多様な意味での終わらない戦後を、人びとの記憶から常に掘り起こしながら語り継いでいる。これまで見てきたように、沖縄の戦後復興には、県外のみならず海外からも物心両面において、救援や支援が行われてきた。県内各地の建物のなかには海外移民からの寄付金によって建設されたものも少なくないが、遠く離れた地から贈られたという記録や記憶は薄れやすく、ハワイなどからの救済運動は、復興を遂げていった沖縄では知る人ぞ知る出来事となってしまっている。

そうしたなかにあって、戦後史の一側面として、海外移民らの足跡が極めて注目される契機が訪れる。「海から豚がやってきた」のミュージカル上演（二〇〇三年初演）である。二〇〇六年には、ハワイへの謝恩公演を行い、年を重ねるごとに認知度を高め、二〇一三年には高等学校の英語教科書に歴史的な話として掲載され、二〇一六年には「海から豚がやってきた」の記念碑がうるま市民芸術劇場の敷地内に建立されるまでに至った。戦後、五五〇頭の豚を七人の沖縄系移民が同乗して船で運んできたことは、現在では、ニュースで扱われるのはもちろんのこと、ドキュメンタリー番組にもなって、戦後の沖縄の食文化の復興を語る上では欠かすことができないエピソードとして県民が知るところとなった。関礼子が着目するように、「豚」を輸送した歴史的な出来事を媒介として、新たな戦後史の側面を浮かび上がらせ、戦後の記憶を再構築していると言える［関 二〇一六］。

また一方で、歴史的側面を異なる形で継いだのは、BEGINだった。ボーカルの比嘉栄昇は、同郷の大島保克から、戦後の豚輸送に関するドキュメンタリーを紹介され、戦後沖縄の歴史の一面を初めて知った。やがて二〇〇四年、ハワイ沖縄県人会（Hawaii United Okinawa Association）が年に一度主催する「Okinawan Festival」（当時はカピオラニパークで二日間実施）へゲストとして招聘されると、初めてハワイの地を踏んだ。豚を輸送した七名のうち唯一の生存者であった上江洲易男と会い、当時の様子を聞き、当事者から当時の思いを伝えられた。これを受けＢＥＧＩＮは、ハワイへ豚と同数の五五〇の楽器を届ける「音《おん》がえし」を思いつく。これを契機に音楽を通した恩返しへの強い思いは、「ブタの音がえし」基金のプロジェクトに結実する。

その後比嘉は、二〇一二年にＮＨＫＢＳのテレビ番組で再びハワイを訪れると、さらに関係者らから話を聞き、戦後沖縄へ贈られた豚以外のさまざまな取り組みや思いに触れることとなったようだ。これをさらなる契機として新しい楽曲の制作が始められた。楽曲の構想には、あえて「沖縄の歌」らしくない歌を比嘉は求めている。比嘉は、ハワイと沖縄の相互の地域が語り歌い継げるように、またフラでもエイサーでも踊れるように、双方が「同じ気持ちで踊りやすいように」制作したとインタビュー記事で語っている［内間 二〇一八：二四］。自らに課した難題に試行錯誤しながら、生み出された楽曲のタイトルは、当時のラジオ番組名と同じ《ウルマメロディー》だった。

《ウルマメロディー》（作詞作曲：比嘉栄昇、編曲：ＢＥＧＩＮ）
アロハはウチナーぬ肝心　遠く言葉は違っても
虹のたもとの島と島　貴方と私にかかる橋
ウルマメロディーに手を引かれ　会いにきましたチャービラサイ　ニフェーデービタン

今も聴こえる恵みの歌　胸のラジオに懐かしく
豚も薬も洋服も　やがて山羊も鉛筆も
ウルマメロディーに連れられて　船は沖縄チャービラサイ　ニフェーデービタン

フールにウァーなし今ではもう　ウァーにフールなし時は過ぎて
鳴き声以外は食べたけど　豚が残したこの声は
ウルマメロディーになりました　歌いましょうかチャービラサイ　ニフェーデービタン

（BEGIN『春にゴンドラ／ウルマメロディー』ブックレットより）

かつて《恵みの歌》の歌詞が救済活動の歴史をなぞったように、BEGINもまた、歌と出会って知った歴史的な経過を歌詞へ重ね合わせている。《ウルマメロディー》が収録されたCDのブックレットには以下のような説明がある。かつて《恵みの歌》の各歌詞の最後に「ニフェーデービル（ありがとう）」の囃子言葉があって、作詞した外間勝美は当時の「沖縄側の人たちの感謝の気持ちを、このうたの中で代弁してくれた。そしていま、BEGINは「ウルマメロディー」を通して、現代の沖縄を生きる者としてその気持ちを伝えるために「ニフェーデービタン（ありがとうございました）」と感謝の言葉を添えた」という［大城　二〇一三：三三二］。《ウルマメロディー》は時代を超えた返し歌となっているのである。また、フラやエイサーといった、相互の文化を表象する芸能を想定した楽曲は、ハワイと沖縄との新しい関係性の構築を想起させる。

ＢＥＧＩＮは「ブタの音がえし」として二〇〇五年以降の「うたの日コンサート」で楽器を贈るための募金活動を始めている。《ウルマメロディー》ができてからは、コンサートのプログラムの主軸をなす曲として、プログラムの構成上、重要な役割を持たせている。募金活動は、毎年の「うたの日コンサート」会場のみで受付がなされ、会場に集まった人たちからの善意をもって、これまでに一〇一の各種楽器がハワイへ贈られた（二〇一九年現在）。この場以外で広く賛同者を集めることは容易かもしれないが、比嘉は「一挙に楽器五五〇本をドンと贈ることよりも、ハワイの皆さんにずっと感謝の想いを伝え続けること、長い間繋がっていくことが大事」と語っている［内間 二〇一八：二二四］。

音楽が配信によって手に入れやすくなった昨今、歌の背景が書かれたＣＤブックレットを読むという行為すらなくなってきた。どんなに強い想いが込められた曲でも、ある種の逸話としてファンや知る人が知る記憶となってしまい、それはどんどん薄れていく。しかし、《ウルマメロディー》の場合には、年に一度の「うたの日コンサート」と「ブタの音がえし」という二つのプロジェクトを通し、戦後復興を支えたハワイの移民らの記憶を「伝える場」として創出し、次世代へ「長い間」をかけて伝え合える有機的な仕組みをＢＥＧＩＮが作り出している。《ウルマメロディー》は、記憶をつなぎ続けるための「歌」と言えそうだ。

七　おわりに

ハワイの日系社会の代表的なエスニック・メディアである邦字新聞や日本語のラジオ放送は、これまで見てきた通り戦後沖縄の様子や救済運動の近況を逐次伝え、活動の成功へ大いに寄与し、沖縄の戦後復興を支えた。戦後沖縄がアメリカによって統治されていたという側面も見過ごせないが、メディアが継続的に情報を伝え続けたことで、結果的には沖縄系移民が故郷の一員でありながら、ハワイ社会の一員であることを忘れさせないような役割があったのではないだろうか。こうした帰属意識の気づきが与えられ続けることで同時に、多文化社会のハワイに生きる沖縄系移民としてのエスニック・アイデンティティの醸成にも繋がったといえるだろう。さらに、これはもしかすると、現在の世代へと引き継がれる沖縄系移民のアイデンティティの形成にも影響しているかもしれない。

こうしたなかで、芸能もまた、重要な情報を人へ伝達するメディアとしての役割を果たしてきたことを本章では明らかにしてきた。沖縄系移民の間で芸能を愛好する素地は一世の時代から培われてきたのだが、戦後の救済活動の中で故郷を語る術となったことは大きな転換と見るべきである。特に、戦前には日系社会に向けて自文化を表出することを忌避してきた沖縄系移民が、自らの持つ言語的・文学的表現を用いて、自らの感情を吐露できる表現方法で発信し、そのまま受信することができたからだ。もちろん内容は、琉歌のままでも十分に味わうことができるが、《収容者の苦》を

《小浜節》の旋律にのせたように、歌と旋律が持つ双方の意味合いを重ねると、心により深く刻み込まれるものがあっただろう。ましてや、その思いを同じくする人たちと一緒に口ずさむことができたならばなおのことである。

そして戦後、復活した各局のラジオ番組編成を見れば、沖縄の音楽が日系社会に欠かすことができない歌番組の一つにまでなったことがわかる。まさに救済活動の「副産物」として、ハワイにおける沖縄文化の表出に一役かったことにほかならない。そこには沖縄系移民のラジオパーソナリティーの存在があったが、実際に番組から流れる音楽も評判が良くなければ取り扱われることはなかっただろう。沖縄の音楽を流すラジオ番組の興隆を一つのピークとして、ハワイ社会で自由に表現できる「沖縄」が誕生したと考えられる。

やがて復興を遂げていく沖縄と、復興を支えた沖縄系移民の足跡は、その目的が達成されたことで、人びとの記憶から薄れていったが、いわゆる「戦後」が終わらない沖縄では、復興の記憶の掘り起こしがメディアを通じて今なお行われ続けている。そこでは、ニュースやドキュメンタリー映像等を契機に救済活動の歴史を知った人たちも多い。なかでもＢＥＧＩＮは、知ることにとどまらず、当時の沖縄系移民への返歌を作曲し、各種メディアで発信し続け、歴史を伝える新たなサイクルを作り上げた。本章で、歌や芸能をメディアの一つとして捉えたかった理由は、まさにここにある。私たちは、このメディアを通して、いつでも歴史を追体験し続けることができるのだ。かつてメディアを通じて呼びかけられた故郷救済のメロディは、この先もハワイと沖縄とをつなぐメロディとして「相互」の歴史を語り継ぐ機会を提供し続けてくれるだろう。

1――「慈善会月次会」(『The YAMATO(やまと新聞)』一八九五年一〇月二六日、二面)。
2――「広告」(『The YAMATO(やまと新聞)』一八九六年五月二三日、三面)。
3――「広告」(『The YAMATO(やまと新聞)』一八九六年六月二日、三面)。
4――戦前は『日布時事』として刊行されていたが、一九四一年一二月一一日から一九四二年一月八日まで一時的に刊行が止められた。一九四二年一一月二日に紙名が変更されて『布哇タイムス』として発刊され続けたが、一九八五年に廃刊した。
5――『ハワイ(布哇)報知』として一九一二年に創刊されたが、一九四二年から一九五二年まで『The Hawaii Herald』に新聞名を変更している。またその後は、『ハワイ報知』として復刊するが、一九六九年に英字新聞『Hawaii Herald』となり、二〇二三年一二月に廃刊した。
6――各地での様子に関する新聞記事の詳細は、比嘉太郎『ある二世の轍』を参照[比嘉 一九八二:一一七～一六五]。
7――レストラン「デンバー・グリル」主人。沖縄県国頭郡羽地村字我部出身。
8――「只今帰って来ました ホノルルにて比嘉太郎一等兵」(『布哇タイムス』一九四五年九月一四日、三面)。
9――注8に同じ。
10――「収容者の苦」の歌意は以下の通り。
一、眠ることさえできない苦しさ/哀れなこの仮の寝床/荒廃した土地に/全ての思いが積もっていく
二、このような苦しさは/いつまで続くのでしょうか/草葉についた露のように泣き明かし/心が荒ん

でいくばかりだ
三、枕に涙を流し／夢ならば通える／朝夕に慣れ親しみの／懐かしい我が家よ（側まで来てみたがその姿はないでしょう）
四、哀れなこの浮世よ／巣がない鳥のようだ／あぁ宿木も／その樹すらなくなってしまったのだろうか

11――例えば一八八八（明治二一）年頃にできた歌劇「親《うや》あんまー」の中に登場する。この作品は王府から八重山へ派遣された在番役人とそれを世話した女性との別れを描いていて、この中で《小浜節》が用いられる［当間監修　一九九二：四七八～四七九］。そのほかにも一九二四（大正一三）年に作られた歌劇「伊江島ハンドー小」などでも同様な場面で用いられる。

12――例えば一九四五年一〇月一五日にはオリベット・バプテスト教会、一七日にはカイムキＹＭＣＡ（『布哇タイムス』一九四五年一〇月一五日）など。

13――「着のみ着のままで衣類に困る沖縄民　比嘉太郎一等兵の談片」（『布哇タイムス』一九四五〇月九日、四面）。

14――例えば布哇同志会は流行歌、詩吟、歌舞伎などの大演芸会をカパラマ金刀比羅神社境内で催している（「広告」『布哇タイムス』一九四六年三月二一日、三面）。

15――「広告」（『布哇タイムス』一九四七年一月八日、二面）。

16――琉狂言の『入婿』か。

17――一九二四（大正一三）年に真境名由康によって作られた歌劇。

18――「ワイパフ本願寺境内で琉球演芸明晩　立ち昇る黒煙物凄い亡霊　伊江島ローマンス」（『布哇タイムス』一九四七年二月七日、六面）。

19――仲眞音楽会の演芸部は、そのほかにも「ホノウリウリ野球団主催基金募集大演芸会」などにも出演して、

各地で芝居を披露して活動していたようである（「ホノウリウリ野球団基金募集大演芸会　琉球演芸と素人競演」『布哇タイムス』一九四七年三月一一日、四面）。

20――「琉球大演芸会非常な前景気」（『布哇タイムス』一九四七年六月六日、六面）、「琉球芸術大演芸会に城間一家が特別出演」（『布哇タイムス』一九四七六月一〇日、六面）、「仲眞音楽会より沖縄救済寄附　慰労宴会費も繰入る」（『布哇タイムス』一九四七三月五日、五面）、「御礼広告」（『布哇タイムス』一九四七年六月一九日、二面）。

21――「琉球演芸人気　期待される二ツの劇」（『布哇タイムス』一九四七年四月一九日、七面）。

22――御礼の広告には、必要経費を除く約千ドルが集まり、不足額四五五ドル五〇セントを寄付し、残額を万一のための輸送費準備金としてあてがうとする報告をしている（「御礼広告」『布哇タイムス』一九四七年五月二〇日、二面）。

23――「仲眞音楽会より　タブレット八万余冊　郷里沖縄の学童教育援助」（『布哇タイムス』一九四八年一月七日、五面）。

24――「広告」（『布哇タイムス』一九四七年八月一四日、六面）。

25――「広告」（『布哇タイムス』一九四七年六月一三日、二面）。

26――以下、コールサインを用いてラジオ局を紹介することとしたい。コールサインの割り当てでは、最初の文字で国籍を特定することができるようになっている。アメリカには、AA～AL、K、N、Wが割り振られている。ハワイでは全て冒頭にKが当てられている。

27――「日本語放送の草分け　思い出懐しい失敗の数々　ステート家具社長古屋翠渓」（『布哇タイムス』一九六一年一一月一八日、五面）。

28――「今夕日本物ラヂオ放送」（『日布時事』一九二九年一二月八日、四面）。

29――創立当時の役員は、顧問が緒方清四郎、理事が青木秀作、古屋翠溪、古川茂生、宗我部幸、和気林三郎、幹事が浜畑潮彩の各氏。

30――創立当時の役員は、顧問が土屋精一、栗崎一樹、理事が森重繁人、並木藤太郎、矢野茂の各氏。

31――「ラヂオ放送に就いてファンに寄す　レデオ同好協会幹事浜畑潮彩【一】」(『日布時事』一九三一年五月一六日、二面)。

32――「琉球音楽の放送」(『日布時事』一九三二年七月二一日、三面)。

33――「琉球音楽放送」(『日布時事』一九三九年一〇月一七日、三面)。

34――二月八日のラジオ販売代理店の広告記事から、日本語放送が始まっていたことが推定されるが(「広告」『布哇タイムス』一九四七年二月八日、六面)、二月一三日の新聞では「二三週間前より」とあって、遅くとも二月頭にはKPOA局から日本の音楽が流れていたことと思われる(「日本音楽を一時間放送」『布哇タイムス』一九四七年二月一三日、三面)。

35――「広告」(『布哇タイムス』一九四七年二月二八日、二面)。

36――「KHON日本語放送を開始　主任は後藤久一氏」(『布哇タイムス』一九四七年七月一九日、三面)。

37――外間勝美はハワイで活躍した文筆家で、外間加津美や絵島洋太郎の名で活動を行っていた。邦字新聞や雑誌に、短編『消え行く秋』(『日布時事』一九三一年一〇月一八日)、小説『布哇狂恋曲』(『実業之布哇』一九三四年一月連載開始)、家庭小説『移民地哀歌』(『実業之布哇』一九三六年一月連載開始)などを発表している。一方で、琉球芸能にも明るく、戦前から芸能公演の監督を務めるほか、戦後には来布した舞踊家紹介などを新聞に書いている。

38――「広告」(『布哇タイムス』一九四六年七月一〇日、四面)。

39――「スケッチ」(『布哇タイムス』一九四八年四月八日、四面)。

40――一九四八年にハワイ諸島の医師、歯科医師、薬剤師、沖縄系移民らが医薬医療機器の不足を受けて、沖縄へそれらを輸送する基金を造成するための組織。約一万ドル（現在の約一二万九〇〇〇ドル、日本円で約一九〇〇万円）を二回沖縄へ送金している（『布哇タイムス』一九七九年七月一日、別冊二面）。

41――「沖縄の曙」（『布哇タイムス』一九七五年七月一日、別冊二面）。

42――「沖縄医療救済の基金募集演芸　宮城音楽会の奮起」（『布哇タイムス』一九四八年八月一六日、二面）。

43――「琉球大演芸大入り　涙しぼらす〝沖縄の曙〟」（『布哇タイムス』一九四八年八月二〇日、五面）。

44――演奏会の後援には布哇連合沖縄救済協会や仲眞音楽会がついた。沖縄系移民が一致団結した形となる。のちの新聞記事には、抗生物質、解熱鎮痛剤類が大箱で三二個となって、二月二日サーゼントムーラー号で沖縄へ輸送されたとある。本公演を含めて集められた金額は約九四七〇ドル（現在の約一二万二〇〇〇ドル、日本円で約一八〇〇万円）に及んだ。

45――「恵みの歌」の歌意は以下の通り。

一、衣類　戦世というものは　着る物もない　ハワイから送られてきた衣を　着ることが出来て嬉しい
二、種物　草木でさえも焼けてしまって　禿山の土地に　青々と野菜が　実る美しさよ
三、郵便　海を隔てれば　音信だけが頼り　手紙を送れる道〔方法〕が出来て心嬉しい
四、学用品　鉛筆やノートに辞書まで送ってもらえて　勉学をさせてもらえています
五、豚　豚肉がない　油もない国に　ハワイの皆さんが〔沖縄へ〕送ってくださいました
六、薬　病気が流行って　薬を求めると　情けある〔ハワイの〕人たちが　恵んでくださいました

46――この番組名は、媒体によって「ウルマメロデー」「ウルマメロデイ」という二種の表記が確認できるが、本章では「ウルマメロデー」と表記する。

47――「沖縄復興進む　救済運動に再検討必要◇宮里平昌氏の帰布談」（『布哇タイムス』一九五〇年五月一五日、

五面）。
48——「待望のカニ放送局来る七日開局　毎日四時間日本語放送」（『布哇タイムス』一九五三年一一月三日、二面）。
49——「大城登美子夫人《（ママ）》がキキで沖縄アワー」（『布哇タイムス』一九五五年一二月二九日、三面）。
50——「ＫＧＭＢ琉球メロデー交換放送「沖縄の夕」」（『布哇タイムス』一九五五年八月二六日、七面）。

＊参考文献

石原昌家・新垣尚子　一九九八「戦後沖縄の平和運動にみる非暴力主義——一九五〇年代の「土地闘争」を中心に」（沖縄国際大学社会文化学会編『沖縄国際大学社会文化研究』二、一五五〜一七〇頁）
内間健友　二〇一八「ビギン「ブタの音がえし」とウルマメロディー」（『モモト』Vol.35、二〇〜二四頁）
遠藤美奈　二〇一五「ハワイの沖縄系移民による芸能活動と沖縄」博士論文
大城盛裕　二〇一三「「ウルマメロディー」から見えるもの」（ＢＥＧＩＮ『春にゴンドラ／ウルマメロディー』ブックレット）
親川喜栄　一九七四「ハワイにおける沖縄語放送の今昔　a琉球メロデー担当」（比嘉太郎編『移民は生きる』日米時報社、二八〇〜二八二頁）
木谷彰宏　二〇二二「ハワイにおける沖縄救済衣類運動について」（同志社グローバルスタディーズ編『同志社グローバルスタディーズ』一三、六九〜八八頁）
崎原貢　一九八一「沖縄県人ハワイ移民史」（『Hawaii Pacific Press』三月一日号、六面）
白水繁彦　二〇〇四『エスニック・メディア研究——越境・多文化・アイデンティティ』明石書店
関礼子　二〇一六「「豚」がプロデュースする「みんなの戦後史」——グローバルな社会と沖縄戦後史再編」（好

井裕明・関礼子編『戦争社会学――理論・大衆社会・表象文化』明石書店、一九五～二一五頁）
田坂，ジャック・Y編　一九八五『ハワイ文化芸能100年史――日本人官約移民100年祭記念』East West Journal Corp
当間一郎監修　一九九二「資料編　沖縄芝居・台本」（『琉球芸能辞典』那覇出版社、四七八～四七九頁）
仲程昌徳　二〇二〇「ハワイの収容所で書かれた捕虜たちの手紙」（琉球大学人文社会学部琉球アジア文化学科編『琉球アジア文化論集――琉球大学人文社会学部紀要』六、一九～四六頁）
比嘉太郎　一九八二『ある二世の轍（改訂普及版）』ハワイ報知社
比嘉太郎編　一九七四『移民は生きる』日米時報社
藤田結子　二〇〇四「グローバル化時代におけるエスニック・メディアの社会的機能――ニューヨーク市の日系新聞読者調査から」（日本マス・コミュニケーション学会編『マス・コミュニケーション研究』六四、一二一～一三四頁）
外間勝美　一九七四「沖縄救済こぼれ話」（比嘉太郎編『移民は生きる』日米時報社、二一三～二一五頁）
外間勝美　一九八〇「沖縄救済運動と忘れられた人！――戦後沖縄とのつながり」（『新沖縄文学』四五、沖縄タイムス社、八六～九〇頁）
町村敬志　一九九四「エスニック・メディアの歴史的変容――国民国家とマイノリティの二〇世紀」（日本社会学編『社会学評論』四四（四）、四一六～四二九頁）
Jefferes, L. & Hur, K., 1981, "Communication Channels within Ethnic Groups," *International Journal of Intercultural Relations*, Vol.5, No.2.
Park, R., 1922, *The Immigrant Press and Its Control*, Harper & Brothers.

コラム④　はじめるきっかけ、つながるきっかけ　◉遠藤美奈

「三線をどのように習い始めましたか」
「ラジオが先生だったさ」

　これは私が沖縄のさまざまな地域で民俗芸能の地《じ》謡《かた》（舞踊等の伴奏）へ聞き取りを行ったときによく聞かれた返答だった。ここでいうラジオは「親子ラジオ」のことで、一九五二（昭和二七）年から沖縄の主要な地域において設置された共同聴取施設のことでもある。親子ラジオから流れる琉球古典音楽、なんといっても野村流の大家・幸地亀千代（一九〇三〜一九六九）の美声は、彼らが憧れる最上の歌の手本となって、真似しながら繰り返し、良き先生となっていたようだ。

　移民先に目を向けても、メディアが最初の先生だということはある。ブラジルで琉球舞踊家として活動する三世の玉城流扇寿会教師・斉藤悟（一九八六〜）もそのひとりである。[*1]斉藤は一世の祖父母にかわいがられ、ウチナーグチが飛び交う環境で育った。物心がつく頃には、一世の話す沖縄に憧憬を抱き、琉球舞踊を習得するなら沖縄でなければと思うようになった。ただ、このままでは師匠がいないため、斉藤はさまざまな流派の師範が踊るビデオテープを家族に集めてもらい、何度も見て、著名な琉球舞踊家の十八番を真似し続けたという。類稀なる才能も手伝って、「ブラジルに琉球舞踊を熱心に踊る子どもがいる」と沖縄でも知られるようになり、彼は沖縄のテレビ番組などへ出演するため八歳で来沖する。この時、念願だった沖縄で舞踊指導を受け、のちの師匠と出会う。その後もほぼ毎年のように夏休みに来沖しては研鑽を積んだ。沖縄出身で、斉藤と同じように子どもの頃から注目されていた一つ年下の金

斉藤悟が家族に集めてもらった琉球舞踊のビデオテープ

城真次（一九八七〜）と「加那ヨー天川」を踊ることもあった。金城は現在、国立劇場おきなわで芸術監督を務めている。

ブラジル在住の斉藤には、沖縄で過ごす時間に限りがあるため、滞在中はほぼ毎日師匠のもとへ通い、ブラジルで技を洗練できるように修練と知識の習得だけを考えて過ごしているという。

今や教師となった斉藤は、ブラジルで琉球舞踊家として広く活躍している。プログラムによっては、沖縄在住の古典音楽奏者へ伴奏の吹き込みを依頼するほどだ。芸の追求に余念がない斉藤だが、コロナ禍をきっかけに、周りにいたブラジル在住の一世たちとの縁が途切れていくように感じたという。高齢である一世は、外出や人との接触を絶たれ、故郷を感じる活動が一切できなくなってしまったためである。斉藤は「これではいけない」と、二〇二〇年一一月からインターネット上で「邁進プロジェクト」[*2]をはじめた。すると一世らを中心に「もっと動画はないのか」と問い合わせがあるなど大きな反響を呼んだ。YouTubeなどネット上には琉球舞踊の動画は溢れているが、斉藤が行う丁寧なポルトガル語での解説は、さらに新しい人たちとの接点も生み出した。斉藤のＳＮＳのダイレクトメッセージには、「琉球舞踊や音楽を聴いて心を打たれている、この気持ちはこれまでにない。心のやり場に困っている」「どうやったら沖縄の文化を知ることができるのか」といった声が今でも寄せられ続けている。

ブラジルで、斉藤のような若い世代が、コロナ禍による世代間の断絶を契機に、芸能愛好者とのつながりの必要性を感じ、メディアを通じて結びつきを途絶えさせない努力を続けた点は、世代間継承の取

斉藤悟（左が現在、右が幼少期）

り組みとして興味深い。コロナ禍は、ブラジルの若い世代が持つ一世を尊ぶ心や、メディアを通じたコミュニティと芸能の紐帯の諸相を浮き彫りにしたようだ。

1――斉藤悟へのインタビューは、二〇二四年八月二五日、ブラジル沖縄県人会館にて行った。

2――Saito Satoru Ryubu Dojo［Projeto Maishin］（https://www.youtube.com/watch?v=fNMuGErcKYk）

＊――聞き取りに応じていただいた斉藤悟氏に感謝いたします。

第5章

スクリーンをめぐる葛藤

一九三〇年代の劇映画と沖縄

◉世良利和

本章では沖縄を描いた一九三〇年代の劇映画を取り上げる。映画というメディアにおいてこの時代の沖縄はどのように表象され、またそれが沖縄や本土でどのように受け止められたのだろうか。ただしここで論じる『敵艦見ゆ』（一九三四年）、『南海の大和魂』（一九三四年）、『オヤケ・アカハチ 南海の風雲児』（一九三七年）という三作品はフィルムの現存が確認できない。見ることのできない作品については沈黙すべきなのかも知れないが、それでは初期の沖縄映画史を語ることがほとんど不可能になってしまう。以下では、映像が失われた作品についての情報を収集整理しながら、製作の背景と経緯、受容の状況を明らかにしてみたい。

一　映画の沖縄伝来と初期の状況

一九三〇年代を取り上げる前に、本節ではまず明治・大正から昭和の初めにかけての、沖縄における映画の伝来・興行・製作等について概観しておく。[*1] 日本で映画の上映が始まったのは一八九六（明治二九）年の終わりから翌九七年初めにかけてのことだ。まずエジソンとディクソンが開発した覗き箱方式のキネトスコープが一八九六年一一月に神戸で公開され、続いて九七年二月にはリュミエール兄弟のシネマトグラフとエジソンの名を冠したヴァイタスコープという、二つのスクリーン映写方式が輸入され、いずれも大阪で初公開されている。そしてこの一八九七年内には北海道や鹿児島を含む全国各地で上映が行われた。

そこから沖縄伝来までには五年を要し、一九〇二（明治三五）年三月二七日に那覇・辻端道の「上の芝居」で、東洋活動写真会による沖縄初の映画興行が始まっている。地元紙の『琉球新報』はこの興行を連日報じており、本土から遠く離れた沖縄において、映画には新たな娯楽、教育手段、情報メディアとして大きな期待が寄せられていたことが見て取れよう。この初上映以降、沖縄には毎年のように本土から巡回上映がやって来たが、そこには一般興行に加えて、寄付金を集める慈善興行や布教・社会運動としての上映も含まれ、また沖縄県教育会などが社会教育の手段や余興としての上映を行っている。

明治の終わりから大正の初めになると那覇に拠点を置く興行主も現れ、一九一三（大正二）年一〇月一五日には、辻端道の芝居小屋を改装した香霞座パリー館という映画常設館が開業している。東京・浅草に初の映画常設館が誕生してから一〇年後のことであった。さらに翌一九一四年三月一日には、東仲毛（現在の那覇市東町）に日活系の帝国館が新築開業し、新たな娯楽の殿堂となった（図①）。そして大正中期からは帝国館と大活館、帝国館と平和館、平和館と新天地など、那覇市内で複数の映画館が競合する時代を迎え、

図①　那覇東仲毛にあった帝国館（那覇市歴史博物館提供）

昭和に入ると新たに旭館が参入して同じ西本町で平和館と観客の獲得を競い合った。

当時の映画はまだ活動写真と呼ばれ、スクリーンに映る映像は音も声も持たないサイレントの時代だったため、上映に際しては弁士による語りや声色セリフ、楽士による楽器の演奏がこれを補った。弁士の多くは本土から招かれており、フィルムの間に挿入される中間字幕も含めて、上映は基本的に標準語の環境だった。また映画館は専属の楽士を抱え、劇伴だけでなく上映前の客入れや幕間にも西洋音楽が演奏されていた。標準語や西洋音楽の浸透という点で映画館が沖縄社会に果たした役割は、学校教育とは異なる視点で検証される必要があろう。

それはともかく、映画は新たな大衆娯楽として受容されただけでなく、動く映像という最先端のメディアとして、沖縄の近代化や本土文化の浸透に様々な影響を与えたと考えられる。大げさな言い方をすれば、暗闇に光るスクリーンは時空を超えて異郷異国の風景風物や風俗習慣を覗くことのできる大きな窓であった。この窓から沖縄に流れ込んだのは、本土のニュースや世相、服装の流行だけでなく、価値観や情緒、モノの考え方にまで及んだことだろう。

さらに一九一四年三月二八日、開館してまもない帝国館のスクリーンに「沖縄」が映し出された。菊池幽芳の新聞小説を映画化した『悲劇 百合子 前編』（一九一四年）の中に、ヒロインの百合子が転地療養のために沖縄に渡り、金武の鍾乳洞を訪れる場面などが盛り込まれていたのだ。スクリーンは沖縄に向けて開いた窓であるだけではなく、沖縄を映す鏡ともなった。もっともこの作品では現地ロケが行われておらず、また風俗考証などもいい加減だったらしく、『琉球新報』に掲載された

「帝国館の百合子劇」というコラムでは次のように評されている。

殊に百合子が一色俊《ママ》夫に扶けられて我が琉球に渡り金武洞の探検をなす場など見物を狂喜せしめ居たり然し此の百合子一行の案内をなす琉球人の服装を全然朝鮮人に見せたのは脚色者の浅薄を証すべく吾々琉球人には此の似せものを見て却て感興を殺くべし

［『琉球新報』一九一四年三月三〇日］

スクリーンという鏡は沖縄の姿をありのままに映し出したわけではなく、沖縄は本土からの理想化や憧憬、好奇のまなざし、知識の欠如等によって脚色されていた。これまでに私が調査を行った範囲では、沖縄を描いた本土製作の劇映画としてはこの『悲劇 百合子 前編』が最も古い。[*2] その沖縄の場面は観客を喜ばせはしたものの、同時にまた沖縄に対する本土からの距離と無理解を映し出す結果にもなった。

本土で製作された映画に沖縄が登場する一方で、大正中期になると沖縄でも独自に映画の撮影が始まっている。そのきっかけとなったのは、本土の新派劇の影響を受けて沖縄芝居に導入された連鎖劇だった。映画と実演芝居を組み合わせた連鎖劇が沖縄で初めて上演されたのは、一九一六（大正五）年七月一一日のことだ。大正劇場で行われた潮会の旗揚げ公演の目玉として『情の光』という連鎖劇が上演されている。以来、一時期は沖縄でも人気を集めた連鎖劇だが、上演に使うフィルムはすべて本土から配給を受けており、映画と実演の場面で役者の顔が異なる「首切り」連鎖劇となっていた。

やがて沖縄芝居独自の演目による連鎖劇への欲求から、沖縄でも短いフィルムが撮影され始める。ただし今のところ、沖縄独自の映画が初めて撮影された時期やその内容を特定することはできていない。当時の撮影は神戸の中島商会などから技師を招いて行われていたが、残念ながらこれら最初期の連鎖劇用フィルム群は現存が確認できず、資料としては新聞の記事や広告、『活動写真フィルム検閲時報』などの文字記録に頼らざるを得ない［世良 二〇一五］。ちなみにこの『活動写真フィルム検閲時報』は内務省警保局が一九二五（大正一四）年七月から発行・配布した現場の取締りのための旬報だ。映画が娯楽の中心となり、社会的影響力を増したことで、内容についての法的な取締りが必要とされたのだ。当初は沖縄も含めて道府県ごとに行われていた映画検閲だが、一九二五年から内務省によって全国的に統一されている。

また大正の終わりから昭和初期に沖縄で撮影された連鎖劇用のフィルムのいくつかは、沖縄芝居の一座によってハワイや南洋のテニアンでの興行にも使われた。そしてハワイでその作品を見たと思われる沖縄からの移民・渡口政善が一時帰郷し、本土から吉野二郎監督を招いて辻遊郭を舞台にした怪談『執念の毒蛇』（一九三二年）を自主製作してハワイに持ち帰っている［世良 二〇一三］。現在も映像が残っている作品としては、これが沖縄で撮影された最も古い長編劇映画だ。

以上、映画の沖縄伝来とそれに続く明治・大正から昭和初期にかけての映画状況を駆け足でたどったが、そこには本土からの影響に覆われながらも、沖縄に向けられたまなざしに対する違和感や沖縄独自の映画への欲求などがすでに指摘できる。続く一九三〇年代中盤には、劇映画の製作をめぐってこうした違和感や欲求がよりはっきり顕われてくる。

二　新興キネマの『敵艦見ゆ』

久松五勇士の顕彰

大正の終わり頃から昭和の初めにかけての一九二〇年代、日本映画では野村芳亭監督の『女と海賊』（一九二三年）やワーグナー原作の『海人　南国篇／都会篇』（一九二六年）といった海洋活劇が一つのジャンルを形成していた。時代劇、現代劇を問わず『我は海の子』（一九二六年）、溝口健二監督の『海国男児』（一九二六年）、衣笠貞之助監督の『海国記』（一九二八年）などが相次いで公開されたのだ。『勇敢なる水兵』（一九二六年）のような日清戦争の海軍美談が製作されていることも含めて、その背景には日露戦争の日本海海戦によって米英と並ぶ三大海軍国の一角を占めた日本の「海洋立国」「海国日本」といった自負や、主力艦比が米英の六〇％と定められた一九二二年のワシントン海軍軍縮条約に対する反発の風潮があったと考えられる。

その一方で一九三一年の満州事変、翌三二年の上海事変と中国大陸での侵略戦争が拡大する中で、忠君報国思想を喧伝する『爆弾三勇士』（一九三二年）や『肉弾三勇士』（一九三二年）といった映画が製作されていた。下級兵士や一般国民に対して犠牲的行為を称揚し、軍神の後に続けと駆り立てる「爆弾三勇士」のいわば海上版として注目されたのが、日本海海戦にまつわる久松五勇士の物語だった。その内容を簡単にまとめると次のようになる。

日露戦争中の一九〇五（明治三八）年五月の終わり頃、奥浜牛を船頭とする山原船が那覇港から宮古島へ向かっていた。その途中でバルチック艦隊に遭遇したが、ロシア側は結髪や服装、言葉などから日本人ではなく中国人と判断し、そのまま山原船を放免した。奥浜らは宮古島に急行すると警察署にバルチック艦隊発見を報告する。日本にとってロシアの艦隊がどこを通過するのかは戦略上の重大な情報であった。ところが当時の宮古島には電信施設がなかったため、久松の漁師五名が一〇〇キロ以上離れた石垣島までサバニで渡り、悪条件に疲労困憊しながらも目撃情報を伝えた。八重山電信局からはバルチック艦隊の情報が打電されたが、そのわずか一時間前に哨戒艦信濃丸がバルチック艦隊を発見して「敵艦見ゆ」を打電していた……。

久松五勇士をめぐる物語には、伝聞・報道・紹介等を通じてさまざまなバージョンが存在し、また内容の改変や追加、削除、誇張などが行われてきた。奥浜らの山原船がバルチック艦隊に拿捕されたのかどうかもはっきりしないが、彼らが中国人と判断されたという点や、標準語が話せないため宮古島で警察に訴える際に通訳が必要だったという点など、国民が共有する報国美談に仕立てる上で不都合な部分はどこかの時点で削除されたと考えられる。

また漁師たちが石垣島まで帆走ではなくすべて漕走したかのような非現実的な描写がしばしば見

られるが、これもまた肉体を極限まで酷使した五勇士の悲壮なイメージを醸成するための過剰な演出に違いない。この物語の日付や時間、往復の経路、石垣島のどこに上陸し、どこを通って電信基地までたどりついたのか、さらには勇士の数が一部報道では四人となっていた点も含めて、疑問点や不明な点は多い。改めて正確な事実関係を確定することは困難だが、こうした点については牧野清［牧野 一九七二］、重信幸彦［重信 二〇〇一］、齋木喜美子［齋木 二〇〇七］らの先行研究に指摘があるので、そちらを参照されたい。

久松五勇士の物語は、昭和の初め頃までは宮古島でひっそりと語り継がれていたに過ぎなかったという。それは司馬遼太郎が指摘したように、軍事機密として命ぜられた箝口令を漁師たちが忠実に守っていたこととも関係しているだろうし、事実関係がわかりづらくなっている原因の一つもそこに求められる［司馬 一九九九：三四五］。柳田国男は『海南小記』の中でこのエピソードに触れているものの［柳田 一九四〇：六七］、そこには宮古島の漁師は登場しておらず、まだ報国美談にもなっていない［重信 二〇〇一：三四七］。この久松五勇士の物語を全国に広める上で大きな役割を果たしたのが、大阪で小学校長を務めていた稲垣国三郎（図②）だったことはよく知られている。

愛知県出身の稲垣は、一九一七（大正六）年から一九二二（大正一一）年まで沖縄県師範学校教諭兼同附属小学校主事の職にあった。久松の漁師たちの話を耳にした稲垣は、宮古島を訪れた際に当人らの家も訪ね、その貧しい暮らしぶりを見て義憤を覚える［稲垣 一九五二：四〜五］。そして稲垣は日本海海戦大勝利の陰で日の当たらぬままだった漁師たちの話を報国美談としてまとめ、それを元

図②　沖縄県師範学校正門前に立つ稲垣国三郎（那覇市歴史博物館提供）

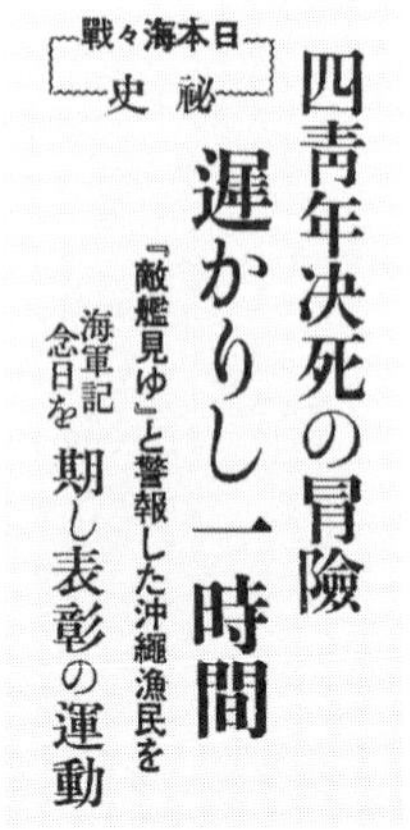
日本海々戦
秘史
四青年決死の冒険
遅かりし一時間
『敵艦見ゆ』と警報した沖縄漁民を
海軍記念日を期し表彰の運動

図③　『大阪毎日新聞』1934年5月18日

に早稲田大学教授・五十嵐力が国語読本参考書に採録した〔五十嵐監修 一九二九〕。これによって久松五勇士に注目が集まり、彼らは一九三〇（昭和五）年に宮古支庁長や沖縄県知事から表彰されている。

さらに稲垣は日露開戦三〇周年の一九三四（昭和九）年、「敵艦見ゆ――沖縄五勇士」を書いて自身の著作『琉球小話』に収録する一方で、『大阪毎日新聞』の坂田記者に久松五勇士のエピソードを改めて紹介した。同年五月一八日に「四青年決死の冒険 遅かりし一時間」という見出しの記事が掲載されると全国的に大きな反響を呼ぶ（図③）。

歴史の表に出ないまま何の見返りも求めない報国美談として賞賛の声が相次ぎ、献金も寄せられた〔『大阪毎日新聞』一九三四年五月一九・二三・二五日、『琉球新報』一九三四年五月二四日・六月四日〕。

ところでこの『大阪毎日新聞』の記事は、海軍記念日に向けて書かれている。これは日露戦争の帰趨を決した一九〇五（明治三八）年五月二七日の日本海海戦大勝利を記念して、翌〇六年から定められた記念日だ。しかも一九三四年は日露開戦三〇周年の区切りであり、さらにもう一つ、元帥・東郷平八郎の病状という別な要素が加わっていた。言うまでもなく東郷は日本海海戦における最大のヒーローであり、日本海軍にとっては象徴的存在だった。五月二七日の『大阪毎日新聞』では東郷元帥の息子が病床にある東郷の様子を伝え、紙面には日本海海戦を回想する記事も大きく掲載されている。

こうして海軍記念日前後の国民的な日本海海戦追憶ムードは、五月三〇日に死去した東郷への追悼ムードへと重なってゆく。そして満州事変以降の国際情勢などを背景として、「海国日本」「海の生命線」「海軍増強」といったスローガンが忠君愛国の高揚とそのための教育という路線と呼応しながら国民意識に刷り込まれ、本節の冒頭で挙げたように海洋活劇映画が流行する。その一方で肉弾三勇士が軍神として称揚され、その映画が製作されていたのだ。久松五勇士の報国美談に改めてスポットが当たり、映画化が進められたのはそうした流れにおいてのことだった。

新興キネマによる映画化

久松五勇士の映画化に動いた新興キネマ京都撮影所は、一九三二年に競作となった『肉弾三勇士』を製作した大手映画会社の一つだ。新興以外に松竹の名前も挙がっていたが、こちらは具体的な製作の動きが確認できていない。新興は松竹資本の傘下にあったことから混同が生じたのではないか。監督には内田吐夢らの下で助監督を務めた上砂泰蔵が起用され、彼にとっては本作が監督昇進第一作となった。[*3] フィルムの現存が確認できない本作のデータ、主なスタッフ・キャストと『キネマ旬報』等に紹介された物語の「略筋」は以下の通りである。

『敵艦見ゆ』

一九三四年七月五日公開　新興キネマ製作／モノクロ／無声／三五ミリ七巻（一六四六メートル）

監督＝上砂泰蔵／原作・脚本＝小林宗吉／撮影＝藤井清

配役　年那《（ママ）》覇釜＝若葉馨／網元の娘・南海＝田中妙子／南海の弟・清＝小川秀磨／弟・松＝岡研二／柿花《（ママ）》善＝上代勇吉／真弓＝月澄江

略筋

宮古島の網元の娘南海は島の銛の名手釜に密かに熱愛を捧げていた。が、釜の父親が南海の父親から網元の株を奪われた恨みのために釜はどうしても南海を愛することは出来なかった。その頃近くの島から、美しく、つつましい貧しい孤児の真弓が放浪して来た。彼女を慕う二人の男は釜とそして、柿花と言う青年だった。ある月の明るい夜、釜は柿花と真弓の愛の囁きを聞いて、愛人を失う悲しみに自制を失って柿花を殺す決心をし、翌日秘蔵の銛を懐いて船つき場に待って居た。

その夕方柿花の乗った小舟は乱調子の急ぎで漕ぎ帰った。柿花の舟は宮古島の沖を通過するロシヤ艦隊を発見したのだ。柿花は島庁へ急ぐ折、それとは知らぬ釜は柿花を刺した。柿花は倒れ乍らも国の急を告げた。愕然とした釜は恋の恨みも忘れて柿花を救け島庁へ報告した。併し島には無電の設備はない、石垣島まで六十里の波濤を刳舟で行かねばならぬ、柿花、釜、そして外三人の決死の五人は今こそ何もかも忘れてただ愛国のため舟を漕ぎ出した。[*4]

〔『キネマ旬報』一九三四年七月・五一〇号：九〇〕

新興キネマの作品は那覇・西本町の平和館が配給を受けていたから、本作も同館で公開されたに違いない。一九三四年六月後半から本作の脚本が『琉球新報』に連載されたのも、沖縄が描かれることに対する期待の表れだったろう。『琉球新報』には沖縄県の堀池学務部長による「筋は未だ見ていないが何でもラブシーンが所々にあるとの事だった、大衆向だから実写本位よりはそれがいいかも知れない」という映画完成以前の談話が確認できる〔『琉球新報』一九三四年六月一一日〕。けれども当時の沖縄本島の新聞は大半が失われているため、本作の公開時期を特定して沖縄における反応を知ることは難しい。

先ほどの作品データによれば「柿（垣）花善」や「年（与）那覇釜」といった役名には実際の五勇士の本名がほぼそのまま使われている。ただし映画の「略筋」や堀池学務部長の談話からは、本作が日露海戦の史実に基づく戦争ドラマや硬派な報国美談ではなく、むしろ網元株をめぐる家同士の対立や男女の恋愛感情のもつれと怨恨を描いたフィクショナルな娯楽映画だったという印象を受ける。

　また本作が本土で大きな話題となった形跡は見当たらず、映画としての出来も不評だったようだ。映画批評家の友田純一郎は、東郷元帥の死にかこつけた際物だが、日本の撮影所の能力では戦争は描けないし、観客もそれを知っているから見に行かない、と指摘した上で「地方館の添え物だろう」という厳しい評価を下している[*5]〔『キネマ旬報』一九三四年八月・五一四号：九三〕。

　もちろん実見しない限り最終的な判断を下すことはできないが、「敵艦見ゆ」というタイトルは日露海戦の場面を期待する観客を呼び込むのが目的だったのかも知れない。そして映画の出来不出来以上に注目したいのは、沖縄が本土の映画会社によって描かれることに対する沖縄側関係者の次のような反応だ。


松竹、新興二映画会社をして一ぺんのストリーとして映画作製の話も進められているが之が作製を全然会社に一任すると南国のローカルカラーに興味を引き肝心の主題よりも実写風俗写真を多く取り入れ反って県辱になるようでは贔屓の引き倒しになるからこの具体的交渉は沖縄県堀池学務部長の来阪後取り決めることになった。

〔『琉球新報』一九三四年五月二四日〕

　これは『琉球新報』大阪支局発の記事であり、沖縄県内でも同じような反応があったかどうかはわからない。沖縄出身の本土在住者であるからこそ周囲の視線を意識し、沖縄の人々やその風俗の描かれ方には一層敏感であったとも考えられる。

芝居に造詣が深く、後に『大阪球陽新報』主幹を務める真栄田勝朗によれば、映画化を進める新興キネマの脚色担当者から久松五勇士の話や沖縄の風俗人情について取材を受けた稲垣国三郎は、自分の語ったことが歪曲され、誤解を招くことを恐れたようだ。そこで沖縄出身の在阪関係者らに報告相談した上で、真栄田と実業家の山城興善、宮古出身の下地玄信という三名とともに新興キネマの撮影所を訪れ、監督や脚本家、撮影技師らに面会した。その時の様子と完成後に映画を見た印象を真栄田は次のように回想している。

沖縄の事情をぜんぜん知らない映画人の作った写真であるから、我々には多少の不満なところもあり、宮古娘に扮した女優の服装、髪型などにはどうかと思う点もあった。しかしいちいち干渉するわけにもいかないので、彼らの知らない点を教え、我々の希望と注意を述べて引きあげることにした。後で映画になったのを見たが、やはり撮影所で感じたように面白くないところや苦笑する箇所が多かった。この映画は不出来だったので印象が薄く、主要人物に扮した男女俳優の名も忘れてしまった。

〔真栄田 一九八一：八九〜九〇〕

前節で触れた日活映画『悲劇 百合子 前編』同様、現地の風俗考証等にはいい加減な部分が少なくなかったようだ。また真栄田はこの引用箇所に続いて、久松五勇士の物語が曾我廼家五郎によって舞台化され、東京や大阪で演じられたことにも触れている。その中で曾我廼家が、琉球髷に銀のじーふぁ（かんざし）を刺した女性の紺絣姿を見て「あんた達はこんな美しいみなりをやめて、なぜあんな貧弱な和装をなさるか」と不審がったエピソードが紹介されており［真栄田 一九八一：九〇〜九二］、真栄田が沖縄の伝統風俗に対する自負を持つ一方で、それを本土著名人の視線や言葉で確かめている様子がうかがえる。こうした二重の心理はおそらく沖縄が映画の中でどう描かれるのかということに対する敏感な反応とも結びついていたはずだ。

なお真栄田の回想録の中では、新興キネマが「宮古島のロケーションもおえ」と書かれているが［真栄田 一九八一：八九］、これは真栄田の勘違いか、もしくは「宮古島でロケが行われた」という意味ではなく「宮古島の場面のロケーションも終え」という意味だろう。この映画のロケが宮古や沖縄で行われたという事実は確認できていないし、スタッフによる現地でのロケハンやシナリオハンティングが行われた事実も確認できていないからだ。本作のロケについては『大阪毎日新聞』が「南紀方面のロケーションによって製作にかかることになった」と短く報じているほか［『大阪毎日新聞』一九三四年五月二五日］、『キネマ旬報』の「撮影所通信」にも「紀州串本ロケを終えて」とある［『キネマ旬報』一九三四年六月・五〇九号：九六］。

三　『南海の大和魂』——もう一つの久松五勇士映画

宮古郡教育部会と神山庸一

前節で取り上げた新興キネマの『敵艦見ゆ』（一九三四年）とほぼ同時期に、沖縄では宮古郡教育部会が独自に久松五勇士の映画化に乗り出した、と報じられている。先ほど引用した『敵艦見ゆ』をめぐる堀池県学務部長の談話には続きがあり、「宮古郡教育部会でも映画にしているとの事であるが、これは教育的方面に力を入れ実写本位にやる様支庁長とも相談しておいた」となっていた［『琉球新報』一九三四年六月一一日］。さらにその二週間後の同紙には次のような記事が出ている。

宮古郡教育部会では那覇在郷軍人分会並に司令部後援で今回神戸市中島映画製作所をして珊瑚座を総動員せしめ久松五勇士の物語りを映画化す可く昨日から撮影を開始した、尚独乙商船難破を救助した国際美談「博愛」並に歴史、産業、教育方面より見た過去現在の沖縄紹介号も製作するが撮影はロケーションにして那覇で一週間やり宮古、八重山にも出掛け二十日間で完成する予定である

［『琉球新報』一九三四年六月二五日］

宮古郡教育部会はこの時期に『久松五勇士美談』（一九三四年）という冊子を編集・発行し、生徒からも寄付を募って五勇士が使ったというサバニを買い上げ、それを一九三五年に海軍省に献納するなど［『沖縄教育』一九三七年六月・二五〇号：六七〜六八］、五勇士顕彰運動に積極的な役割を果たしている。もともと宮古郡教育部会は、五勇士ブームの発端を作った稲垣国三郎ともつながっていた。

一九一八（大正七）年、同部会は稲垣を冬季講習の講師として招いていたのだ〔稲垣 一九五二：四〕。いずれにせよ五勇士をめぐる宮古郡教育部会の動向からは、宮古島民・沖縄県民の愛国精神を喧伝しようという意図が色濃く感じられる。沖縄の駐在司令官などからは、沖縄県民は他府県に比べて愛国心が乏しいといった批判がなされてきたからだ。先に引用した堀池県学務部長の言葉も含め、そこには報国美談の教育的利用という目的が指摘できるだろう〔齋木 二〇〇七：一五～一八〕。

ところがその後、宮古郡教育部会による映画製作の情報は見当たらなくなる。前節で引用した真栄田勝朗の回想録にもこちらの久松五勇士映画のことは出てこない。その一方で、一九三五年には、久松五勇士映画に言及した「本県紹介の映画を作成　歴史教育産業を収め　神山庸一氏が着手」という

図④　海軍に献納されたサバニの前に並ぶ五勇士（1935年、向かって右端は垣花善の息子）（記念艦三笠提供）

見出しの記事が『琉球新報』に掲載されている。

日本海々戦秘史として膾炙される愛国美談宮古久松五勇士の勇敢な行為を映画化して映画「南海の大和魂」を作成した神山庸一氏は今度更に予ねて計画中だった「沖縄県紹介映画」を作成

することになり既に撮影を東京富士フィルム写真会社と契約し撮影隊の一行は十九日神戸発の台南丸に乗船明廿二日来県し、直ちに県内各地でロケーションを行うことになった　県外各府県には県紹介の映画があるが独り本県のみ県を紹介し県の実態を宣伝認識をさせる映画がないのを痛感し今回の映画作成を計画したもので映画の内容は歴史、産業、教育の三部に分れ総ゆる方面に亘る県情をつぶさにフィルムに収め一見沖縄県のいかなる処かを県民及県外人士に紹介、認識を深めさすもので期待されている

〔『琉球新報』一九三五年二月二一日〕

神山庸一という名前には見覚えがある。一九一六（大正五）年一月一日付と四月一三日付の『琉球新報』に出た球陽座の広告には神山庸一の名前が見え、また同じく『琉球新報』の同年五月一六日の球陽座「広告募集」や六月一一日に掲載された球陽座退団の連名広告にも神山庸一という名前が確認できる。この連名広告は第一節で見た大正劇場での潮会旗揚げ公演に向けた準備広告で、一九一六年七月七日に出た潮会蓋開け興行の広告にも同じく神山の名前がある。

もちろん同姓同名の別人という可能性は残るが、真境名由康（孝）を座主とする潮会は沖縄に初めて連鎖劇を導入した劇団であり、その蓋開け興行の目玉として上演された連鎖劇『情の光』には神山も磯塚平兵衛役で出演していた。また由康が潮会解散後に率いた新生劇団や珊瑚座でも独自の沖縄連鎖劇を製作しており、神山という役者には映画と繋がりを持つ背景がうかがえよう。沖縄芝居の役者だったこの神山庸一が、沖縄初の連鎖劇上演から約一八年後に自ら『南海の大和魂』を製

作したと考えられる。

この作品についての情報は極めて少なく、内務省警保局の発行による『活動写真フィルム検閲時報』の一九三四年分を調べると、わずか一行の中に以下の情報が記載されていた。

検閲月日：一二月一七日、検閲番号：Ｉ一六一一五、種類：日、現、教、教、正
題名：南海の大和魂、巻数：七、米数：一四一七、製作者・申請者：神山庸一
〔『映画検閲時報』復刻版、第一八巻：八九三〕

検閲の時期は新興キネマの『敵艦見ゆ』より半年遅い。当時すでに製作が始まっていたトーキー映画であれば『活動写真フィルム検閲時報』には「発声フィルム式」という表記がなされており、本作にはその表記がないことから『敵艦見ゆ』と同じく無声映画だったことがわかる。ただし『南海の大和魂』というタイトルは『日本劇映画総目録』をはじめとする何種類かの作品事典や雑誌などの映画リストを調べても見当たらないため、スタッフやキャスト、梗概など、本作に関するこれ以上の詳細なデータは確認できていない。

忘れられた長編劇映画

では、宮古郡教育部会による映画製作はどうなったのだろうか。『敵艦見ゆ』や『南海の大和魂』

と同じ時期に、第三の久松五勇士映画が撮られたのだろうか。おそらくそうではあるまい。それに該当する作品が検閲を受けた記録は見当たらないし、また『宮古民友新聞』には「三百円問題　部会長が善処」と題した次のような記事が見えるからだ。

立石前部会長時代、五勇士映画製作者神山庸一君に貸付けた例の三百円の問題に就て、「前会長の後を引受けて部会員に迷惑を及ぼさぬよう自分が屹度善処する」と明知会長から昨日の部会に於て言明する処があった。

〔『宮古民友新聞』一九三六年一月二六日〕

宮古郡教育部会は宮古支庁内に置かれ、支庁長が部会長を兼ねていた。前掲の一九三四年六月二五日付『琉球新報』の記事では、沖縄の連鎖劇に関わりの深い中島映画製作所が撮影を担当し、珊瑚座の役者が総出演と報じられている。潮会出身の神山がこの当時珊瑚座とどのような関係にあったのかは不明だが、宮古郡教育部会と神山が別々に映画製作を手がけたのではなく、宮古郡教育部会の映画製作企画がどこかの時点で貸し付け金とともに神山に委ねられたと考えるのが妥当だろう。なぜ製作主体が宮古郡教育部会から神山に替わったのか、その理由は今のところわからないし、神山が残りの製作費をどのように調達したのかも不明だ。しかし宮古郡教育部会が予定していたとされるもう一本の沖縄紹介映画も「歴史、産業、教育方面」といった形容を含め、神山が手がけたという沖縄県紹介映画とそのまま重なっている。神山が宮古郡教育部会に映画製作の企画を持ち込んだのか、それとも教育部会から出た企画に神山が乗ったのか。いずれにせよ、教育部会による「久松五勇士乗用刳舟献納資金募集趣意書」[*6]に記された「本会に於ても五勇士を映画化せんとする挙あるを後援して」という表現は、両者の関係の深さを示唆している〔沖縄県宮古郡教育部会 一九三四〕。

沖縄本島や宮古島、本土における本作の一般公開を報じた情報は、今のところ見つかっていないが、一九三五年六月四日から石垣島の八重山館で上映された記録が残っている。上映は『先嶋朝日新聞』の後援で行われており、前日の同紙は五勇士の報国美談を紹介した上で次のように宣伝している。

時……過ぎて―茲に三十年　宮古島に跡る…日本海海戦秘話として映画に脚色され、今や！全国民の上に輝き全国民の謳歌の大映画であり吾々の見逃すべからざる物語りである……。

〔『先嶋朝日新聞』一九三五年六月三日〕

続く六月六日の同紙は手前味噌ながら、公開初日の入場者が約六〇〇人で場外に溢れるほどの盛況だったと伝えている。映画のタイトルに含まれる「大和魂」という言葉は、この映画が久松五勇士をどのような視点から描きたかったのかをよく示していよう。それは宮古郡教育部会の趣意書にある「今や五勇士の史実は狭隘なる郷土史より堂々正史の檜舞台に登場するに至った」〔沖縄県宮古郡教育部会 一九三四〕という表現とも連動していた。

また五勇士の呼称は宮古島では「久松五勇士」だが、[*7] それが島外からの視線によっては「宮古五勇士」とも呼ばれ、本土側から取り上げる場合はそこに「沖縄五勇士」という呼称が加わる。さらに国家的英雄譚となれば具体的な地域名は消え、「大和魂」「敵艦見ゆ」といった全国民に共有される表現が前面に出てくる。ちなみに宮古郡教育部会の冊子では「久松五勇士」〔沖縄県宮古郡教育部会 一九三四〕が使われ、沖縄本島の島袋源一郎は「宮古五勇士」〔島袋 一九四二〕、稲垣国三郎は「沖縄五勇士」〔稲垣 一九七二〕、五十嵐力は「遅かりし一時間」というタイトルを掲げて「青年水夫」と表記している〔五十嵐 一九二九〕。ただし八重山館での上映に際しては、『南海の大和魂』というタイトルだけでは地域色が見えないためか、『先嶋朝日新聞』の広告は本作のタイトルに「久松五勇士物語」という表記を添えており（図⑤）、国家的認知と郷土的まなざしの二重化した心理がうかがえる。[*8]

第一節で触れた『執念の毒蛇』は沖縄で撮影された初の長編劇映画ではあるものの、製作は沖縄出身のハワイ移民によるもので、監督も本土から招かれていた。これに対して地元製作による長編劇映画の嚆矢として、従来は映像が保存されている『護佐丸誠忠録』（一九三五年）の名前が挙げられてきた。けれども『南海の大和魂』はそれよりも約半年早く製作されていたことになる。しかも『護佐丸誠忠録』には珊瑚座の役者たちが多く出演しており、本作が何らかの影響を与えた可能性もあろう。

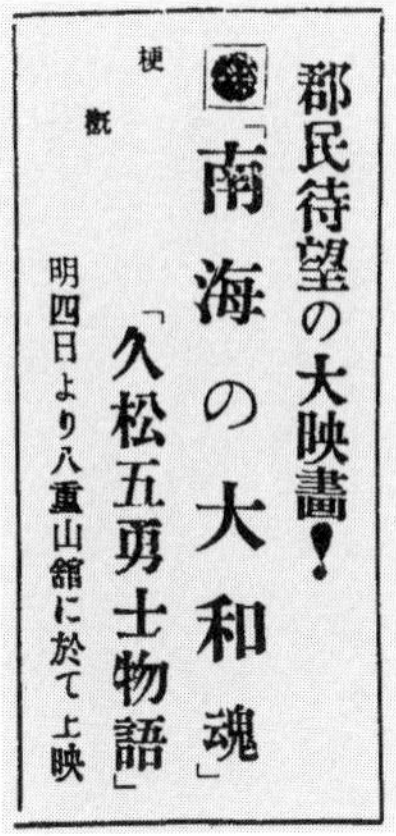
郡民待望の大映畫！

「南海の大和魂」

「久松五勇士物語」

梗概
明四日より八重山館に於て上映

図⑤『先嶋朝日新聞』1935年6月3日の広告

本作の一四一七メートルというフィルム全長は、毎秒一六コマの映写速度で換算すると上映時間約七七分の堂々たる長編劇映画だ。けれどもこの映画についてはこれまでまったく忘れられており、沖縄の映画・演劇関係の資料や宮古島の各市町村史等にも本作を取り上げた記述は見当たらない。[*9]

四　東京発声の『オヤケ・アカハチ　南海の風雲児』

原作批判と映画の概要

本土の映画会社が戦前の沖縄で初めて長期ロケを行った劇映画は、八重山出身の詩人・伊波南哲原作による『オヤケ・アカハチ　南海の風雲児』（一九三七年）だった。[*10] 一五世紀末、石垣島の大浜を拠点として首里王府に反旗を翻したとされる土豪を主人公とする歴史娯楽大作だが、このトーキー作品のフィルムもまた現存が確認できない。雑誌の紹介欄や広告等に一〇種類ほどのスチルが残っているほか、五、六年前には個人所有のロケスナップが沖縄で数枚見つかった。

物語の舞台はもちろん八重山だが、本作のロケは沖縄本島で行われている。本土から大手映画会社の有名俳優らが大挙してやって来るとあって、沖縄では大きな注目を集めた。その一方で本作は映画化、撮影、検閲、公開などをめぐって大小さまざまなトラブルや騒動に見舞われた作品でもある。筆者はこれまでに何度か本作を取り上げているが［世良 二〇〇八・二〇一二］、本節ではそれらをベースにより詳しい資料も加えながら、映画製作をめぐる葛藤と軋轢について改めて論じてみたい。

実は映画の原作となった伊波南哲の長編叙事詩『オヤケ・アカハチ』が出版された時にも、沖縄県内では非難の声が挙がっていた。八重山出身の南哲はアカハチを従来の野蛮な「逆賊」ではなく、首里王府の支配と重税から八重山を解放するために戦う「英雄」として描いた。これに対して沖縄本島では、畏れ多くも尚真王に楯突いた辺境離島の「土百姓」を英雄視するとはけしからん、という空気が首里を中心にあったようだ。南哲は「アカハチの映画化について（中）」の中でこの時のことを次のように述べている。

特に沖縄本土では非難がはげしかった。琉球国王に反旗をひるがえした八重山の土百姓アカハチを、庶民の英雄にしたてたのであるから、怒るのは当然であったろう。ある言語学者ですら琉球新報に「赤はち即赤恥論」と題して三日間連載で、作者の私をこっぴどくやっつけていた。それによると目に一丁字もない無学文盲の土百姓、大浜の赤ブザ、アカハチをさも偉大な思想の持主のごとく、でっちあげた作者は、歴史を無視した暴挙であるばかりでなく、社会に赤恥をさらしたことになる。というものであった。

〔『八重山毎日新聞』一九六九年六月一一日〕

『琉球新報』でのこうした南哲批判に対し、一九三六年一一月一七日付『沖縄日報』の「風信旗」や同月二六日付『琉球新報』の星川森吉による逆批判もあり、叙事詩『オヤケ・アカハチ』をめぐっては賛否両論が沸き起こっている。

さらに宮古島では、アカハチを討った仲宗根豊見親《とぅゆみやー》が琉球王の手で首を刎《は》ねられるという南哲作初版の結末に対して反発の声があった。仲宗根は首を刎ねられるどころか、琉球王からアカハチ討伐の恩賞を授かった、と伝えられるからだ。南哲原作の映画化の話を知った仲宗根の子孫たちは、仲宗根豊見親を史実通りに描くよう映画会社に対する取締りを県保安課に訴えている［『琉球新報』一九三六年一二月九日］。史実をめぐってさまざまな批判に遭いつつも、南哲の叙事詩はアカハチのイメージを逆賊から英雄へと反転させることによって、八重山に対する沖縄本島や宮古からの歴史的な無意識のまなざしを映し出すことになったのではないか。

そして映画では当時の青春スターを代表する藤井貢がアカハチを演じ、相手役には子役出身で清新なイメージの人気女優・市川春代が起用された。監督は松竹蒲田を離れて日活多摩川に移り、東京発声映画製作所の創設に際して所長となった重宗務と松竹蒲田出身の豊田四郎が共同で当たり、脚本は八田尚之が担当した。作品データと主なスタッフ・キャスト、『日本映画』に紹介された物語の梗概は以下の通りである。

『オヤケ・アカハチ　南海の風雲児』[*11]
一九三七年六月一日公開　東京発声製作／モノクロ／トーキー／三五ミリ九巻（二二二六メートル）八一分／東宝映画配給

監督＝重宗務・豊田四郎／原作＝伊波南哲／脚色＝八田尚之／撮影＝持田米彦・小倉金弥／美術＝河野鷹思／音楽＝大村能章／録音＝奥津武

配役　オヤケ・アカハチ＝藤井貢／射剣のグシチャン＝三井秀男／鎗のゲルマ＝山口勇／弓のテドコン＝小田切潜／派遣使金武城＝押本映治／明宇底獅子嘉殿＝松林清三郎（特別出演）／武留密慶＝榎本五郎／仲田大翁主＝高島敏郎／その妹・真乙姫＝菊川郁子／同・葵乙姫＝市川春代／祝女＝朴外仙（特別出演）／酋長メカル＝稲田勝久／預言者メドルマヤカブ＝梅本元靖／土民ゴヤ＝青野瓢吉／チル＝中原淳子／（不明）＝堀川浪之助／特別出演＝石井漠舞踊研究所

梗概

物語は四五十年前、琉球列島八重山の孤島に起る。

島には若くたくましい勇者オヤケ・アカハチを始め射剣のグシチャン、鎗のゲルマ、弓のテドコン等が島の乙女等のあこがれの的となっていた……八重山は其の年も飢饉であった……上納の貢物無き年はイリキア・アマリの祭礼を禁じられていたにも拘らず、信心深い土民等は祭礼が来ると居ても立ってても居られなかった。

炎々たるかがり火を囲んで歓喜の祈りと舞いが始った、その時突如としてアダンの海辺に支那冊封使を乗せた貢物取立船が入港した。

飢饉で貢物なき土民の祭礼はたちまちにして制止され、神社は破潰された。

五十日を限り貢物調達の為、土民は燃える烈日の下に汗みどろな労働を続けた。牛も馬も倒れたけれど……不毛の岩の上には何程のものも出来なかった。

酋長以下再三の懇願も貢物取立の役人には頑として聴かれなかった。

熱血燃えるオヤケ・アカハチは斯くして遂に起ったのだ、彼は豪族波照間の獅子嘉殿河平村の武留密慶等の協力を求めたが裏切られ、最後の望みを四ヶ村の仲田大翁主にかけた。仲田も矢張り王府の威に伏す酋長であったが密に計る所あり妹の葵乙姫を土民のアカハチに妻として与え、葵乙姫に含めて彼を謀殺せんとした……葵乙には悲しい辛い新婚の月日が流れた。

やがて翌年の満月の日が来た。

此の夜こそアカハチの毒殺と共に仲田大翁主が軍勢を率いて島を襲う時だった。

葵乙姫は毒を盛った泡盛の杯を持って去就に迷った。が、葵乙は遂にアカハチの妻だった。島民の為に身を挺して闘う彼の悲壮な決意の前に葵乙は総てを打ち開《（ママ）》けた。

斯て仲田の軍とアカハチの軍との間に死の血戦は展開された。

……悪戦苦闘……

アカハチは戦利あらずグシチャン、ゲルマ、テドコン以下全部を失い、己は数十の創痍を負って暁の岩頭に立っていた。

「おおイリキア、アマリの神よ！

情あらば伝えよ

吾が戦は正義の戦なりきと……」
静かな朝の波間にアカハチは悲痛な叫びを残して身を投じたのであった。
〔『日本映画』一九三七年三月号：九二〕

沖縄ロケをめぐる反発

もちろんこの映画のロケについては、沖縄の新聞が相次いで大々的に取り上げた。一九三六年一一月一八日の『沖縄日報』には「〝東京発声〟の全機能を挙げて沖縄に臨時撮影所」、同年一二月一日の『琉球新報』には「南島の一角に「映画街《ハリウッド》」出現！」といった見出しが躍っている。『沖縄日報』は同じ日の紙面で、沖縄観光協会が映画化を絶好の観光宣伝の機会ととらえ、ロケ隊に協力すると同時に東京支部を開設することになったと報じ、紙名は不明ながら同年一二月一七日には、伊波南哲と藤井貢が旧知の仲だったという、いささか出来すぎたエピソードも紹介されている。それによれば、三年前の一九三三年の暮れ、藤井は東京駅でボーナスと給料を袋ごと掏《す》られ、駅前の交番に届け出た。そこにいたのが詩人巡査として知られる南哲で、以来二人はすっかり意気投合して親交を深める。南哲は藤井に「もし僕が自信のある詩を書いたらそれを映画化してくれ」と言っていたそうだ。

製作会社の東京発声（後に合併して東宝となる）からは、一九三六年一一月一七日に撮影所長で監督の重宗努、企画脚本部長の八田尚之、美術部長の河野鷹思らが空路来県し、ロケハンやシナリオハンティング、風俗調査を行っていったん帰京する〔『沖縄日報』一九三六年一一月一八日〕。そして同年一二月六日、総勢七〇人前後の大規模なロケ隊が大阪から台南丸で那覇に向けて出発した〔『琉球新報』一九三六年一二月一〇日〕。本作のロケが行われたのは首里、中城、恩納村、糸満などで、首里では首里城のほか円覚寺、龍潭池、ハンタン山で撮影が行われている。

ロケ前には「四、五百年前の八重山島民になってみるのも愉快であろう」とエキストラ募集が報じられていたが〔『沖縄日報』

図⑥　アカハチに扮した藤井貢（山里将人氏提供）

一九三六年一一月一七日〕、恩納村の万座毛で撮影が行われた際には「祭りの場面に出場するエキストラの扮装が宛らカナカ土人の服装に近く県民を誤解せしむる」として恩納村民から反発の声が挙がる〔『琉球新報』一九三七年一月八日〕。アカハチたちの衣装風俗があまりにも原始的な姿で描かれているというのだ。沖縄ロケのなかった『悲劇 百合子 前編』や『敵艦見ゆ』の場合とは異なり、目の前に違和感のある姿の出演者がいれば反発も強いだろう。村民の訴えを受けた沖縄県市町村長会では、県の佐藤学務部長に対し該当場面のカットを東京発声に申し入れるよう陳情している。映画会社が拒否した場合は内務省に訴える方針だった〔『琉球新報』一九三七年一月八日〕。

筆者は二〇〇八年七月に行った調査で、糸満ロケを見学したという名城集落の男性（一九二一年生まれ）から詳しい話を聞くことができた。主なロケ地となったのは北名城ビーチで、浜に立つと右手前方にエージナ島が連なって浮かんでいる（図⑦）。その小さな島の一つをアカハチの根拠地とい うことにして、討伐軍が海から丸木舟で攻め寄せるシーンが撮影されたそうだ。当時一五歳だった男性にとって、映画のロケはもちろん初めてのことで、とにかく珍しくて毎日見物に行った。男性が仕事もせずにロケ見物に夢中になるものだから、家族から叱られたという。

図⑦　『オヤケ・アカハチ』のロケが行われた北名城ビーチとエージナ島（筆者撮影）

男性によれば、アカハチが牛馬の代わりにサトウキビ絞りのサーター車を引っ張り、刑吏に棍棒で叩かれる場面や、最後に捕らえられたアカハチが磔になって火炙りに処せられる場面などが撮影されたそうだ。ところが集めたタコノキに石油を撒いて火をつけた時、風向きが変わってアカハチ役の藤井が本当に焼かれそうになって慌てて逃げ出すというハプニングも起きた。それを見て男性が笑っていたら監督にひどく怒られたとも話してくれた。そのほか撮影には裸馬が七、八頭使われ、男性の家の竹が買われて浜辺に植えられた。またアカハチの軍勢が出陣する場面は、名城集落の入り口の角にあった民家を砦に見立てて撮影されている。

エキストラで出演したのは名城集落ではなく主に喜屋武集落の人々だった。また岩場で藤井に投げ飛ばされる役が出演

図⑧　辻遊郭で催されたロケ隊招待宴の集合写真（「大日方傳主演」というメモ書きは誤り）（山田有昴氏所蔵、那覇市歴史博物館提供、『大琉球写真帖』より）

料二円（現在の六〇〇〇〇円程度）で募集された。時期ははっきりしないが約一〇日間の糸満ロケのうち、一週間ほどが北名城ビーチで行われ、その後は近くの小波蔵集落で撮影が続けられたそうだ。アカハチは顔に墨を塗って汚れた格好をし、ほかに裸みたいな女が水瓶を頭に載せている場面もあった。こうした風俗描写について「恥だからあまり話したくない」と述べた男性の思いは、先述した万座毛ロケでの反発にも通じている。

沖縄でのロケは約一ヶ月行われた。一九三七年一月一〇日には辻遊郭で「東京発声沖縄ロケーション隊招待宴」が開かれており、記念の集合写真が残っている（図⑧）。島袋光裕の回想録に出てくる、アカハチのロケ隊歓迎会で玉城盛重がカチャーシーを踊って一同を笑わせた、という記述はこの歓迎会のことだろう［島袋　一九八二：一三二］。

この沖縄ロケは東京発声にとっていわば社運を賭けた一大プロジェクトだったが、キャストやスタッフの中には辻遊郭に入り浸る者が出た。山里将人の聴き取り調査によれば、アカハチに扮した主役の藤井貢もその一人で、監督が毎朝怒りながら藤井を撮影現場に連れて行かねばならなかったという〔山里 二〇〇一：一一三〕。またロケ隊が引き揚げた後、スタッフの一人が沖縄に舞い戻って辻遊郭の女性と心中未遂事件を起こしている〔山里 二〇〇一：一一三〕〔南風原 一九七八：七三〕。そして本作とは別な作品の企画で来沖していた東京発声の幹部俳優・大日方傳は、辻遊郭で金春ツル（上間郁子）と出会い、戦後の乙姫劇団による映画『月城物語』（一九五九年）と『山原街道』（一九五九年）の監督を務める契機となった〔世良 二〇二〇：一八～二三〕。

『オヤケ・アカハチ』をめぐる騒動はさらに続く。小田栄（天界）が発行していた『日刊沖縄新聞』の糾弾によって、沖縄の風俗描写に対する反発が再燃したのだ。同紙自体はほとんど現存しないので内容を確認することはできないが、石垣島で発行されていた『先嶋朝日新聞』に「南哲の〝オヤケアカハチ〟又々受難？ 今度は日刊沖縄新聞社から」という見出しで次のように報じられている。

> 県外に於てはややもすれば沖縄県人なるが故に幾多の誤解や侮蔑を受けつつある今日斯の如き蛇を首に巻いたり醜悪劣等な扮装全くアフリカ辺りの人喰人種と異らないのを全国に紹介されては県民は死以上の鉄槌で有ると小田氏は那覇　首里両市宮古　八重山各地で県民侮辱映画オヤケアカハチ排撃の県民大会を開き県民の輿論を携えて上京　東発社に抗議を申込み尚内務省其他関係官庁に善処方を陳情する由
>
> 〔『先嶋朝日新聞』一九三七年三月二四日〕

出演者たちの半裸や裸足の姿が沖縄蔑視と受け取られ、東京でも沖縄出身者から上映の中止を求める声が挙がった。けれどもアカハチをはじめとして、一五世紀の八重山の人々が原始的な姿に描かれたのは、必ずしも映画だけの責任ではない。南哲の原作自体が、アカハチを野人風に描いていたからだ。従って、もしも製作側がしっかり沖縄の風土風俗を研究した上で時代考証に取り組んでいれば、抗議に対する反論もできたに違いない。ロケハンの際には美術部長の河野鷹思がインタビューに応じて「郷土博物館へいったり、こちらの研究家たちと懇談したい」〔『沖縄日報』一九三六年一一月一八日〕と述べていた。[*12]

ところが結果的に考証はまったく自信のないものだったらしく、八重山出身の早稲田大学教授（後の同大学総長）大浜信泉の仲裁を受けて、当時の琉球の風俗慣習は判然としないため、衣装考証は映画会社の創作である、といった意味の字幕を映画の冒頭に入れることで批判をかわし、事態の収拾を図っている。伊波南哲は「アカハチの服装をわかっているのか？」という批判に河野が「私は四百五十年前生きていませんでした」と冗談めかして答えたというエピソードを紹介している〔伊波 一九七八：八八〕。

ただし、沖縄での反発を煽って騒ぎを大きくしたのが小田栄だった点には注意が必要だろう。広島生まれの小田は八歳で沖縄に移り住み、後には黒十字軍を組織した民族主義者として知られる。新聞の発行や街頭演説による大衆扇動を得意とし、一九二九（昭和四）年に二五歳で沖縄県議、一九三八（昭和一三）年には次点繰り上げで衆議院議員に当選している。小田は社会運動家として名を売り、一九二七（昭和二）年には沖縄電気の電灯料金値下げ運動も主導したが、これには株を買い占めて経営権を握った井上為一との共謀だったという噂がある［古堅 一九八〇：三一〜三四］。

沖縄時代の小田には、とかくそうした噂が付きまとっており、この映画に対する小田の攻撃も裏取引が目的だった可能性は十分に考えられる。南哲も回想の中で、映画会社が小田栄の赤新聞に金を出さなかったため、『オヤケ・アカハチ』が県民侮辱映画にされた、と述べている［伊波 一九七八：八七］。沖縄がいかに描かれるかという点に敏感な県民の反応を利用した小田の戦略は、沖縄県の特高課長や保安課長が本作の検分に乗り出す事態を招くことになった［『琉球新報』一九三七年三月二七日］。

検閲によるカットと上映禁止

出演者の病気などで完成が遅れはしたものの、本作の公開前には映画雑誌で大々的に宣伝が行われた。『キネマ旬報』の六〇九号には見開き二頁分の広告が出ており、帆船で祭儀のポーズを取る葵乙姫とアカハチの部下、派手な柄の衣装を着たアカハチの顔のアップ、海岸で親しげに向かい合う半裸のアカハチと上品な姿の葵乙姫、そして片足を前に挙げ、両手の指を広げて構えた珍妙なポーズの祝女《のろ》という、四種類のスチルが配されていた。そこに次のような宣伝文が添えられている。

そは四百五十年前――

南海の孤島琉球に正義の烽火をあげ、

強烈な太陽の下に逞しい情熱と意欲をぶちまけた
傷ましくも勇壮なる
民族の血涙史！
オヤケ　アカハチの数奇な運命

〔『キネマ旬報』一九三七年五月・六〇九号：一二六〕

また六一〇号には、派手な縞模様と鱗模様の服を着たアカハチが平安貴族のような衣装の葵乙姫と寄り添うスチルが使われている。続く六一一号には二頁分の折り込み広告が掲載され、海岸を背景に半裸で槍を手にしたアカハチの思い詰めたような表情の大きなスチルと貝殻の首飾りをして何かを祈るような葵乙姫のスチルが見える。さらに六一二号には同時公開のP・C・L作品『見世物王国』（一九三七年）と合わせての一頁広告が見える。[*13] スチルは手を組んだ葵乙姫の肩に手をかけたアカハチが、光る短剣で彼女を刺そうとする場面だ。白い毛皮のような衣装を着たアカハチも首飾りをつけた葵乙姫も、六一〇号の広告同様身なりは整っている。

『国際映画新聞』の各号にも折り込みや見開きの広告などが何度か掲載されている。一九七号と一九八号の見開き広告は『キネマ旬報』の六〇九号と同じだ。また一九八号の同誌は、槍を持つアカハチの広告の一部が表紙に使われた。こうした広告のスチルを見る限り、映画の衣装・風俗考証はかなり怪しかったと推測される。

本作は一九三七年六月一日に東京・有楽町の日本劇場を皮切りとして全国で順次公開された。公開に先立って、五月二一日には内務省警保局で初版のフィルム検閲を受けているが、フィルム全長二九五三メートルのうち七か所合計で一〇三・五メートルものフィルムカットと該当する脚本部分の抹消を命じられている。カットされた箇所とその理由の種別は以下の通りだ。

①第三巻記声第五六中「我等役人をもてなす名誉を忘れて土民共と不埒をするな」ヲ之ニ伴フ画面ト共ニ切除（公安）
②第四巻甘蔗絞リノ労役ノ画面中王府ノ役人ガ土民ノ脊ヲ鞭ツ近写四箇所切除（但シ遠写残存）六一米（風俗）
③第五巻刑場ノ画面中磔ニサレタル土民ガ煙ニ包マルル半身写切除九米（風俗）之ニ依リ記声第五グシチャンヨリ第一三「水くれ水水水」迄除失
④同巻記声第四三「わしは仲山王府の役人を叩き殺した」ヨリ第四六「牛や馬の代りにこき使われて死ぬより……」迄ヲ之ニ伴フ画面ト共ニ切除一八米（公安）
⑤第八巻海岸ニ於テアカハチト葵乙トノ接吻ヲ暗示セル箇所切除〇・五米（風俗）
⑥第一〇巻記声第六「王城軍に勝って人間となるか」ヨリ第八「八重山の兄弟と共に人間のくらしがしたいのだ」迄ヲ之ニ伴フ画面ト共ニ切除一〇米（公安）
⑦同巻馬上ノアカハチノ腕ヨリ血汐ノ流レ出ヅル箇所切除二米（風俗）

〔『映画検閲時報』復刻版、第二八巻：六七〜六八〕

①④⑥は役人批判や革命思想とのかかわり、②③⑦は残酷さや醜悪な場面、⑤は性的な暗示がそれぞれ切除の理由と考えられる。ちなみに①は切除の長さが記されていないが、総計から他の合計を引くと「三メートル」となる。また本作は公開前日の五月三一日に改訂版の検閲を受けているが、この時のフィルム全長が二二二六メートルで初版の二九五三メートルに比べて七二七メートルも短く、約四分の三の長さとなって巻数も一一巻から九巻に減っている。どういった理由によるものかは不明だが、初版の検閲によるカットの整合性をつけるためか、前項で見た沖縄関係者からの反発を考慮した結果ではなかろうか。

一九三七年六月二九日付の『海南時報』は那覇支局発電として、フィルムは二四日に那覇へ空輸され、翌二五日に那覇市西本町の旭館で官庁や学校関係者、新聞記者らを招いて試写会が行われたと伝えている。一般公開は二六日からで、同紙は「爆発的人気を呼んで地方よりの団体申込などあり　各中等学校生徒にも観覧を許すはずである」と報じた。記事は「本県に於ける最初のロケーションによる大スペクタル映画として一同に深い感銘を与えた」という試写会の感想で締めくくられている。

また原作の舞台である石垣島では、二年後の一九三九年七月一〇日からようやく上映された。七月二日付『海南時報』は「郡民の久しく上映を渇望していたもの　東宝の超特作だけに上映権利金の問題で折合わず遂に今日迄　郡民が接することの出来なかった文芸映画である」と紹介している。

上映場所は八重山館、主催は沖縄県立八重山農学校保護者会で、同年六月三〇日付『先嶋朝日新聞』の広告には「好機再び来らず　全郡民来り見よ」という惹句と「エキストラ使用三〇〇〇人、使用馬匹二〇〇頭　沖縄ロケーション六十余日、製作費四〇《(ママ)》〇〇〇〇円」という数字が掲げられている[*14]。

こうした記事からは、批判や反対運動があったにもかかわらず、沖縄ではご当地映画として観客を集めた様子がうかがえる。だが全国的には業績不振で厳しい作品評も出た。自己宣伝の「東宝映画ニュース」には「『オヤケアカハチ』盛況」とあるが〔『国際映画新聞』一九三七年六月・二〇〇号：三六〕、『キネマ旬報』六一三号の「映画館景況調査」には同時上映の『見世物王国』と共に「内容は共に愚の骨頂を行くもので見た目は不評であるが、かぶりつきは良く、初日四千円を越した画の不人気は必然的に頭下りの傾向を示していることは争はれないところ」という評価が出ている〔『キネマ旬報』一九三七年六月・六一三号：二八〕。続く六一四号の「映画館景況調査」はもっと厳しい。

> 前興行「オヤケ・アカハチ」「見世物王国」の二本立は何れも標準以下の劣作で、不評甚しく、帝都を代表する大劇場の格式を大いに傷つけるもので折角台頭すべき途上にある東宝映画としてその進行をさまたげること一方ならぬものがあった。
>
> 〔『キネマ旬報』一九三七年六月・六一四号：四〇〕

六月五日に封切られた大阪・千日前の敷島倶楽部はまず好況だったようだが、これはベティ・デイヴィスとハンフリー・ボガートが主演した併映の『札つき女』に救われたのかも知れない〔『キネマ旬報』一九三七年六月・六一四号：四二〕。そして映画雑誌『日本映画』には石田義則による次のような厳しい批判が掲載された。

今迄大劇場で上映された数々のつまらぬ映画、馬鹿げた映画を見慣れた私にとっても、この様に徹底したくだらなさに貫かれた映画は始めて《ママ》だった。蓋し愚劣という言葉はかくの如き映画のために辞書の中に組込まれているのだろう。〔中略〕オヤケアカハチに於ける愚劣さの最大の原因は製作者団が琉球を知らずして琉球を描かんとした点に存する。映画の最初に製作者団は琉球の風俗慣習を知らないと愚かものの大胆さで宣言した。かくして作られた映画アカハチ登場の人々の服装は実に奇妙きてれつなものである。南洋の土人の如きがあれば、風呂屋の三助の如きがあり、チンドン屋のハッピの如きがあれば、秦の始皇帝の如きがあり、又朝鮮のチマの如きがあれば、紫式部の上衣の如きがあり、そうかと思うと東京下町のアッパッパの如きがある。一体我々は何を見、何が琉球のものであるのかてんで見当がつかない。遂にアメリカ映画へよく出て来る支那の笠兵隊の出現するに到って、私は全く製作者団の心臓の強固性に目をまわしてしまった。

〔『日本映画』一九三七年八月号：一二七〜一二八〕

さらに追い討ちをかけるように、この映画は台湾や朝鮮半島での上映がそれぞれの総督府当局によって不許可となってしまう〔『東京映画新聞』一九三七年六月・九五号：二〕〔伊波 一九七八：八八〕〔三木 一九八九：一八六〕。八重山の島民が首里王府に反旗を翻すという内容が、植民地の民族運動を刺激しかねないと判断されたためだという。加えて言えば、「内地」である八重山の衣装風俗の描写が植民地でどう受け止められるかという危惧もあったのではないか。

その一方で本作は沖縄ロケが始まる前から、ドイツへ輸出される予定が報じられており〔『沖縄日報』一九三六年一一月一三日〕、一九三七年二月二三日の『海南時報』にも、本作が輸出映画に選ばれてドイツのトビス（Tobis）社によってヨーロッパ全土に配給される、という記事が出ている。この時期、日本とドイツは同盟関係を強めつつあった。一九三六年一一月には、宮古島でのドイツ商船救助に対する感謝として建立されたドイツ皇帝博愛記念碑六〇周年式典が大々的に催され、その直後に日独防共協定が結ばれている。アルノルト・ファンク監督が来日して日独合作映画『新しき土』（一九三七年）を撮ったのもこの一九三六年だった。『オヤケ・アカハチ』の輸出話にはこうした国際情勢が反映されていたのだが、もし輸出が実現していたのであれば、ヨーロッパのどこかにフィルムが残されている可能性があろう。

以上本節では、映画『オヤケ・アカハチ　南海の風雲児』が沖縄ロケから公開にいたるまでに直面したさまざまなトラブルの経緯をたどった。本作は本土の映画会社による身勝手なロケ作品だったのか、それとも南哲の原作が持つ神話的な英雄譚を体現したスケールの大きな内容だったのか、あるいは植民地で上映が禁止されるほど危険な反帝国主義映画だったのか。その評価はやはり実際に作品を見てから改めて下さねばならない。

五　おわりに

一九三〇年代、映画はサイレントからトーキーへと移行しながら、大衆娯楽として人気を集めた。また映画は情報や教育の面でも大きな影響力を持ったため、引き続き国家による細かな検閲の対象となった。一方、軍国体制は忠君愛国思想のプロパガンダを必要とし、映画産業も軍神映画などを製作してこれに応えた。そしてナチス・ドイツを参考にした一九三九（昭和一四）年の映画法制定により、映画は完全に国家の統制下に置かれる。こうした流れと時局を踏まえた上で、本章では劇映画が沖縄を描くこと、あるいは沖縄で劇映画を撮ることがどのような状況を反映し、どういった葛藤を孕んだのかについて考察した。

最初に取り上げた『敵艦見ゆ』は、東郷元帥の死去と日露海戦の隠れた報国美談の紹介というタイミングを捉えた一種の時事ネタであった。製作した新興キネマ側には沖縄を描くという意識はそれほど強くなかったと思われるが、沖縄関係者はかなり敏感に反応し、沖縄がどう描かれるのか気を揉んで、不満を残した様子がうかがえる。新興側が南紀串本方面でロケしたのは、少しでも南国の雰囲気を出すためだろうが、「沖縄・宮古＝南国」という単純化はむしろ沖縄関係者が危惧した側面ではなかったか。

もう一つの五勇士映画『南海の大和魂』は沖縄で製作された作品だった。娯楽色が強い本土大手の競作に対し、本作は宮古島民や沖縄県民の報国意識と勇敢さを描いて帝国臣民としての認知と教化につなげようという意図が感じられる。宮古郡教育部会が積極的に関わったのは、そうした効果を期待してのことだろう。その期待が神山庸一の映画製作にどのような影響を及ぼしたのか、気になるところだ。そこには神山が宮古郡教育部会に残した借金以上の葛藤が刻まれていたのかも知れない。

続く一九三〇年代後半から四〇年代にかけての戦時体制下では、「南進」という国策の旗が振られる。プロパガンダ映画『海の民 沖縄島物語』（一九四一年）は糸満漁民を海洋民族たる日本人の範として描き、沖縄を南方発展の拠点と位置付けた。『オヤケ・アカハチ』にも海洋活劇の要素があったことは、スチルやロケの証言から推察できる。大手映画会社として初の沖縄ロケに乗り込み、八重山での「義」ある戦いを描く本作の企画もまた、南へ向かう国策意識と無縁ではなかったはずだ。

そして首里王府に戦いを挑むアカハチの姿には、欧米に対峙する日本という構図が重ねられていたのではないか。梗概に登場している支那冊封使も日中戦争という時局を感じさせる。本作をめぐっては、ロケ隊の歓迎と製作側の姿勢、本土からの視線とそれに対する違和感、国策と迎合、検閲、植民地政策、本土での酷評と沖縄からの反発や上映への期待等々、さまざまな要素が軋みながら、スクリーンの内外で絡み合っていたと言えるだろう。

1――本節の記述は拙論［世良 二〇一六］から抽出要約したものである。

2――本作以前に『泡盛飲ミノ末路』という作品が上映されているが［『琉球新報』一九一一年七月一八日］、その内容も含めて詳細は不明だ。

3――上砂泰蔵は一九〇五年滋賀県生まれ。同志社大学在学中に劇団の演出助手として野淵昶に師事し、卒業後に帝国キネマ（後の新興キネマ）に入社。一九三四年監督昇進。新興キネマ退社後は満州やインドネシアに渡って作品を手がけ、戦後はニュース映画や文化教育映画の製作に携わった。一九八四年没。

4――『キネマ旬報』五〇八号の「撮影所通信」では、与那覇釜役に岬洋児の名前が挙がっている［『キネマ旬報』一九三四年六月・五〇八号：八六］。

5――『国際映画新聞』に出た短評もほぼ友田と同じ論調だった［『国際映画新聞』一九三四年七月・一三〇号：四一］。

6――この趣意書は［沖縄県宮古郡教育部会 一九三四］の奥付の後ろに綴じ込まれている。日付は本体と同じく一九三四年七月一〇日。

7――久松という呼称は久貝と松原という二つの字《あざ》を併せたものだ。

8――こうした五勇士の呼称をめぐる葛藤については、重信幸彦が勇士へのまなざしと位置付け、その所有をめぐって興味深い考察を行っている［重信 二〇〇一］。

9――本作の撮影が宮古で行われたことを示す資料は見当たらないが、『平良市史』に採録されている「連鎖劇のロケを高屋（タカヤー現在の第二桟橋）でやっていた」［平良市史編さん委員会 一九七九：四二〇］という証言との関連も含めてさらなる調査が必要だ。

10――『活動写真フィルム検閲時報』での表記は中黒のない「オヤケアカハチ」となっているほか、雑誌の記事や広告には中黒のあるものとないものが混在している。

11――『日本映画』のデータではサブタイトルが「南海の風雲児」ではなく、「琉球秘史」となっている。

12――河野鷹思（本名：孝）は一九〇六（明治三九）年東京生まれ。東京美術学校図案科を卒業後に松竹の宣伝部に入り、東京発声に移って美術部長となる。映画や舞台の美術のほかポスターや雑誌、パッケージなど幅広い分野で活躍した日本を代表するグラフィック・デザイナーの一人。戦後も映画美術や企業ロゴなどを手がけ、一九六六（昭和四一）年からは愛知県立大学教授に就任し、学長も務めた。一九九九（平成一一）年没。

13――一九三七（昭和一二）年五月当時、東京発声の作品は東京宝塚劇場系の東宝映画配給が配給を行い、P・C・L、J・O等とともに東宝ブロックを形成していた。同年八月に東宝映画が設立されて、東宝映画配給、P・C・L、J・O等と合併し、一九四一（昭和一六）年には東京発声もこれと合併する。

14――八重山での上映期間については広告や記事によってくい違いがあるほか、一九三九年七月二〇日付『先嶋朝日新聞』にも上映広告が出ており、日延べになった可能性がある。

＊参考文献

五十嵐力監修　一九二九『省労抄巻一　純正国語読本参考書』早稲田大学出版部

稲垣国三郎　一九五二「祖国愛」（『おきなわ』第二一号、おきなわ社、四～五頁）

稲垣国三郎　一九七二『琉球小話《こばなし》』沖縄文教出版（初版は一九三四年）

伊志嶺賢二　一九六一『回顧二十年宮古教育界夜話』南陽印刷社

伊波南哲　一九三六『オヤケ・アカハチ――長篇叙事詩』東京図書

伊波南哲　一九七八「わがふるさとわが文学」（三木健編『南島の情熱　伊波南哲の人と文学』伊波南哲詩碑建立期成会、八五～九四頁）

NHK取材班編　一九九五『日本の選択4　プロパガンダ映画のたどった道』角川書店
沖縄県宮古教育部会　一九三七『宮古島郷土誌』大野商店
沖縄県宮古郡教育部会　一九三四『久松五勇士美談』
小田天界　一九六一『天界物語』全東京新聞社
齊木喜美子　二〇〇七「国民教化と児童文学――宮古島の「久松五勇士」から見えてくるもの」（『近代以降の沖縄における「子ども文化」の成立・展開とその歴史的意味に関する研究』一一～二五頁）
佐藤忠男ほか編　一九九三『新興キネマ――戦前娯楽映画の王国』フィルムアート社
重信幸彦　二〇〇一「「美談」のゆくえ――宮古島・「久松五勇士」をめぐる「話」の民俗誌」（『民族学研究』六五巻四号、日本民族学会、三四四～三六一頁）
司馬遼太郎　一九九九『坂の上の雲』一～八巻、文春文庫（初出は『産経新聞』一九六八～七二年）
島袋源一郎　一九四一『琉球百話』沖縄書籍株式会社
島袋光裕　一九八二『石扇回想録』沖縄タイムス社
朱通祥男編　二〇〇八『日本劇映画総目録』日外アソシエーツ
世良利和　二〇〇八『沖縄劇映画大全』ボーダーインク
世良利和　二〇一二「沖縄映画史の復元――戦前編」トヨタ財団二〇一〇年度研究助成プログラム成果報告
世良利和　二〇一三「琉日布合作の無声映画『執念の毒蛇』をめぐって」（『近現代演劇研究』第四号、近現代演劇研究会、一七～二七頁）
世良利和　二〇一五「『映画検閲時報』に記録された初期の沖縄劇映画群」（『沖縄文化』一一八号、沖縄文化協会、一～一七頁）
世良利和　二〇一六「初期沖縄映画史の諸相」（博士論文、沖縄県立芸術大学）

世良利和　二〇二〇『外伝　沖縄映画史　幻に終わった作品たち』ボーダーインク
『日本映画監督全集』一九七六、キネマ旬報社
南風原英佳　一九七八「アカハチと南哲」（三木健編『南島の情熱　伊波南哲の人と文学』伊波南哲詩碑建立期成会、七二〜七四頁）
平良市史編さん委員会　一九七八『平良市史　第四巻　資料編二　近代資料編』平良市役所
平良市史編さん委員会　一九七九『平良市史　第一巻　通史編一　先史〜近代編』平良市役所
平良市史編さん委員会　二〇〇三『平良市史　第十巻　資料編八　戦前新聞集成上』平良市役所
平良市史編さん委員会　二〇〇五『平良市史　第十巻　資料編九　戦前新聞集成下』平良市役所
古堅哲　一九八〇『うるまの灯　沖縄の電力事業史』社団法人日本電気協会
真栄田勝朗　一九八一『琉球芝居物語』青磁社
牧野清　一九七三「日露戦役と沖縄——久松五勇士とその足跡」（『南島史学』第三号、南島史学会、二七〜四三頁）
三木健　一九八九『八重山研究の人々』ニライ社
柳田国男　一九四〇『海南小記』創元社（初出は『東京朝日新聞』一九二一年）
山里将人　二〇〇一『アンヤタサ！　沖縄・戦後の映画　一九四五〜一九五五』ニライ社

（定期刊行物）
『大阪朝日新聞』朝日新聞社
『大阪毎日新聞』大阪毎日新聞社
『おきなわ』おきなわ社（復刻版、二〇一五年、不二出版）

『沖縄朝日新聞』沖縄朝日新聞社
『沖縄教育』沖縄県教育会（復刻版、二〇〇九～一五年、不二出版）
『沖縄日報』沖縄日報社
『海南時報』海南時報社
『活動写真フィルム検閲時報』内務省警保局（『映画検閲時報』復刻版、一九八五～八六年、不二出版）
『キネマ旬報』キネマ旬報社（復刻版、二〇〇九～一六年、文生書院）
『国際映画新聞（付録・東京映画新聞）』国際映画通信社（復刻版、二〇〇五～〇八年、ゆまに書房）
『先嶋朝日新聞』先嶋朝日新聞社
『日本映画』大日本映画協会（復刻版『資料・「戦時下」のメディア』二〇〇二～〇三年、ゆまに書房）
『宮古毎日新聞』宮古毎日新聞社
『宮古民友新聞』宮古民友新聞社
『八重山毎日新聞』八重山毎日新聞社
『琉球新報』琉球新報社

＊――本研究はＪＳＰＳ科研費の助成を受けた基盤研究Ｃ「映画における沖縄表象の通史的研究」（課題番号JP23K00148）の成果である。

コラム⑤　サバニと戦艦　◉世良利和

もう一〇年ほど前の話になるが、出張先のホテルでなんとなくテレビをつけたまま仕事の整理をしていたら、「敵艦見ゆ」という言葉が聞こえて思わず画面に目をやった。そのとき流れていたのはＮＨＫのドラマ「坂の上の雲」で、多分再放送だったと思う。

場面はもちろん日露戦争の日本海海戦直前、哨戒艦信濃丸がバルチック艦隊を発見し、その知らせが連合艦隊の旗艦三笠に届いてにわかに色めき立つあたりだ。それまでドラマ自体はまったく見ていなかったが、司馬遼太郎の長大な原作小説の方はずいぶん前に読んでいた。

司馬が『産経新聞』に『坂の上の雲』を連載し始めたのは一九六八年のことで、連載中から単行本が順次刊行となっている。ＮＨＫのドラマに出てきたかどうかは覚えていないが、小説の中では久松五勇士のエピソードも紹介されていた。私がこのエピソードを知ったのは司馬の小説が最初だったかも知れない。

改めて読んでみると、司馬は宮古島の現地関係者への取材も含め、かなり詳しい調査をした上で書いている。国家の興廃をめぐる巨大な戦艦の物語にポツンと挿入された、漁民たちの「まことに小さな」サバニの物語という対比が印象的だ。

久松五勇士は三船敏郎が東郷平八郎に扮した東宝映画『日本海大海戦』（一九六九年）にも登場している。ただしこの映画では、バルチック艦隊発見を無線設備のある石垣島まで知らせに渡る重大任務は機密扱いではない。宮古島庁に集まった大勢の島民を前に島司が大声で差し迫った状況を説明すると、一人また一人と青年漁師が進み出て危険な渡海に志願

横須賀・三笠公園の記念艦三笠（名嘉山リサ氏提供）

するのだ。

しかも五人が乗り込む船は白いペンキ塗りで、尖閣丸という船名まで書かれていた。宮古島民らの言葉も日本各地の方言と標準語をごちゃ混ぜにした珍妙な代物であり、その風俗描写のレベルは、第五章で扱った三五年前の『敵艦見ゆ』と大差なかったのではないか。

いずれにせよ敗戦国の日本が戦後の復興を遂げて高度経済成長国家へと脱皮し、沖縄の本土復帰が具体化しつつあった時期に、久松五勇士は再び報国美談として映画や小説に登場したことになる。宮古島久松地区に五勇士の顕彰碑、石垣島伊原間地区に五勇士上陸の地碑がそれぞれ建立されたのは一九六六年だったが、この年の三月には司馬が宮古島で講演を行い、久松五勇士にも触れている。

ところで横須賀の三笠公園には連合艦隊の旗艦三笠が復元され、防衛省所管の記念艦として一般公開されている。数年前、戦時遺構の調査で横須賀の沖合に浮かぶ猿島を訪れた帰りに、この記念艦を見学する機会があった。三笠の中甲板は広い中央展示室となっており、日本海海戦のパノラマやVRが人気を集めていたが、その一角に思いがけず久松五勇士の紹介コーナーが設けられていた。海軍省に献納されたサバニをバックに、慣れない紋付き羽織袴姿で並ぶ勇士たちの写真（第五章図④参照）も展示されていたが、その前で足を止める人は少ない。三笠は戦後の荒廃を経て修復保存されたが、五勇士のサバニの方はその後どうなったのだろうか。

＊参考文献・資料

司馬遼太郎　一九九九『坂の上の雲』一〜八、文春文庫
『日本海大海戦』東宝DVD、二〇〇七年
『宮古毎日新聞』

第6章

組踊の〝古典〟化

近代沖縄の新聞にみる組踊の動向から

◉鈴木耕太

一　はじめに

明治一二（一八七九）年、「廃琉置県」によって琉球王国が瓦解して沖縄県となったあと、那覇に初めて登場した芝居小屋を中心に、壮士芝居や幻灯機、活動写真など多くの興行（およびメディア）が沖縄へとやってきた。たとえば、当時の新聞を見てみると、蓄音機が沖縄の芝居小屋において初めて登場したのは明治三二（一八九九）年のようである。

> 辻端道なる仲毛演劇場に於ては、今般東京より蓄音器を下し、之を芝居の道具につかひ、東京芸者の歌三味線、東京役者の仮声及び本県有名の歌並に、同劇場役者の仮声を有の儘に活現せしめて、観客の好評を得るの計画をなし、此旨本紙上に広告したるより、首里那覇は申すに及ばず、各地方よりも態々見物に出掛ける者多く、殊に学校生徒に於ては、学術の参考にもとて続々見物するもの多く、開場以来昼夜の興行とも大入をなし、殊に夜興行の如きは、八時頃よりは観客の入場を断はる位にて、其雑沓を制する為め巡査の手を累す程に至れるは、実に本県に劇場の設立以来同劇場今回の興行を以て嚆矢となす。[*1]

この記事からは、蓄音機を用いて「東京芸者の歌三味線」や沖縄の民謡・古典音楽、そして東京や沖縄の役者の「仮声」（こわいろ）をありのままに上演（蓄音機による再生）したこと、そしてその興行が大好評で、首里・那覇の都市部のみならず地方からも客が殺到するだけでなく、学生たちも見物に来て、昼公演・夜公演ともに大入りで、夜公演には警察官が出動して、混雑解消を図るという、仲毛演芸場の設立以来、前代未聞の大盛況を記録したことがわかる。

また、この蓄音機の導入以降五年も経たずに、真教寺での幻灯会や本土から渡ってきた軽業師の公演[*3]、活動写真の上映[*4]など、沖縄の興行界は、新たな娯楽の導入による競争（または共存）を余儀なくされたのである。[*2]

他府県より一足遅れて明治日本の一県としてスタートした沖縄は、興行界もスピード感のある近代化を進めながら、自然と琉球芸能も独自の発展を遂げた。すなわち「雑踊」と「沖縄芝居」（歌劇を含む）の誕生である。例を挙げると、「雑踊」では「かっぽれ」の所作を取り入れ、八重山民謡を編曲した「鳩間節」が生まれた事例、そして「沖縄芝居」では明治三九（一九〇六）年に「オセロ」「ロミオとジュリエット」の上演や、芝居と映画を合体させた「連鎖劇」の上演を挙げることができる。このように、近代において生まれた新たな沖縄の芸能は海を渡ってやってきた芸能を参考にし、時には取り込みながら発展していったのである。

その一方で、琉球王国時代に宮廷の儀礼に供されてきた芸能は、前述の興行に人気を奪われ、上演機会を次第に失って（ある意味、奪われて）いく。そして社会の動きとして沖縄は日本化もしくは日本との同調を強めることが求められていくなか、組踊は「固有の芸術」としての価値を認識（あるいは発見）されていくのである。それは組踊を「古典」としてみなしていく活動とともにあると考えられる。本稿では近代における組踊の歴史を「新聞」というメディアから切り取り、「古典」化していく様を明らかにすることを目的とする。

まず、明治・大正期の組踊上演を、新聞広告から情報を集めて概観し、つぎにそれらの上演がどのように報じられたか、当時の劇評をもとに考察する。そしてこれらの資料をもとに、組踊が「古典」として捉えられていく状況を明らかにしていきたい。

二　明治における組踊の上演

明治一二（一八七九）年に断行された廃流置県では、琉球は首里城の明け渡しと国王だった尚泰の上京を布告された。琉球藩の廃止と沖縄県の設置が行われるとともに、それまで士族の「御用」、つまり琉球国の士族の仕事であった琉球芸能は名目上、公式の上演機会を失ったことになる。[*5]近代沖縄を代表する琉球芸能家の玉城盛重《たまぐすくせいじゅう》（一八六六〜一九四五）によると、沖縄県が発足した当初は芝居小屋がなく、明治一五（一八八二）年頃は料理屋の二階で官憲の目を盗んだ非合法な芸能上演を行って見物料を稼いでいたようである。[*6]また、後述のように、その頃「遊興取締令」が発布され、那覇には「思案橋の芝居」をはじめとした芝居小屋が誕生し、琉球芸能を観客に供し、木戸賃を稼ぐという商業演劇が興ったのである。

新聞発刊前における琉球芸能の状況について先行研究では、明治一二（一八七九）年ごろに玉城盛重が思案橋のカマス芝居に初舞台を踏む、とあり、明治一四（一八八一）年にはおそらく県外からやってきた猿回しの興行が那覇で行われ、明治一五（一八八二）年五月には県下に「遊興取締令」[*7]が布達される。そして明治一七（一八八四）年に思案橋の芝居小屋で「汀間と」などが踊られ、明治一九（一八八六）年に仲毛演芸場が建つ、とある。仲毛が本建築になる、というのは文献によっては明治二四（一八九一）年もあれば明治二五（一八九二）年もあるというように一定していない。[*8]

近代における芝居小屋の変遷を考えるに、玉城盛重の話から明治一五年には思案橋の芝居小屋があったとされるため、近代沖縄の芝居小屋の変遷は思案橋の芝居→仲毛演芸場→辻端道の本演芸場（通称：下の芝居）→辻端道の新演芸場[*9]（通称：上の芝居）というように、新演芸場の誕生する明治三四（一九〇一）年までの約二〇年で那覇市辻には本建築の芝居小屋が二軒建ったことがわかる。そののち、明治四三（一九一〇）年の正月には那覇市字西端道に「明治座」が建つ。[*10]明治の後期には本演芸場・新演芸場とならび、三つの芝居小屋でそれぞれ別の劇団による興行が行われるようになるのである。

沖縄での新聞の創刊は明治二六（一八九三）年である。したがって、それ以前には芝居小屋が建ち、興行も行われているのだが、詳細な上演状況は未詳である。また、新聞がまとまって現存しているのは明治三〇年代前半からとなっているため、前述の玉城盛重のカマス芝居の時期から約二〇年間は近代沖縄の芸能（興行）史は草創期でありながら、エアポケットのようになっている期間であるといっても過言ではなかろう。

管見の限りで近代沖縄における最も古い組踊の上演記録は、東京にいた尚泰が帰沖した際の明治一七（一八八四）年に上演された時と考えられる。その様子は「博覧会場にて宴会を催し琉球の組躍りを興行し烟花打上げ[*11]」られたことが記録されており、演目名は不明であるが、かつての国王が来沖したことがきっかけで上演されたものである。この時は打ち上げ花火なども行われ、盛会な様子がうかがえる。尚泰の来沖に際して組踊が上演されるのは、王国時代の冊封を髣髴とさせる。組踊や今日の古典芸能が王国時代は儀礼に供される芸能であった名残の感じられる事例である。玉城盛重の談話によれば、この時期にはすでに芝居小屋で役者たちが組踊や琉球舞踊を演じている。しかし、首里の士族層は明治末であっても、組踊を士族の勤めとして稽古していたことが金武良章の話[*12]から読み取れる。この時の上演は廃琉置県からわずか五年しか経っていない時期である。そのため、旧士族たちによる上演の可能性も考えられる。尚泰来沖の舞台に、玉城盛重らの所属するような劇団（商業演劇）の役者たちが参加したのか、それとも首里にいた旧士族の名士達による上演なのかまでは前述の上演記録からは読み取れない。これらは今後の課題である。

その後、新聞から上演が確認できるのは明治二六（一八九三）年の「姉妹敵討」「手水の縁」である。上演されたのは沖縄ではなく、大阪角座、京都、名古屋という三ヶ所での巡業公演である[*13]。これ以降、しばらくは組踊上演が新聞や文献で確認できないが、先行研究からは、この翌年の明治二七（一八九四）年に玉城盛義の初舞台として、仲毛芝居で「女物狂」が上演されたこと、明治二八

（一八九五）年には真境名由康の初舞台として、本演芸場で「大川敵討」が上演されたことがわかる。

沖縄の新聞で確認できる一番古い記録は、明治三一（一八九八）年の『琉球新報』に仲毛芝居で上演された「八重瀬」の記事である。その次は二年後の明治三三（一九〇〇）年四月頃、首里演芸場にて「手水の縁」が上演されたことが当時の劇評からわかる。劇評を寄せたのは「垣花山人」という人物で、沖縄に来て八年、演劇も数回見たと言っているが、この時の「手水の縁」について「其衣装の美くしさと優美なるには、他の演芸の遠く不及処あり。是等も畢竟、冊封使の為めに用へたるものならんと思はる。俳優も従かつて高尚にして、技芸も中々達者なり。終日観客に飽かしめざるは感心の外なし」[*14]と、絶賛している。明治三三（一九〇〇）年までの上演がわかる演目は先に挙げた県外公演の「姉妹敵討」「手水の縁」、そして県内で上演された「女物狂」「大川敵討」「八重瀬」「手水の縁」の六演目・五作品である。県内で確認できる記録では上演された場所は那覇や首里にあった芝居小屋であったことがわかる。

翌年の明治三四（一九〇一）年は新演芸場において「伏山敵討」「大川敵討」「久志山敵討」「護佐丸義臣伝」、本演芸場において「万歳敵討」の上演が確認できる。また、波上祭においても演目名は不明だが、組踊が上演されたようである。新演芸場と本演芸場で五作品の上演であるが、本演芸場の「万歳敵討」が上演された時期は、北白川妃殿下富子が台湾から帰京の途中、沖縄に滞在していた期間（一一月七～九日）と重なっている。上演の記録は「妃殿下奉迎の景況」という記事中の「昨八日御巡覧」の項目に確認できる。推測だが、本演芸場の「万歳敵討」は北白川妃殿下富子への上覧として演じられた可能性が指摘できよう。したがってこの年の純粋な興行としての組踊上演は新演芸場の四作品とみることができる。

その後は新聞資料がまとまって残っているが、明治三五（一九〇二）年から明治三八（一九〇五）年までの四年間については、組踊上演の様子が新聞からはうかがえない。この時期の演劇状況として、明治三五（一九〇二）年は首里演芸場が不景気のため休場が続き、辻の上の芝居・下の芝居では「日清事件」「北清事件」の活動写真や、芝居においては「今帰仁由来記」「北山由来記」が上演されている。同年一二月には「上の芝居は別項記載の如く娼妓連が手踊をなし、昼夜とも大入。又下の芝居は昨今入営兵見送りの為め、地方より出覇せるもの多き故、兎に角大入りなりしも、狂言の趣向が余り面白からざるを以て、酒飲み連中の外、平気に見る人は至つて少しを云ふ」*15と報じられる。つまり上の芝居は辻の娼妓達の手踊りが人気、下の芝居は大入りをなすも、徴兵され、内地に出兵する兵士達を見送る人々くらいしか芝居を見に来ていないのである。明治三六（一九〇三）年も首里の芝居の不景気は続き、那覇では沖縄芝居を上演するも「風俗を乱す」などと報じられ、人気があるのは芸妓による手踊り公演、すなわち日本舞踊の公演であった。

明治三七（一九〇四）年からは時節柄、日露戦争軍資献金のための「日露幻灯会」や、「愛国婦人会」への寄付のための芝居などが多く企画される。上演された内容は「忠臣蔵」「剣舞」「唐手」「薩摩琵琶」「日露交戦映画」など、戦意高揚のためのものや、大和風の出し物が多い。明治三八（一九〇五）年は上の芝居が三月に「球陽座」となり芝居興行の高まりが見られるかと思いきや、「板東のし蔵一座」による大和芝居による蓋開け興行が三ヶ月ほど続く。下の芝居で明治三七（一九〇四）年一〇月から上演していた沖縄芸能の一座「好劇会」は、明治三八（一九〇五）年七月になると、大和芝居が人気（のための琉球芸能の不景気なのか）という理由で、奄美大島・九州地方へ「演芸研究」のため出発する。そして同年八月中旬に帰ってきた「好劇会」は名称を「沖縄座」に改め、「黒金座主の魔術と北谷王子の伝説」「琉球奇談盆祭」「察度王の御即位」など新たな作品を上演する。

この明治三五～八年の四年間は組踊上演が紙面から確認できない。この「組踊上演における空白の四年間」は、ちょうど日露戦争の前後にあたる。沖縄で明治三一（一八九八）年から施行された徴兵令、そして本格的に日本帝国軍人として日露戦争に参加していく沖縄県民に対して、世論は徴兵忌避の打開策として、「愛国国防」の考えに傾き、教育は「皇民化」を強めていく。*16 このような時期にあって、新聞紙上でさえも「琉球的」なものを排除していた可能性がここにみえ、それによって琉球古典芸能や組踊の上演は、たとえ広告であったとしても新聞に掲載されなかった、という推測ができる。

明治三九（一九〇六）年は日露戦争が終息したからなのか、球陽座・沖縄座が活発に活動を行う。両座は新聞広告を出すほど積極的で、その活動は記事としてもとりあげられた。球陽座が七月に「弊座一派設立壱週間《（ママ）》年」に当たるため、木戸賃を割引し、「東辺名夜討」を上演する広告が出される。「空白の四年間」を経ての久しぶりの組踊公演と思われるが、ここでは組踊を「改良し、大道具、仕掛、どんでん返しを以て」上演すると書かれている。そして球陽座は九月にも「東辺名夜討」を上演、沖縄座も同月「大南山」を上演し、一〇月には「婿取敵討」を上演する。

球陽座の「改良」が、組踊を民衆に人気のある演劇にするための策であったのか、それとも組踊をベースにした新たな芸能の創作を目指したものなのかは不明である。しかし、この時期の球陽座・沖縄座の両座は「オセロ」「ハムレット」「ロミオとジュリエット」「ヴェニスの商人」などのシェイクスピア劇や、本土の小説を原作にした「不如帰」「乳姉妹」「金色夜叉」などの「正劇」[*17]と銘打った演劇や「新派劇」などを上演している。これらは当時の「川上一座」[*18]や「成美団」[*19]の人気演目で、球陽座・沖縄座は日本本土の人気のある作品を上演し始めたのである。これらの日本本土の新派劇・新劇の状況を沖縄でも受け止め、組踊を「旧劇」と見做しての「改良」とも考えられよう。

明治四〇（一九〇七）年二月、沖縄座は以下の広告を出す。


本県の演劇界は、往時に在りては専ら本県特色の組踊羽踊を演したるも、五六年前より他府県の俳優来県し、其芸を演したるに依り、人気忽ち一変。旧を厭ひ新を好むと同時に、吾々俳優に於ても、自然其流儀に化せられ、今や特色たる組踊等は、殆んと廃物の姿を呈して世間に忘られるに至る。於是乎、吾輩大に感する所ありて、規模を拡張し、斯道の泰斗とも云ふべき玉城三郎を聘して、旧正月四日より、現今の演劇に組踊羽踊等を加へ、大に面目を新にせんとす。[*20]

沖縄座のこの広告には、重要なことが語られている。それは、沖縄の芝居小屋では組踊や端踊（羽踊）が演じられてきたが、この広告記事の五、六年前から大和の芝居や俳優達が入ってきたことで演じられなくなり、終には「特色たる組踊等は、殆んと廃物の姿を呈して世間に忘られるに至る」という状況であるという。そこで「斯道の泰斗とも云ふべき玉城三郎」を招聘して、明治四〇（一九〇七）年の旧正月の公演から組踊と端踊を上演する、というものである。この広告では、先に示した明治三五（一九〇二）年から明治三八（一九〇五）年までの四年間に組踊の上演が見られない状況が語られている。つまり、日本本土からきた俳優たちの演劇や、それを真似たものを行っていたのである。これには先に述べた日露戦争の戦時下という時代の状況が影響しているといえる。このような状況を打開すべく、沖縄座は組踊を「玉城三郎」（玉城盛重）から指導してもらい、今後も継続して上演するという意気込みが感じられる。

この玉城盛重を招聘しての明治四〇（一九〇七）年の旧正月公演から、沖縄座は、組踊の上演を盛んに行うようになる。確認できる公演だけでも明治四五（一九一二）年までの間に各座合わせて九九回の組踊の上演（うち演目不明が二回）が確認でき、沖縄座の組踊上演（六七回）に対抗するかのように、球陽座が七回、中座が八回、協和団が五回、春日座、明治座が四回、朝日座が二回の組踊の上演を行っている。[*21] 明治期の芝居小屋で上演された演目を上演年毎にまとめると以下の通りである。

明治四〇（一九〇七）年（一五作品）

大城崩・義臣物語・孝行之巻・久志之若按司・姉妹敵討・執心鐘入・智軍之縁・手水の縁・忠

孝婦人（大川敵討）・忠臣身替之巻・二童敵討・反間之巻・銘苅子・本部大主（北山復讐之巻）・矢蔵之比屋
明治四一（一九〇八）年（一〇作品）
女物狂・護佐丸忠義伝・忠孝婦人・忠臣身替・東辺名夜討・微行之巻・父子忠臣之巻・北山復讐之巻・万歳敵討・矢蔵之比屋
明治四二（一九〇九）年（四作品）
姉妹敵討・忠孝婦人・南山崩・銘苅子
明治四三（一九一〇）年（一〇作品）
浦千鳥・智軍之縁・忠孝婦人・東辺名夜討・仲んかりマカト・二童敵討・花見の縁・伏山敵討・辺戸大主・銘苅子
明治四四（一九一一）年（四作品）
改良手水之縁・智軍之縁・忠孝婦人・銘苅子
明治四五（一九一二）年（七作品）
孝女布晒・護佐丸・執心鐘入（中城若松）・手水の縁・銘苅子・矢蔵之比屋・露梅之縁

明治期を概観すると、明治三五（一九〇二）年頃まで組踊の上演がある。しかしそれから明治三九（一九〇六）年までは組踊の上演は下火であり、明治四〇（一九〇七）年の旧正月より組踊の上演熱が高まる。しかし、右の上演演目を見ると、明治四〇（一九〇七）年こそ上演が多く、それにしたがって演目もバリエーションに富んでいるが、次第に演目数が減る（とともに組踊の上演数も少なくなる）。演目の中には組踊と銘打っているが、組踊とは言いきれない作品もみられる。明治四三（一九一〇）年の「浦千鳥」は歌劇「泊阿嘉」と関係のある作品と考えられ、明治四四（一九一一）年には「改良」を加えた「手水の縁」の上演があり、明治四五（一九一二）年の「護佐丸」はこの前にオペラ「楽劇護佐丸公」が上演されていることから、もしかすると組踊ではなくこのオペラを指している可能性がある。

明治四〇（一九〇七）年の沖縄座の広告は、近代沖縄における組踊のルネサンス宣言ともとれる。しかし演劇界の時代の流れは、新派へと傾倒している状況にあったといえ、組踊の上演は他の演劇に上演機会を奪われていくのである。また、この時期の上演作品で特徴的なのは、現在の上演とは異なり、朝薫五番[*22]よりも「忠孝婦人」や「本部大主」「東辺名夜討」などの敵討を扱った作品、さらには現在上演機会の少ない「微行之巻」「矢蔵之比屋」、そして「南山崩」「仲んかりマカト」などの恋愛を扱った作品が好んで上演されていることである。

三　大正における組踊の上演

「組踊関係年表《抄》[*23]」によると、大正年間（一九一二〜二六年）の新聞からうかがえる組踊の上演総数は九一回であり、これは先に挙げた明治四〇（一九〇七）年から四五（一九一二）年までの五年間の上演回数に届いていない。大正の約一五年間では明治後半より確実に上演回数が減っていると言えるのである。明治時代と変わっているのは、事例は少ないが、芝居小屋以外での組踊上演が報じられていることだろう。例を挙げると、大正五（一九一六）年の名護村（現名護市）での豊年祭で行われた組踊の記事や、同年の玉城村前川（現南城市玉城前川）の村芝居で「花売の縁」と「忠臣身替」が上演された記事である。

さらに、明治時代と変化があるのは、先に挙げた地域における上演だけでなく、大正七（一九一八）年には「沖縄新公論社」の一周年紀念会が行われ、中座の座員と社員たちとによる「社員劇」（「執心鐘入」）が上演されている。つまり、商業演劇の役者たちだけではなく、一般市民や地方における村民たちによる組踊の上演が行われるのである。地方における上演は新聞ではこれまで取り上げられてこなかった、ということが考えられるが、「社員劇」は芝居小屋での上演であるため、役者（プロ）の興行とは本質が異なるのである。

明治四〇（一九〇七）年は沖縄座においてほぼ一年を通して組踊が上演されてきた。しかし大正期の芝居小屋では旧正月と旧三月三日（浜下り）の年二回に集中して上演をしていることがわかる。つまり、沖縄の旧暦行事にしか上演されない演劇となった、と言えるのである。それ以外の公演は、記事からうかがうと「御望み公演」という上演形式が多くなってくる。「御望み」の種類は企業や団体主催の公演など様々だが、例を挙げると大正二（一九一三）年は実業新聞『発展』創刊記念・沖縄毎日新聞社主催観劇会の二回、大正三（一九一四）年は那覇軍人優待会主催演劇会・発展社同人大演劇会の二回、大正四（一九一五）年は『青年沖縄』創刊記念会・「民報社」創立一周年紀念演劇会の二回、大正五（一九一六）年は民報社主催古典劇の一回、大正六（一九一七）年は沖縄民報社主催の古典劇保存会第二回試演会と琉球新報社創立二十五周年紀念祝賀会の二回、大正七（一九一八）年は先に挙げた社員劇の一回、そしてそれ以降は「御望み」公演の記事が見られなくなる。

このような大正期の組踊上演を支えたのは、本土からやってくる名士や沖縄の著名人らに所望されての上演であったと言っても過言ではない。真栄田勝朗は当時を振り返り「その頃は好景気のためか、県外から朝野の名士、実業家などがひんぱんに来県したので、その時は県、市あるいは新聞社が招待して、一夕沖縄芸能を鑑賞させるのが慣例になっていた」[24]と、大正期の中座の様子を語っている。真栄田が述べた「沖縄芸能を鑑賞させる」慣例は現在の沖縄においても行われている。[25]このような慣例が定着するのは組踊が琉球王国時代に創作された特色ある演劇であるという理由だけでなく、いわゆる前近代の「古い演劇」という認識、そしてそれゆえ当時において上演機会が少なくなっていることから、わざわざ所望して上演させるという状況となったと考えられるのである。大正年間の本土名士および沖縄の著名人への組踊の「御望み」上演は以下の通りである。時系列に沿って取り上げる。

大正二（一九一三）年　四月　エドモント・シーモン[26]（伊波普猷が陪席）

大正五（一九一六）年　六月　横山達三*27（伊波普猷・金城紀光が陪席）
八月　高野康雄*29（玉城尚秀*28の同窓生。尚秀が陪席）
二月　山田真山の御望み公演
四月　尚昌*30の御婚儀御披露公演
大正七（一九一八）年　八月　武藤長平*31（陪席者不明）
大正一三（一九二四）年八月　二月　大谷尊由*32（菅原牧師・小牧・太原・南崎が陪席*33）
大正一四（一九二五）年五月　伊東忠太（尚琳邸での上演）
秩父宮

このように新聞からみえる「御望み」上演は尚王家の友人や尚昌の結婚披露宴、教育者や研究者、皇族などに対してであった。沖縄の名士のみならず、日本本土の著名人や貴人に対しても行われたのである。大正期における組踊の上演は、明治期よりも減少し、組踊は演劇興行として成り立たず、上演状況は悪化していくのである。

四　組踊に対する認識の変化——古劇保存運動

明治、大正と組踊の上演について見てきたが、ここでは劇評などから当時の組踊を取り巻く環境

（世論）を見ていきたい。

明治四〇（一九〇七）年二月の沖縄座の広告の後、『琉球新報』紙面において四月五日を皮切りに組踊の台本（詞章）の紹介が富川盛睦・伊波普猷・當間嗣合によって執筆、連載される。紹介作品は一人一作品で、順に「大川敵討」「銘苅子」「執心鐘入」であった。この連載を始めるにあたって、太田朝敷は富川盛睦の「大川敵討」の前に、次のように記している。

〔前略〕蓋し本県に斯る優美の文学が、斯くまで発達せるを世に紹介するは、即ち本県の真価を高むるの一助なるを疑はず。読者熟読玩味せば、必ず言ふに言はれぬ妙趣を感ずるならん。

太田朝敷は組踊を「優美の文学」と捉え、沖縄にはこのような高尚な文学が明治以前に発達しており、広く知らしめることで沖縄の（文化的な）価値を高めようと考えたようである。伊波普猷が紹介した「銘苅子」の冒頭には伊波が朝薫五番のことを「彼は材料を自国の神話伝説にとり、古譜を復活させて韻文の戯曲を創作し、之を組踊と名付けた」とし、さらに「玉城の組踊は実にワグネルのチルテンドラマの様に、音楽と詩歌とが充分調和して出来たのである」と紹介している。伊波は、組踊は「古譜」を復活させて生み出した「韻文の戯曲」であり、それはワーグナーのオペラの様であると評した。さらに伊波は、而して此間に奏せらるゝ音楽は一入サプライムな者である。ワグネルの考を借りて言へば、今日の沖縄のやうに世の中が段々末になつて来て、人間の心が腐敗してゐる時には之を救ふ一手段として、かういふ楽劇を活きた俳優に演ぜしめ、聴衆の耳目に訴えてその心を高尚に導いて往くのもよからう。併し誰が之を演ずることが出来よう、よし演ずることが出来たにしても馬芝居を見て感心するやうな観客がどうして之を聴くことが出来ようか。読者は当分この劇詩のみを味つて満足せねばならぬ。

とワーグナーの演劇論を用いて論じ、「銘苅子」の詞章の紹介を始めている。つまり、伊波は明治四〇（一九〇七）年時の沖縄は「人間の心が腐敗している時」であり、これを救うには組踊のような素晴らしい劇を素晴らしい役者に演ぜしめ、一般市民が鑑賞することが重要だが、当時は組踊を充分に表現して演ずることの出来る役者がいないので、詞章を読んで組踊の高尚なることを感じ取って欲しい、と訴えているのである。明治四〇年の沖縄座が組踊上演に踏み切った後、このようにワーグナーの演劇論を用いてまで組踊について「高尚さ」が論じられていたのである。

しかし、伊波らのこの訴えはすぐに世論を席巻するには至らなかったようである。しかしながら新聞には二年後の明治（一九〇九）四二年ごろから時折り「演劇改良」についての記事が見られるようになる。たとえば、風月楼の主人たちによる新劇場の建設が報じられたり[*34]、演劇だけでなく観客も「改良」せねばならないことが訴えられたり[*35]、沖縄座の新作芝居が調査に基づき創作されていることを「喜ばしい」と評したり、[*36] など主張はさまざまであった。

これらの「演劇改良」の声はこの時期より少し前に日本本土で起こった「演劇改良運動」と似ている。明治四二年の記事を見ると、「諸君は俗演劇と演劇との区別を明らかにして貰ひ度い」[*37] と報じられたり、伊波月城らに脚本を書かせて、新たな劇場を建ててそこでその作品を上演するという動き[*38]が報じられたり、歌劇や琉球史劇をオペラ化して上演することが提案[*39]されたりしている。

そのような中で、組踊に対して好意的ともとれる意見が見られるようになる。明治四二（一九〇九）年一一月に寄せられた「駱香」による劇評には、

> 沖縄固有の劇として見るべきものは組踊である。是れは①永く劇界保存して随分他に誇る足るものと思ふ。古人の名作として知られて居るのは銘苅子、二童敵討、執心鐘入、女物狂、孝行の巻（以上五番と称す）、義臣物語、万歳敵討、大城崩（以上三番と称す）、忠孝婦人、花売の縁、雪払ひ、姉妹敵討、巡見之官、八重瀬等である。②比等は今後とても中幕ものとして出すか、或は他府県から貴賓でも見へた時の御馳走とするには最も適当であらう。併し近頃は芝居の出しものも段々変遷して、内地で所謂新演劇の脚本を煮へきらぬ台詞でやる様だが、これが多数の見物人の気に投ずるなら商売上致方はない。ヌエの様な演劇もよからうが中幕位ひに、固有の高尚にして優美なるものを挟むのは決して人気を損することもあるまい。[*40]
>
> （傍線筆者）

この評では、傍線部①のように「沖縄固有の劇」である組踊を劇界において保存すべきものであると主張し、傍線部②のように既存の興行において、中幕（当時の芝居小屋の演目はおおよそ三作品の上演で、初幕・中幕・大喜利の順となっていた）に組踊を毎回演じることは、芝居人気を損なうものではなく、また県外からの貴賓への上演にも適当であるとしている。さらにこの劇評の数日後に寄せられた「椋太郎」による劇評では、このような組踊を「改良」して演ずることに対して批判している。

沖縄座で演じて居る忠孝婦人等は、新派からんとして、山路を出したり城を出したりしてをるが、旧劇は旧劇として保存して置く方がよい。旧劇を持つて来て新派に接近せしめやうとするのはよくない事である。旧派には旧派の特長があり新派には新派の特長がある、各其の特長を発揮せしめる方がよい。[*41]

組踊における琉球王国時代からの大道具の演出は基本的に背景幕のみで、家屋を表現する大道具も「花売の縁」における「芦屋」（能の作り物である「芦囲イノ小屋」のように貧家を表す小屋）程度のものである。組踊に多くにみられる古琉球期（おもに三山時代）を扱った作品では戦いや城内の場面が多く描かれているが、それらに対して大道具での表現はされない。この評では沖縄座の組踊上演において、本来組踊では用いない大道具を出して演じていたことがわかる。明治四〇年、沖縄座は組踊を盛んに演じるようになるが、この時期には先の「演劇改良運動」に押されてか、もしくは一座としてそれを意識してか、組踊を改良して新派に近づけた上演が行われていたと考えられる。このように新派に傾倒していく組踊もあるが、しかし重要なのはここで語られる「旧劇は旧劇として保存して置く方がよい」という一文である。組踊を「旧劇」と評し、先の「駱香」評のように「保存」することが提唱されているのである。

太田や伊波らが明治四〇年に組踊についてその「高尚さ」を述べた影響は、当時文学青年であった仲吉良光にも影響を与えた。明治四二年一一月には『沖縄毎日新聞』に「『人形の家』と『銘苅子』」が掲載される。この連載[*42]において仲吉は「イプセンの有名な戯曲人形の家を読んで、人〻の評などを見たりする内、私は思はず銘苅子を思ひ浮べた」と述べ、結局劇の内容としては「夫と子供を残して逃げて行く。此点だ、婦人の家出と云ふ点丈が似てゐる」としたものの、連載ではヘンリック・イプセンの社会劇「人形の家」における主人公ノラの家出を、「女性の自立」と解釈し、これを組踊「銘苅子」の天女の昇天と重ねて論じている。もちろん、この解釈は到底妥当であるとは言いがたいが、同時代におけるリアリズムを追求した近代劇の代表作に、琉球国時代に創作された演劇作品を同等に挙げて比較している点は、組踊の「高尚さ」を意識しての論述であると考えざるを得ない。

そしてこのような仲吉の劇評を受けてか、翌年（明治四三年）の正月に開場した明治座にて開場記念公演として「銘苅子」が上演された。そしてその劇評には、銘苅子。これは白鳥□女式の伝説を詩化したもので沖縄のワグネルとも称す可き玉城朝薫大人が謡曲の羽衣を参考して御作りになつた劇詩で所謂五組の一つである。五組の中でも出来がよくつて言葉などは洗練して使用され、格調もよく、音楽にもよく調和してゐる。〔中略〕銘苅子の如き楽劇は目を歓ばしむると同時に人耳を歓ばしめる。殊に沖縄殊有の音楽の如きは一種の特長を備へてゐる。情欲海のドン底に沈没せんとする吾人青年の、野生のまゝなる、熱烈にして石の火の如き感情を柔らげ、之れを浄化して呉れるものはこの音楽でなくてはならぬ。〔中略〕独乙の詩人ワグネルは劇と音楽とを結婚させた結果、シエキスピヤ以上のことをやつた、即ち歌劇なるものはこれで、この歌劇は民衆の心に大影響を与へたと見へて、彼の作のあるものは興行を停止された。これ即ち目を歓ばしむと同時に、その耳にも快感を与へたからである。われ等も小なるワグネルを有することを誇りとする。玉城朝薫はわれ等が誇りとするワグネルである。[*43]

引用が少々長くなったが、この劇評では組踊「銘苅子」を高く評価し、その劇と音楽は「歌劇」と同一視され、それを創作した朝薫を「ワグネル」と評している。そしてこの明治座の「銘苅子」は、期待をしていなかったという伊波月城も、結果として「吾輩の心持かは知れないが、球陽座時代よりも役者が非常に真面目に演つてゐるのは、劇界の為めに悦ぶ可き事であると云はざるを得ないのである」[44]と好評価をしている。

　そしてこのような劇評が続いた後、組踊に対して新たな呼称が新聞に見られるようになる。同じく明治座の「銘苅子」に対しての劇評であるが、劇評を寄せた「羊公」は、伊波普猷と同行して観劇をしたようである。そして「当時琉球政府には踊奉行があつて、劇は国劇にあつてゐた。その俳優は上流の武士中から役柄相当の顔附を選抜して王城内で国劇をやる。支那から冊封使渡来の時は必ずこれを見せたもので、明治になるまで此の国劇は続いてゐた」[45]と組踊に対して「国劇」という呼称を用いている。そしてこの呼称はその四日後の仲吉良光の劇評においても「玉城が初めて組踊に云《ママ》ふものを仕組んで見せた当時の人々の感想は如何なであ《ママ》つたらう。夫れから続々作者も出て模倣するやうになり、誇つて国劇にして冊封使等に見せたり」[46]と組踊を「国劇」として冊封使に供したと紹介している。

　このように新聞記事に「国劇」という呼称が用いられ始めた背景には、やはり伊波普猷が関係していると目される。「国劇」と評した「羊公」の劇評では「同行した伊波文学士（沖縄県人）の話」[47]としている。このことから伊波がおそらく県外人である「羊公」を案内して「銘苅子」を解説付きで観劇していることが想像できる。伊波は組踊を県外者に紹介するときに「国劇」という表現を用いたのである。

　では「国劇」はこのとき伊波が初めて用いたのであろうか。実はこれより前、「組踊」＝「国劇」という概念は、伊波普猷が明治三九（一九〇六）年に発表した「琉球国劇談」[48]において展開されているのである。この論考で伊波は組踊を「国劇」と称し、日本の「演劇改良運動」になぞらえる形で、一七一九年の組踊誕生時を語っているのである。したがって組踊における一連の「高尚さ」を訴える状況は、明治三九（一九〇六）年の伊波の「琉球国劇談」に始まり、明治四〇（一九〇七）年の沖縄座における組踊上演、同年の組踊の詞章の新聞掲載、そして明治四二（一九〇九）年になって組踊の「固有劇」としての保存が訴えられ、組踊の作者である玉城朝薫をワーグナーと比し、朝薫作の「銘苅子」がワーグナーやイプセンの戯曲と比べられ、同時代における「高尚」な演劇としての地位を見いだされていくのである。

　このような組踊へのまなざしは、大正時代になるとさらに具体的になっていく。新聞には、大正の初め頃から組踊に対して「古劇」「琉球古劇」「古典劇」という名称が用いられ始める。[*49] そして、大正二（一九一三）年、六月二〇日の『沖縄毎日新聞』に「今回横山健堂氏の来県を機とし来る廿三、四日の両日中座に於て本社〔沖縄毎日新聞社〕主催なる観劇会を催すこととなりたり」と報じられ、同二五日に伊波普猷と金城紀光が横山健堂を連れてきたことが報じられている。またこの公演は、「古劇観劇会」と銘打って二日間上演されたのである。この様子は『沖縄毎日新聞』七月二〇日に「黒頭巾『琉球たより』」と言うタイトルで紹介される。そこには「此の夕〔六月二三日〕、『沖縄毎日』社、主催して、吾輩の為め、観劇会を中座に開き、特に、琉球旧劇を演ず。夜八時に始まり、十二時半に終る。興味津々、剋（ママ）の移るを覚えず」と記される。横山には組踊の詞章は難しかったらしく、組踊の観劇については「琉球文学に聾唖なる吾輩をして、途方に暮れしむるなり〔中略〕併せて、白衣仙容が終始、吾輩の為に、劇の説明及び通釈の労を執りし事を感謝す」と記され、白衣仙容（金城紀光）が横山へ組踊の解説を行っていたことがわかる。

横山が観覧したこの沖縄毎日新聞主催の観劇会のきっかけは不明だが、おそらく横山の来県に合わせて行われたと思われる。しかし、沖縄毎日新聞社はその開催趣旨を「本県古代劇の保存の主意に因る」[*50]という言葉で表現していることが重要であろう。この上演はこの後に生まれる「古劇保存」のための運動の狼煙のような役割を果たしたと考えられる。

この「古劇保存」運動は誰をして始められたのかが不明であるが、後述する「沖縄演劇協会」の流れから、伊波普猷や太田朝敷などといった知識人層がそのきっかけを作ったと考えられる。さらにその運動には当時の芝居役者たちも参加していることが重要である。[*51]

特筆すべきなのは、この運動に参加した球陽座が大正三（一九一四）年に行われた発展社同人大演劇会における稽古で「冠船劇に精通せる伊是名朝睦、大工廻朝儀両氏」[*52]と渡嘉敷守良による指導を受け、本格的に（つまりは王国時代の組踊を知る人物から習って）組踊を演じようとする意識が見て取れることである。そして同年の一二月には、「球陽座では試みとして琉球古劇を毎週演る事にした」と組踊を毎週上演することが報じられる。しかしながら、球陽座ではこの一二月以降、翌大正四（一九一五）年一月に「姉妹敵討」を上演したのを最後に、九月まで組踊の上演が報じられない。毎週演じることは、観客が見たい芸能が組踊以外にあったことや、興行収入的な問題（集客や経済的理由）などで難しかったのかもしれない。

大正五（一九一六）年になると、「古劇保存」を目的に、當間重慎・真境名安興・伊波普猷および中座・球陽座、二座の幹部で「沖縄演劇協会」が組織される。その内容は以下のようなものであった。

一、本会は沖縄演劇協会と称す
二、本会は演劇の改良古劇の保存を目的とす
三、本会に会長一名幹事四名を置く
四、本会の維持費は会費寄附及公演会の純益の一部を以て之れに充つ
五、本会は懸賞脚本を募集し或は協会にて選定したる脚本を公演せしむ
六、古劇は組踊及各種手踊を演ぜしむ
七、年三回以上公演会を開く[*53]

この「沖縄演劇協会」の設立に対して、期待を寄せている記事[*54]も掲載され、太田朝敷は「組踊執心鐘入」という論考を『琉球新報』紙上に掲載する。[*55] 本論は「執心鐘入」の作品を評価し、その改良について苦言を呈す内容で、「沖縄演劇協会」が設立時に掲げた「二、本会は演劇の改良古劇の保存を目的とす」と「六、古劇は組踊及各種手踊を演ぜしむ」の提言を評価しているのである（傍線筆者）。

この「沖縄演劇協会」の設立直後、中座は玉城盛重を招聘して「玉城盛重氏十八番之微行之巻菊川按司上演」とし、三月に組踊「微行之巻」を上演している。また、「沖縄演劇協会」とは別に、「古劇保存」を目的とした上演があった。四月に行われた「民報社古劇保存会」である。ここでは、玉城盛政・盛重兄弟が出演し「忠孝婦人」を上演した。玉城兄弟の「忠孝婦人」は、前述の組踊の「高尚さ」が多く語られた明治四二（一九〇九）年に上演された演目で、その際も多くの観客を動員し、また唸らせた演目である。その後も大正五（一九一六）年は中座で玉城兄弟出演による「束辺名夜討」が上演されるが、九月には中座・球陽座、また「沖縄演劇協会」による組踊上演の記事が見られなくなる。「古劇保存」が叫ばれ、俄に組踊上演が見られるようになるが、組踊の継続した上演は叶わないのである。

そして大正六（一九一七）年には「古劇保存」が順調に進んでいない状況が報じられる。

あはれ衰えた琉球芸術　此の頃本県の興行界も一変して演劇は全く連鎖劇本位になってしまつた。連鎖劇なるものは当地では昨年の七月、潮会が初めてやり出した〔中略〕看客の多くは皆此の従来の本県演劇よりも一層下劣な連鎖劇に集まつたのである、そこで従つて役者の芸は壮士芝居的になり、琉球古有の劇や踊は益々下手になつて二三の役者をのぞく外は組踊でも舞踊でも、どんな素人が見ても眉をひそめるやうなものばかりとなつた、此の琉球古有の劇や踊の型が崩れて、本業の役者でさえ好い加減に演り出して来たのは六七年からの事で、一時は古劇保存会などと云う会も出来た程であつたが、それも何時の間にか消滅してしまひ、近来になつては組踊執心鐘入などを立派に演じ得る役者共は殆んど無いと云はるゝまでに琉球古有の芸術は衰えた*56〔後略〕

記事ではこの近日に上演された中座の「執心鐘入」を引き合いに出して、立派に演じる役者がいないので見られたものではなかった、と嘆いている。重要なのはその前年に組織された「古劇保存会」が消滅した、と主張していることである。この記事の後「帝国館と潮会の連鎖劇で、活動熱が可成盛んになつて行きつゝあつたが、中座が又連鎖をやり出し、大正劇場には大活館と云ふのが出来て、愈々那覇に於ける興行物の凡てが活動写真で持切るやうになつた*57」と報じられ、連鎖劇や活動写真が人気であることがうかがえる。このことから、當間・真境名・伊波らが中心となって設立した「沖縄演劇協会」や「古劇保存」の運動は、新しい芸能である「連鎖劇」「活動写真」に人気を取られ、失敗に終わったと言えよう。

この後の沖縄演劇界の動きとして、女優の誕生や連鎖劇の人気、そして戦意高揚劇などが挙げられるが、組踊の上演はほとんど見られなくなり、昭和に入って日本民俗協会が主催し東京で開催された「琉球古典芸能大会」まで、組踊を保存・上演する動きは下火であると言わざるを得ない。

五　まとめ

琉球王国時代の士族達による儀礼の芸能という立場を持っていた「組踊」が、近代沖縄という新たな時代を迎え、まさに時代に翻弄されていく様子を、近代における「新聞」というメディアを通して見てきた。日本からやってくる新たな芸能と競争しながら、その立ち位置を次第に「古典」というポジションに合わせていくようにも感じられる。

新聞では、明治時代にすでに組踊の技芸を体現することが出来る役者が少なくなっていることが危惧され、組踊を上演したとしても、その技芸には良い評価が付くことがなかった。しかし、伊波普猷や太田朝敷といった知識人たちが「国劇」という観点から組踊を再評価させる環境を作り出した。新聞には「演劇改良運動」になぞらえて組踊を語り、最終的には「近代演劇の父」と呼ばれたイプセンの作品と、組踊の作品の本質が共通しているという論や、玉城朝薫を「沖縄のワグネル」と評し、さらに組踊をワーグナーの戯曲と同一視する評も生まれ、組踊に対して「高尚さ」を訴える、ある種、運動とも捉えられる状況が訪れた。これによって旧時代の演劇であった組踊には「国劇」という認識や、「古劇」「古典劇」という名称が与えられるに至るのである。

しかし、組踊を「古劇」「古典劇」と捉え、保存する運動は不成功に終わった。だが、運動としては不成功であったとしても、明治からのこの一連の動きを見るに、沖縄の民衆にとって、組踊は「古典」の演劇であるという共通認識は大正時代に確立された、と筆者は考える。

昭和一一（一九三六）年に日本民俗協会の主催で「琉球古典芸能大会」が東京の日本青年会で開催される。タイトルに既に「古典」と記されたこの発表会はＰＣＬによって録画された。これは研究の目的で収録（記録）されたものであることは明らかだが、その裏には王国時代の芸能、つまり本物の「古典」芸能が伝承、継承の危機にあるという研究者の考え方が透けて見えるのである。

この「琉球古典芸能大会」が催されるにあたって、沖縄側でも組踊や古典舞踊を「しっかりと」東京で演じなければならない、という意識が芽生えるようである。新聞では試演会が開かれ、その出来についても議論が交わされる。この時期には、組踊の「古典」という概念は微塵も揺らぐことはなくなっていることから、大正の「古劇保存」運動は失敗したが、組踊の「古典」概念を決定づける運動であったことは間違いないといえる。

当時の「新聞」というメディアでは、組踊が「古典」であることを議論するために、「演劇改良運動」という論点が用いられたが、本来であれば、琉球固有の文化として評価されることが妥当だったといえる。しかし、新聞は時代を映す鏡である。劇評では琉球・沖縄の独自性も語られたが、研究者の伊波普猷は、日本の演劇改良運動と同じという論を用い、ある種、「日琉同祖」の観点を匂わせながら組踊の発生を説き、「国劇」と称した。これからの時代は組踊に対して、「古典」という評価もさることながら、「琉球の独自性」を加味した論で語っていける環境であってほしい。

1――「仲毛演芸場の大繁盛」(『琉球新報』一八九九年一月一一日、三面)。なお、以下、新聞の引用については、旧字体は新字体に改め、適宜、句読点を施した。

2――『琉球新報』一九〇〇年一月一六日。

3――西浜万治社中による軽業興行(『琉球新報』一九〇〇年五月九日)。

4――「北清事件」「米西戦争」(『琉球新報』一九〇二年三月二三日)。

5――琉球では冊封や江戸立にさいして、宴などで琉球芸能(現在の琉球古典芸能)が供された。上演を担ったのは、いずれも琉球国の士族であり、士族たちは芸能が供される儀礼のために、日々、稽古を積んでいた。金武良章『御冠船夜話』(若夏社、一九八三年)などを参照されたい。

6――鈴木耕太『組踊の歴史と研究』榕樹書林、二〇二二年。

7――琉球政府編『沖縄県史 第十一巻資料編一 上杉県令関係日誌』(琉球政府、一九六五年、五七八頁)には「各間切各村ニ於テ遊劇興行之節其前日最寄警察本分署へ届出ツヘシ此旨布達候事」並びに「各間切各村ニ於テ遊劇興行之節ハ巡査ヲシテ出張厳密取締ヲ為サシムヘシ此旨相達候事」と興行の内容を警察に申請することに加え、その内容を巡査が確認(取り締まる)ことが記されている。

8――先行研究として近代の芸能上演史には以下がある。「琉球芸能史年表」(三隅治雄編『沖縄の芸能』邦楽と舞踊出版部、一九六九年)、沖縄県教育委員会編『沖縄県史6 文化2』(沖縄県、一九七五年)、「近代沖縄演劇略年表」(那覇市企画部市史編集室編『那覇市史 資料編 第二巻中の七 那覇の民俗』那覇市、一九七九年)、「近代沖縄演劇略年表」(池宮正治『沖縄芸能文学論』光文堂、一九八二年)、「沖縄芸能史略年表」(沖縄芸能大鑑編集委員会編『沖縄芸能大鑑』月刊沖縄社、一九八三年)、「新聞に見る明治期商業演劇における組踊」(沖縄県教育委員会『沖縄の組踊(I)』沖縄県、一九八六年)、「沖縄舞踊年表」(矢野輝雄『沖縄舞踊の歴史』築地書館、一九八八年)、「組踊歴」(真境名由康『真境名由康―人と作品

―』上巻・人物編、「真境名由康―人と作品―」刊行委員会、一九八七年）、「沖縄芸能史年表」（矢野輝雄『新訂増補　沖縄芸能史話』榕樹社、一九九三年）、「組踊関連年表」（矢野輝雄『組踊への招待』琉球新報社、二〇〇一年）、琉球・沖縄芸能史年表作成研究会編『琉球・沖縄芸能史年表（古琉球～近代編）』（財団法人国立劇場おきなわ運営財団、二〇一〇年）、「組踊関係年表《抄》」（鈴木耕太『組踊の歴史と研究』榕樹書林、二〇二二年）。

9――新演芸場は仲毛演芸場の跡地を利用して誕生したようである（『琉球新報』一九〇一年二月七日）。また、同記事によると新演芸場で最初に興行した人物は伊波興信という人物であった。

10――『琉球新報』（一九〇九年一二月二六日）に、「御待兼に成りましたる明治座こと、来る一月元旦の吉祥日をトして蓋を明けるつもりです」と若山南枝の広告が出る。しかしこれ以前の『沖縄毎日新聞』（一九〇九年一一月一八日）に「新劇場『新栄座』を見る」とあって、「目下新築中の端道の劇場」の内覧をした記事がみえる。この劇場の持ち主は新垣加那で、「幾千代も栄へ行く」という「栄」字に劇場主の新垣の「新」字を用いて名付けたようである。記事では「球陽座の座主に賃貸をなす約定」とあるが、結果的に若山南枝の立ち上げた「明治座」と賃貸契約したものと考えられる。この「明治座」の興行で「新栄座」は「明治座」と通称されるようになったと考えられる。「明治座」と契約したことでどうやら劇場名が変更されたようである。『沖縄毎日新聞』（一九〇九年一一月二〇日）には、「新劇場は明治座と命名するさうだ（中略）今日の記事にある新栄座としてあるは、工場の人が仮名したもんであるから訂正をして呉れ、と云ふ」とあり新栄座の名は仮称であるという記事も出るが、開場の時にはすでに「明治座」に落ちついたようである。一九一一年七月には「明治座」の名称で芝居小屋の借り手を求める広告が、持ち主の新垣加那名義で出されている。

11――西村捨三『御祭草紙』大林帳簿製造所、一九〇八年、四九～五〇頁。

12――金武良章『御冠船夜話』若夏社、一九八三年、二八～二九頁。

13――この公演については、池宮正治が沖縄芝居の観点で「沖縄芝居参上――明治二六年京阪・名古屋公演」（『琉球芸能総論』笠間書院、二〇一五年）に詳細を、鈴木『組踊の歴史と研究』（注6前掲書、八一～八五頁）が組踊の観点で詳細を述べている。

14――「首里の演芸を見る　垣花山人」（『琉球新報』一九〇〇年四月一七日、三面）。「垣花山人」は明治期に県立中学校に剣劇教師として在籍していた木下寿徳である。

15――「端道の芝居」（『琉球新報』一九〇二年一二月三日、三面）。

16――沖縄における日清・日露戦争については又吉盛清『日露戦争百年　沖縄人と中国の戦場』（同時代社、二〇〇五年）を参照した。とくに第一章「沖縄人・兵士・植民地」では徴兵令施行から日清戦争までの状況が詳しく述べられている。

17――もともと「正劇」は川上音二郎一座が「オセロ」を翻案した際（明治三四年頃）に用いたが、この頃の沖縄では新派劇や後の新劇となる作品に対しても用いていたようである。川上の正劇上演については水野義一「川上音二郎とシェイクスピア」（『英学史研究』第三号、日本英学史研究学会、一九七一年）に詳しい。

18――川上音二郎（一八六四～一九一一）が中心となって興行していた一座。川上は演劇改良運動を実現した人物。渡米巡業後の明治三六（一九〇三）年、「オセロ」を西欧のドラマの意から「正劇」と銘打ち明治座で上演し、演技・演出面で新しい勢力を見せる。その後も「ヴェニスの商人」「ハムレット」「江戸城明渡」など主として翻案劇を明治三九（一九〇六）年までに上演。正劇運動を続け、興行的にも大いに成功した。

19――明治二九（一八九六）年、角藤定憲一座から分かれた岩尾慶三郎・小織敬一郎が、九月に道頓堀の角座で「成美団」と称して旗揚げ。「秘密函」「死美人」「地獄の裁判」「俠芸者」など多数の人気作品を上演。後に朝日座に移るが関西で新派劇の隆盛に貢献した劇団である。

20――沖縄座広告（『琉球新報』一九〇七年二月一三日、三面）。

21――鈴木「組踊関連年表《抄》」（注6前掲書）参照。

22――一七一九年に初演された玉城朝薫作の「護佐丸敵討」「執心鐘入」「女物狂」「銘苅子」「孝行の巻」の五作品のこと。

23――注21に同じ。

24――真栄田勝朗『琉球芝居物語』青磁社、一九八一年、一〇九頁。

25――二〇〇〇年に行われた九州・沖縄サミットでは七月二二日の歓迎レセプションがホテル日航グランドキャッスルで行われ、琉球芸能が上演された（『九州・沖縄サミット首脳会合 沖縄開催記念誌』沖縄県サミット推進県民会議発行、二〇〇一年）。さらに森喜朗総理主催の社交夕食会が開かれた首里城では、各国首脳たちが琉球芸能を観覧した（「金口木舌」『琉球新報』二〇一八年七月六日）。

26――ドイツ人の法学博士・文学博士。当時長崎高等商業学校にて教授している。四月二九日『琉球新報』には「二三年前に本県を訪問したるありとのことにて沖縄の人種土俗等に関して趣味深く先般独乙国ライプチヒにて琉球に関する一千頁有余の書を著せし」とある。この人物の詳細は不明。

27――横山健堂。黒頭巾。この時六月一六日に沖縄入りし、七月七日に那覇を発っている。その間、伊波普猷の家の客間を書斎にあて、沖縄の名士達と交流し、首里・那覇をめぐっている。その様子が明治三六（一九〇三）年六月一九日・七月四〜六日、一九〜二二日の『沖縄毎日新聞』に連載された「琉球たより」に著される。

28――第二尚氏最後の国王であった尚泰の五男。後に玉城御殿の養子となり、もともとの姓・名をそのまま名として「玉城尚秀」と名乗った。

29——那覇出身の画家・彫刻家（一八八五〜一九七七）。本名は渡嘉敷兼慎。東京美術学校にて彫刻を学ぶ。一九五七年、自身の代表作である平和祈念像の製作に取りかかり、没後の一九七八年に完成、糸満市の平和記念堂に安置されている。

30——侯爵。第二尚氏最後の国王であった尚泰の嫡孫（一八八八〜一九二三）。父は最後の中城王子で後の侯爵である尚典。尚昌は小笠原忠忱の次女、百子と結婚。こののち大正九（一九二〇）年に尚典が薨去すると、侯爵を襲爵し、貴族院侯爵議員に就任した。

31——当時の第七高等学校造士館の教授。大正五（一九一六）年八月六日と七日に琉球新報社の「通俗講演会」で登壇している。雑誌『沖縄教育』にも数回寄稿している。

32——当時の西本願寺全法主。大谷光瑞。講演会のために来県。

33——新聞では「菅原牧師」とあるが、この菅原は明治四三（一九一〇）年に本願寺の本山から任命されて沖縄で布教活動を行った鹿児島出身の菅深明のことである。菅深明は那覇上ノ倉に家を借り布教活動を開始したが、明治四四（一九一一）年には説教所を那覇松下町に移転、内地の寄留商人や官吏を対象に布教したようである。その後、那覇市松山町の本堂庫裏の建設に着手し、これは大正七（一九一八）年に完成し、大典寺と名付けた。このとき本山より大谷光瑞門主（大谷尊由）を迎え入仏・落慶法要を修した。組踊上演はこの法要の際にやってきた大谷に対して行われたものと考えられる。陪席の小牧・太原・南崎の詳細は不明だが、おそらく西本願寺関係者かと思われる。沖縄における浄土真宗の歴史（概説）は、名和清隆「沖縄における浄土真宗本願寺派の開教」（『教化研究』第一七号、浄土宗総合研究所、二〇〇六年）による。

34——「演劇改善の企画」と題した記事に、「昨今、世の有志家風月楼主人等発企となりて、一の模範的劇場を建設する計画ある由なるが、吾人は大なる同情を以て、其成立を祈るものなり。演劇の改良を計るには、先づ、社会の各階級に至る人々の趣味に適合すべき劇場を建設し、教育あり技芸ある役者を聘して、高尚にして而も面白き劇を演ぜしむる事なり」と主張されている（『沖縄毎日新聞』一九〇九年四月一一日）。

35——「沖縄座を見る」（太郎冠者）（『琉球新報』一九〇九年七月一三日）。
36——「好劇生」による劇評（『琉球新報』一九〇九年八月二六日）。
37——「蝶眉子」による劇評（『沖縄毎日新聞』一九〇九年九月二三日）。
38——「ｓｈ生」による劇評（『琉球新報』一九〇九年九月二七日）。
39——「オペラ生」による劇評（『沖縄毎日新聞』一九〇九年一〇月一五日）。
40——「駱香」による劇評（『琉球新報』一九〇九年一一月一二日）。
41——「椋太郎」による劇評（『沖縄毎日新聞』一九〇九年一一月二〇日）。
42——『沖縄毎日新聞』一九〇九年一一月三〇日～一二月四日まで計四回に亘って連載された。
43——明治座の劇評であるが、寄稿者は不詳（『沖縄毎日新聞』一九一〇年一月六日）。
44——伊波月城「心境録」（『沖縄毎日新聞』一九一〇年一月一一日）。
45——「羊公」による劇評（『沖縄毎日新聞』一九一〇年六月四日）。
46——仲吉良光「組踊花売之縁に於ける新味」（『琉球新報』一九一〇年六月八日）。
47——注45に同じ。
48——「伊波氏の琉球国劇談」（『琉球新報』一九〇六年一二月三日掲載）。その後、一九四二年に改稿。『伊波普猷全集』第一巻に「琉球の国劇」として収録。
49——「古劇」という名称が一番早く、大正二（一九一三）年には組踊上演を「古劇観劇会」の名称で開催する。

他には「琉球古劇」という名称が、大正三（一九一四）年一二月の劇評に「球陽座では試みとして琉球古劇を毎週演る事にした」と出る。大正五（一九一六）年四月には「古典劇」の名称が用いられる。

50――「明日の観劇会」（『沖縄毎日新聞』一九一三年六月二一日、三面）。

51――当時の中座（伊良波尹吉・新垣松含・平良良仁・真境名安規・吉元其康ら）を中心に、球陽座（球陽劇団。大正二（一九一三）年一二月にこれまで首里朝日座で興行していた渡嘉敷守良・守礼・安慶田賢明・仲井真盛良・鉢嶺喜次・真境名由康・豊平良猷らが沖縄座に戻り、改名）もこの運動に参加した。

52――発展社同人大演劇会広告（『琉球新報』一九一四年三月一三日、三面）。伊是名朝睦は元琉球士族、大工廻朝儀も元琉球士族で、両氏は王家と親戚関係にある人物である。

53――「沖縄演劇協会設立」（『琉球新報』一九一六年三月一三日、二面）。

54――「堕落より光明へ」（『琉球新報』一九一六年三月一四日、三面）、金城紀光「演劇協会へ希望す」（『琉球新報』一九一六三月一七日、二面）。

55――太田朝敷「組踊執心鐘入」（『琉球新報』一九一六年三月一五日）。本論考は、伊波普猷『琉球戯曲集』（春陽堂、一九二九年）に収載され、そこから『太田朝敷選集』下巻（第一書房、一九九六年）にも転載されている。『太田朝敷選集』では本論考の初出を『琉球戯曲集』としているが、正しくは前述の『琉球新報』である。

56――「組踊と舞踊」（『琉球新報』一九一七年七月三〇日、三面）。

57――「此頃の活動熱」（『琉球新報』一九一七年八月二六日、三面）。

コラム⑥　新垣芳子　はじめて沖縄で各種メディアに取り上げられた舞踊家

◉鈴木耕太

舞踊家・新垣芳子は新垣松含（一八八〇〜一九三七）の長女として一九一五（大正四）年に那覇で生まれた。幼少のころから父の松含に師事して琉球舞踊・組踊を習う。当時の沖縄芸能界は、まだまだ男性優位の状況で、女性舞踊家が舞台に立つことはほとんど見られない状況であった。そのような状況であっても芳子は一九三四（昭和九）年に沖縄県知事官舎に招かれ、伏見大将官へ琉球舞踊を披露するなど、琉球舞踊家として経験を積んでいく。

そのような彼女の最大の転機となるのは本書第六章でも触れた折口信夫の招聘で東京・日本青年会館にて行われた「琉球古典芸能大会」に父の松含とともに出演したことだった。このとき芳子は組踊と舞踊に出演するが、その中でも彼女が披露した鳩間節に人気が集中したのであった。「琉球古典芸能大会」を振り返った座談会では、民俗研究者の北野博美が「名護愛子と新垣芳子が出ると、カメラが全部此の二人に向けられて外へはちつとも向けないんです」と人気振りに言及するほどであった。このときＰＣＬが記録録画した映像にも「鳩間節」が収められており（残念ながら芳子の名前はない）、他の舞踊に比べて画角がクローズアップして撮られているため、その所作や表情などをしっかり確認することができる。

この公演で芳子は一躍有名となり、以降、「芳子の鳩間節」「南国の舞姫新垣芳子」（『沖縄日報』）などと呼ばれるほどの人気を博す。そして芳子の舞踊を撮影した絵はがきが一九三七年に開催されたパリ万国博覧会（万国舞踊博覧会とも記載）に陳列されることとなる。さらに一九三九年五月には武田長衛商店の映画部によって、新垣芳子と妹の澄子の舞踊が「二

三、四種」撮影され、後に那覇をはじめ、日本全国で上演されることが『沖縄日報』で報じられる。

同年六月には日劇の「琉球レビュウ」のために、主演の葉村みき子らが沖縄にやってくる。その際に琉球舞踊を教えるなどの活躍をするが、一九四〇（昭和一五）年三月一日、病気（腸カタル）にて急逝。享年二五歳だった。

芳子は『沖縄毎日新聞』の企画「銃後を護る職業婦人の座談会」（一九三九年一月一日）には「鳩芳会（舞踊家）」の肩書きで参加している。父・松含は東京公演の翌年に死去しており、その後、父の芸を継いだ若き舞踊家として注目され、多くのメディアに取り上げられた。彼女の中に今後の琉球芸能界を背負っていく覚悟が生まれていたと感じずにはいられない。

上：絵葉書にもなった新垣芳子の舞踊写真（近代沖縄の写真家・翠宮城昇の「昇スタヂオ」での撮影）

下：新垣芳子のブロマイド

琉球大学附属図書館所蔵『[琉球舞踊写真解説]』その他 OT018（https://shimuchi.lib.u-ryukyu.ac.jp/collection/other/ot01801）

第7章 『女学生の友』が醸成した「沖縄」観と功罪

一九五〇～七二年の少年少女雑誌

◉齋木喜美子

一　はじめに――研究の背景

本章では大人を対象としたメディアではなく、子ども向けに発信されていたメディアに着目している。とりわけ戦後に多くの子どもたちを魅了していた本土発行の児童雑誌に焦点をあて、そのなかで「沖縄」がどのように取り扱われていたか、雑誌によってどのような「沖縄」観が醸成されていたかを探っていきたい。また同時に、作り手側の「沖縄」への思いやその功罪を明らかにしていこうと考えている。対象とする時期は、一九五〇年から沖縄の施政権返還の年の一九七二年までを想定している。本章を進めるにあたって、まず戦後の児童雑誌の動向と研究の背景、この時期の児童雑誌に着目した理由について簡単に触れておく。

一九三一年の満州事変以降、日本は約一五年間という長きにわたって戦争期にあった。だが周知の通り、第二次世界大戦敗戦後は、自由・平和・民主主義という新しい価値観のもとで、国家の再生を図ることになった。児童文学の分野も同様で、この価値観の転換は大きな節目になっている。まず自由で芸術的な児童文学の創造を目標に掲げた日本児童文学者協会が発足し、児童雑誌の刊行を手始めに創作活動がスタートした。当時の代表的な児童雑誌には、『赤とんぼ』（実業之日本社、一九四六年四月創刊）、『子供の広場』（新世界社、一九四六年四月創刊）、『銀河』（新潮社、一九四六年一〇月創刊）等があり、その芸術性や社会的意識の高さから、これらはのちに「良心的」児童雑誌と称されるようになった。やがて一九五〇年前後を境に、一〇代前半から後半までの少年少女を対象にした雑誌が台頭し始めると、戦前からあった学年別学習雑誌と共にこうした雑誌が多くの読者を獲得するようになっていった。だが娯楽的読み物や漫画などが中心だった大衆児童雑誌の類は、純児童文学に関わる児童文学者からは、悪書として評価されがちであった〔根本 二〇〇五：六二〇〕[*1]。そのためか内容については長い間十分な検討がなされず、「時代の徒花」として扱われてきた経緯があった。

しかし一九五九年、佐藤忠男が「少年の理想主義について――『少年倶楽部』の再評価」（『思想の科学』第四次(3)、中央公論社）という評論を発表したのを機に、大衆児童文学に対する評価は大きく揺さぶられたといってよい。芸術的児童文学やプロレタリア児童文学だけでなく、大衆的児童文学、とりわけ雑誌の系譜にも目が向けられるようになったからである。近年では研究の多様化も進み、児童文学史研究のみならず、メディアや人権・ジェンダー、多文化共生の研究等、さまざまな視点から雑誌は重要な研究対象として注目されるようになってきている。また雑誌をその時代の歴史的ドキュメントとしてとらえるならば、多くの少年少女たちが進んで読みふけっていたこうした雑誌には、単に彼らが通俗的、娯楽的な要素に惹かれたというだけでは済まされない要素があったといえるのではないだろうか。間接的教育媒体として、当時の読者の思想形成に何らかの影響を与えた可能性も否定できない。しかも少年少女雑誌の隆盛期、転換期はちょうど沖縄の米国統治期に重なっている。にもかかわらずこの間に、沖縄の話題が雑誌でどのように取り上げられて読者に手渡されていたか、その背後にどういった「沖縄」観が織り込まれ浸透していたかを検討した先行研究はない。

そこで本章では、米国統治期の雑誌メディア、なかでも多くの少年少女たちに支持され、沖縄の話題が頻繁に掲載されていた『女学生の友』（小学館、一九五〇年四月創刊）を取り上げ、雑誌にあらわれた「沖縄」観を探り、当時の沖縄の歴史的・社会的背景に位置づけつつ読み解いていくこととしたい。

二　戦後の少年少女雑誌に登場した「沖縄」

筆者はまず児童雑誌の実態をとらえるべく、戦後から一九七二年頃をめどに国立国会図書館および国際子ども図書館の提供するデータベースで、沖縄を取り扱った作品・記事を調査した。その結果、小学館（集英社）[*2]や学習研究社などの大手出版社が刊行していた学年別雑誌に、沖縄関連の記事や物語、漫画などを複数見出すことができた。作品・記事の詳細は、表①に示した通りである。これらを内容別に見てみると、以下の三つに分類することができる。

①「ひめゆり」や「対馬丸」に代表される沖縄戦関連の物語
②沖縄出身の文学者の詩やエッセイ

③米国統治期における沖縄の現状と課題について報じた記事

①に関しては、筆者編の近著〔齋木 二〇二二・二〇二三〕で「ひめゆり」物語について一部考察しているので、参照されたい。このジャンルでは、沖縄戦を題材にした作品として「ひめゆり」学徒隊の物語が突出していて、単行本も合わせると現在までに六〇タイトルもの作品が確認できる。うち一三タイトルが一九七二年までの雑誌に掲載された作品で、それ以降は単行本にとってかわっている。なぜ七二年以降、雑誌掲載作品がないのか。このことは当時の雑誌をめぐる出版事情によってある程度説明できる。実は戦後の少年少女向け月刊雑誌の全盛期は長くは続かず、次第に陰りが見えてくる。代表的な事例をいくつかあげておくと、明治四〇年代から存続し女学生に絶大な人気を誇っていた『少女の友』（実業之日本社）は、一九五五年に終刊。同じく、大正期創刊以来出版界を席巻していた講談社の『少女倶楽部』『少年倶楽部』は、一九四六年に『少女クラブ』『少年クラブ』と改題して存続するも、一九六二年にはそれぞれ『週刊少女フレンド』『週刊少年マガジン』に転換して終焉を迎える。[*3] 少年少女向けの読み物を中心とした月刊雑誌は、次第に野球やプロレスといったスポーツ、宝塚や映画スターの情報、漫画などにその座を譲り渡し、週刊誌となっていった。また雑誌掲載の長編読物でのちに単行本化された作品もあるが、その中に沖縄戦関連の作品はない。したがって、長編読物は一九五〇年に終刊した『令女界』（宝文館）のみで、あとはすべて七〇年代以降も存続していた学年別雑誌への短編読物か漫画作品になるのである。

35	私たちは日本人、でもなぜこんな差別があるの！	島尻明美（准看護学院生）	小学館	1966.8	ルポルタージュ	『女学生の友』17（6）沖縄から本土留学に来た准看護婦の日記
36	血にそまったひめゆり	中岡俊哉／伊勢田邦彦	講談社	1966.9	短編物語	『週刊少女フレンド』4（36）（通刊189）終戦特集③
37	修学旅行でまぶたの母に再会した沖縄少年	長浜宗秀（高3）	小学館	1966.1	ルポルタージュ	『女学生の友』17（9）特別記事
38	ベトナムに散った沖縄少年・土池一等兵	石川文洋（琉球新報）・写真	小学館	1966.11	ルポルタージュ	『女学生の友』17（10）独占特報
39	悲しみの島 沖縄は訴える！	戸辺雄一郎（写真）	小学館	1967.1	グラビア	『女学生の友』17（12）＊沖縄特集
40	沖縄にうずまく怒りと悲しみの声	増井昌弘（本誌記者）	小学館	1967.1	ルポルタージュ	『女学生の友』17（12）特別ルポ
41	基地の島沖縄／その悲劇	富永洋子、田中康次、佐渡山やす子、佐久川純子、屋良朝顕、嶺井圭子、伊礼和子（13～18歳の少年少女）	小学館	1967.1	ルポルタージュ	『女学生の友』17（12）「基地さえなければ…」基地による被害に苦しむ沖縄の人は叫ぶ。
42	祖国復帰／その切実な叫び	新垣喜代子、玉那覇康一郎、山城明美、高良元、又吉敬栄、津波古允紀（高校生）	小学館	1967.1	ルポルタージュ	『女学生の友』17（12）「本土の人々はもう少し沖縄に関心を持ってほしい」沖縄の人は悲痛な声で訴える。
43	貧しい沖縄／そのきびしい現実	伊良部繁さん一家、奥浜裕彦（高2）	小学館	1967.1	ルポルタージュ	『女学生の友』17（12）五人家族で年収約十万円。沖縄のサトウキビ農家は、あまりにも貧しい。
44	ひめゆり南の島に散る	金城和彦	旺文社	1967.7	短編物語	『中三時代』19（4）特別記事
45	青春をひめゆり部隊にささげた母の戦記	津波古ひさ・充紀、長嶺藤子・朋子、本村つる・昌一、世嘉良利子・紀子	小学館	1967.8	座談会	『女学生の友』18（5）現地取材
46	“基地の島”・沖縄は泣いている！	峰谷紀生（本誌記者）	小学館	1968.8	ルポルタージュ	『女学生の友』19（6）天国にいったママを返して！ 米軍基地内で母を殺された幼い姉妹の悲しみと怒り…。
47	ある混血児とその母の悲しい願い	仲宗根末広（高2）	小学館	1968.8	ルポルタージュ	『女学生の友』19（6）沖縄には二千人もの混血児がいる。そこにこんな悲劇がある。
48	沖縄の高校生は訴える!!	我謝律子、古謝宏之、金城幸吉、山内春恵、上原マリ子、安慶田正春（高校生）	小学館	1968.8	ルポルタージュ	『女学生の友』19（6）＊高校生の寄稿
49	ああ！ ひめゆりの塔	鈴原研一郎	集英社	1968.1	漫画	『それいけ！ マリー』（マーガレット・コミックス）
50	私の願い 他府県の女学生のみなさんへ	屋良朝苗	小学館	1969.1	メッセージ	『女学生の友』19（12）
51	沖縄の悲劇を背負って走る混血少年	沢なおと（本誌特派員）	小学館	1969.8	ルポルタージュ	『女学生の友』20（5）青春の記録
52	かあさんも生きて、私も生きぬくわ…	記者名なし	小学館	1970.4	ルポルタージュ	『女学生の友』21（1）青春の記録 原爆症の母を憎み愛した沖縄少女の叫び
53	私はこの黒い膚を誇りに歌います！	記者名なし	小学館	1970.12	ルポルタージュ	『女学生の友』21（9）基地沖縄の宿命を背負って生きる混血歌手—清ルミの叫び
54	“ひめゆりの塔”はかなしく…	（フォーリーブスの沖縄訪問記）	集英社	1972.4	ルポルタージュ	『セブンティーン』（15）（通刊202）特別レポート
55	沖縄の青い海がかえってくる!!	記者名なし	集英社	1972.5	編集部インタビュー	『セブンティーン』（20）（通刊207）沖縄特集①
56	青潮に散った737の幼い命よ！	記者名なし	集英社	1972.5	編集部特集記事	『セブンティーン』（20）（通刊207）沖縄特集②

※「少年少女」の範囲を10代前半（学年別ではおおむね小学校5、6年生から高校3年生）とし、調査対象時期は1945～1972年とした。

表① 少年少女向けの雑誌に掲載された「沖縄」関連の作品・記事

	作品タイトル	文／絵	出版社	出版年月	ジャンル	備考（巻号、サブタイトルなど）
1	ひめゆりの塔	石野径一郎	宝文館	1949.9～12	長編物語	『令女界』27（9～12）＊4回連載
2	別れた友に	山之口貘	小学館	1951.1	詩	『中学生の友』28（7）
3	腕ずもう	山之口貘	小学館	1953.9	詩	『中学生の友』30（6）
4	オキナワのおともだち	小学館児童親善使節団	小学館	1954.11	ルポルタージュ	『女学生の友』5（8）小学館主催沖縄派遣児童親善使節団随行員手記
5	バク	山之口貘	小学館	1955.2	詩	『小学五年生』7（11）
6	学年末の反省	山之口貘	小学館	1955.3	詩	『中学生の友』31（12）
7	雷とおへそ	山之口貘	小学館	1955.7	詩	『小学五年生』8（5）
8	田園の復興	山之口貘	小学館	1955.10	詩	『中学生の友』32（8）
9	（無題）	山之口貘	小学館	1955.10	選評	『中学生活』1（1）
10	詩を求めるこころ	山之口貘	小学館	1955.11	エッセイ	『中学生活』1（2）詩の講座2
11	日本復帰を望む人々の住むふるさと沖縄を思う	山之口貘	小学館	1955.11	エッセイ	『女学生の友』6（8）
12	詩と生活―詩とは何か	山之口貘	小学館	1955.12	エッセイ	『中学生活』1（3）詩の講座3
13	生活と詩―私の若かったころから	山之口貘	小学館	1956.1	エッセイ	『中学生活』1（4）詩の講座4
14	生活を大切に―前回の私の詩から	山之口貘	小学館	1956.2	エッセイ	『中学生活』1（5）
15	よく見ることはよく知ることである	山之口貘	小学館	1956.3	エッセイ	『中学生活』1（6）詩の講座5（最終回）
16	はつゆめ	山之口貘	小学館	1956.1	詩	『小学六年生』8（11）
17	正月の朝	山之口貘	小学館	1956.1	詩	『小学五年生』8（11）
18	阿蘇の春	山之口貘	学習研究社	1956.4	詩	『五年の学習』11（1）
19	金魚	山之口貘	小学館	1956.7	詩	『中学生活』2（4）
20	桜並木	山之口貘	小学館	1957.4	詩	『中学生の友』3年 3（1）
21	みどりの五月	山之口貘	小学館	1957.5	詩	『小学五年生』10（2）
22	ひめゆり隊の最期	石野径一郎／笠木実	学習研究社	1958.8	短編物語	『中学一年コース』2（5）特別読み物
23	健児の魂よ永遠に	石野径一郎／岩井泰三	学習研究社	1958.8	短編物語	『中学二年コース』2（5）特別読み物
24	沖縄はわが故郷	山之口貘	小学館	1959.6	エッセイ	『女学生の友』10（3）
25	ひめゆりの花は散れど	河合三郎／斎藤寿夫	旺文社	1959.9	短編物語	『中学時代一年生』4（6）大戦実話
26	悲しみはみんなみの海深く	金城和彦／岩井泰三	学習研究社	1959.8	短編物語	『中学一年コース』3（5）終戦記念日によせて
27	守礼の門にはきょうも雨が……	園田てる子	小学館	1960.9	ルポルタージュ	『女学生の友』11（7）悲哀の島 沖縄特別ルポ
28	郵便屋さん	山之口貘	学習研究社	1963.6	詩	『6年の学習』18（3）
29	沖縄に命ささげた“ひめゆり部隊”	三浦清史／堂昌一	家の光協会	1964.12	短編物語	『こどもの光』1（5）ノンフィクション物語
30	カラー劇場 ひめゆりの塔	高野よしてる	小学館	1965.8	漫画（連載）	『小学六年生』18（5）「戦火編」
31	ひめゆりのねがい	古田足日／岩田浩昌	小学館	1965.8	短編物語	『小学三年生』20（5）
32	カラー劇場 ひめゆりの塔	高野よしてる／とびら絵・伊勢田邦彦	小学館	1965.9	漫画（連載）	『小学六年生』18（6）「死闘編」
33	カラー劇場 ひめゆりの塔	原作・石野径一郎／とびら絵・石原豪人 漫画・高野よしてる	小学館	1965.10	漫画（連載）	『小学六年生』18（7）「最終回／ぎょくさい編」
34	基地沖縄に住むわたしたちを忘れないで！	川満時子（中2）	小学館	1965.10	ルポルタージュ	『女学生の友』16（9）沖縄少女本土滞在日記

②に関しては五〇年代初頭から、山之口貘が小学館の学年別雑誌に掲載した作品が、ほとんどを占めている。当時、貘は新聞社や雑誌社を回って原稿を持ち込んだり、あるいは知り合いの新聞記者に仕事を紹介してもらったりしていたという[*4]〔山之口 一九七五・一九七六〕。長女・泉（ミミコ）が日本女子大学付属小学校に入学したのがちょうど一九五〇年で、貘のエッセイにはたびたび娘の学校の月謝を滞納していたという経済状態が率直に書かれている。学年別雑誌に頻繁に作品を寄せている時期との重なりから推して、当時の貘には原稿料で何とか娘の学費を工面せねばならない事情があったと思われる。新聞や雑誌にエッセイを発表する一方で、出版社巡りを日課としていた〔山川 一九七七：八四〕[*5]貘が、どのように小学館とのつながりを持つに至ったかは不明だが、当時の貘が小学館の学年別雑誌を活動の場としていたことは間違いない。[*6]

③に関しては、一瞥してわかるように一九六五年以降の『女学生の友』で、集中的に「沖縄」問題がルポルタージュとして掲載されている。それ以前は山之口貘の詩やエッセイといった文芸作品か、沖縄戦に関する短編読物だったので、この特徴は顕著である。しかもルポルタージュは当時の沖縄の社会を映し出した内容となるため、これらの記事がどういう思惑のもとで掲載されていたか、その結果読者にどのような「沖縄」観が形成されることになったかは重要であろう。では以下では、『女学生の友』の具体的な内容をみてみよう。

三　『女学生の友』に掲載された「沖縄」

1　小学館の理念と学年別学習雑誌の発展

まず『女学生の友』刊行に至るまでの経緯を、小学館社史をもとに確認しておく。小学館はその名の由来の通り小学校教育の充実のための学習雑誌社である。設立当初から学習記事に力を入れていて、東京高等師範学校、広島高等師範学校などの付属小学校訓導らを招聘して「学習指導研究会」を作り、その成果を雑誌に反映させていた。また基礎学力を養う学習記事だけでなく「教科書の内容を補充拡大し、具体的な生活経験と結ぶ中間補充記事を加え、さらに児童の生活に即した趣味娯楽記事をも加えた。しかも教科書にはない写真、さし絵、図解等色刷を使って多彩な変化をもたせ、児童の興味関心に訴え、たのしく読んで勉強の助けになるおもしろい雑誌にする」［小学館社史調査委員会　一九七五：三二］ことを編集方針としていた。

一九二二年、『小学六年生』『小学五年生』の二誌の発行から始まった学年別学習雑誌は徐々に発行部数を伸ばし、関東大震災による社屋全焼、他出版社による類似雑誌の相次ぐ創刊などの困難を乗り越えつつ成長をとげていく。[*7]太平洋戦争下の出版業界の苦境に際しては、時局に配慮して雑誌名を『小学○年生』から『国民○年生』（一〜三年生は『コクミン○年生』）と改題、さらに一九四二年には『良い子の友』(『コクミン一年生』の改題)、『少国民の友』(『こくみん三年生』の改題)、『青少年の友』(『国民六年生』の改題)、『日本少女』(『国民五年生』の改題)を相次いで創刊している。戦中は応召や徴用等で社員の退職者が増加し、空襲で多くの原稿や紙型《しけい》(活版印刷で原版の複製を作るために用いる紙製の鋳型)等は焼失したが、本社社屋の一角は焼失を免れた。

戦後はいち早く学年別学習雑誌の復刊準備に取りかかるとともに、翌年には「教育技術連盟」を結成して『教育技術』を創刊し、学校教育の復興を図っている。一九四九年、小学館は用紙事情の好転を機に学習雑誌の大増刷を断行し、学年別雑誌売り上げ率九〇パーセント以上を達成すると、他社に先駆けて新制中学に対応した『中学生の友』を創刊。『幼稚園』(戦中は『ツヨイコヨイコ』と改題)の復刊と合わせ、小学生だけでなく上下の学年や教員層にも読者層を拡大した。この年の雑誌発行部数は前年度の倍以上の一五五二万部にも達している。こうして戦後数年で大躍進を遂げた小学館が一九五〇年四月に創刊したのが、『女学生の友』(A5判、一四二頁、九〇円、三大付録付き)である。この『女学生の友』創刊によって、いよいよ小学館は未就学児から中学生男女誌、教員用雑誌まで幅広い読者層を網羅した出版体系を確立したのであった。

2　『女学生の友』はどのような雑誌だったか

当初『女学生の友』は読者層を中・高校生から小学生女子までと想定していて、男子向けに特化していた『中学生の友』とは差別化され、戦前の少女雑誌のスタイルを踏襲する形でスタートした。

長編小説には、当時少女たちに絶大な人気を誇っていた吉屋信子を筆頭に、西条八十や芹沢光治良、村岡花子らを揃え、絵は蕗谷虹児、初山滋、田中良、猪熊弦一郎、梁川剛一、小松崎茂といった人気作家が加わっているだけでなく、毎号のように外国映画や宝塚少女歌劇団のトップスターを紹介するなどお楽しみいっぱいの内容であった〔小学館総務局社史編纂室 二〇〇四：一四五～一四六〕。戦前の少女雑誌が投稿欄を通じて親密なコミュニティを作り上げていたように読者投稿欄も充実しており、「サロン tomo」は読者のお便りとT子（編集部）のやり取りが人気で、一九五〇年代半ば頃から女学生読者らの「学校」のような存在になってきている。

図①　『女学生の友』第5巻第8号（1954年11月号）附録（熊本県菊陽町図書館「少女雑誌コレクション」所蔵）

また多彩なジャンルの小説を中心に読者に勉強を意識させ、ファッションへの関心を誘う附録が工夫されていた〔田中 二〇二〇：三五〕。たとえば五巻七号（一九五四年一〇月）の広告を見てみると、附録は「中学生国語辞典」、翌月は「中学生漢和辞典」であった（図①）。しかも手のひらにすっぽりと収まる縦一五・三センチ、横一二・五センチの辞書には、二冊を収納するケースがついており、実用的というより愛くるしい玩具的要素も兼ね備えた作りになっている。また懸賞も創刊時一万人規模だったのが、この頃に

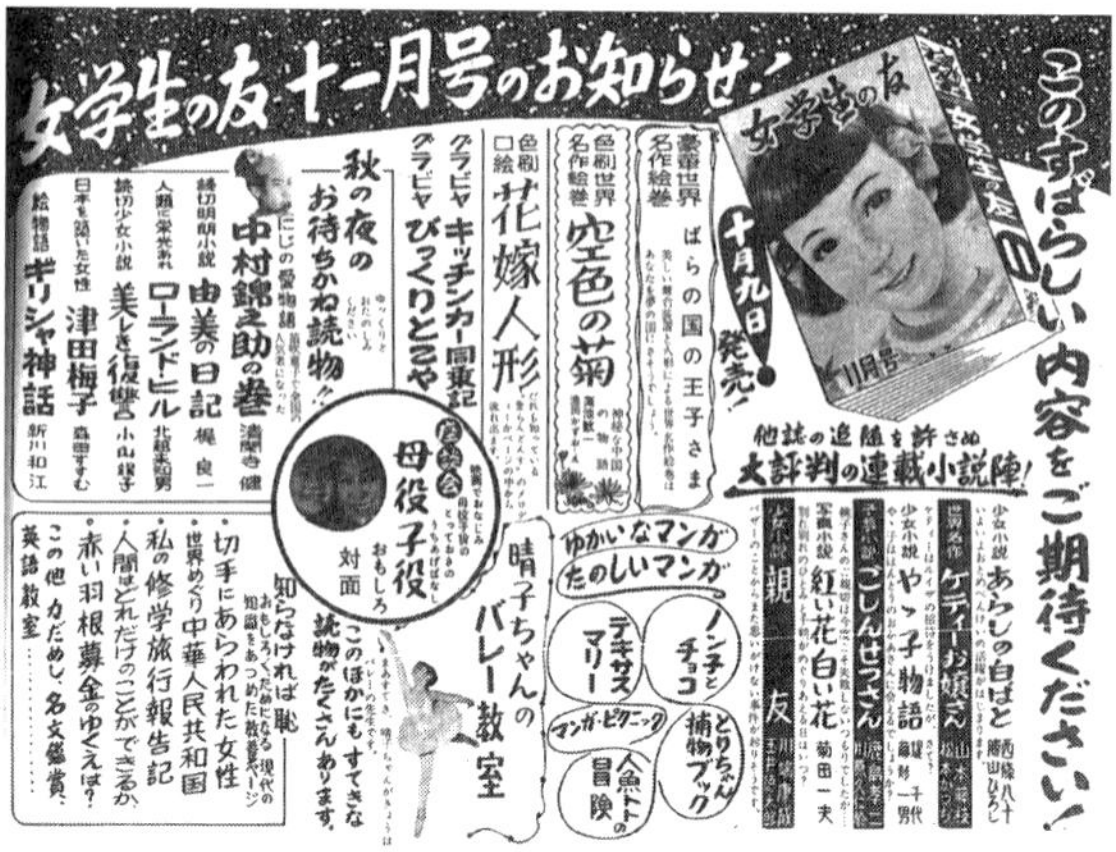

図②　『女学生の友』第5巻第7号（1954年10月号）目次

は「10万人当選大懸賞」となり、一〇、一一月号の二ヶ月続きの懸賞の一等にミシンとオルガンが登場するなど、豪華であった。「編集後記」には「現代の――一九五四年に生きる中学生とともに――これが女学生の友編集部の願いです。時事問題に、科学知識に、つねに私どもは心を配って……」と記され、誌面充実のために「ぜひいろいろのご意見をお寄せください」と呼び掛けている。「おもしろくてためになる現代の知識をあつめた教養ページ」には、「知らなければ恥」と銘打って世界の時事や力だめし、名文鑑賞、英語教室などが掲載され（図②）、学習面はかなり意識されていたことがわかる。一方、この年の一二月号附録は「女学生手芸ブック」と、松本かつぢによる「立体クリスマスカード」という具合で、少女好みのファッションや美しい小物にも気が配られていた。つまり『女学生の友』は、戦前の大日本雄弁会講談社が目指していた「おもしろくてためになる」というコンセプトにも通底する、読者参加型の教養娯楽雑誌であったことが読みとれるのである。[*8]

さらに五〇年代末には、創刊一〇〇号記念行事（一九五八年六月）として「ジュニア短編小説募集」と「ミス・女学生募集」が企画され、六〇年代に入ると「ジュニア」という表記がたびたび見られるようになってくる。今田絵里香は、この雑誌がより具体的に「1956年から少女小説に男女の恋愛を導入し、1959年から特集記事・座談会記事に男女の恋愛を導入した」〔今田 二〇一七：二六〕ことを明らかにしている。一九六六年、別冊としてジュニア小説誌ができ、附録にはファッション情報の小冊子が付くようになった。次第に男子生徒も取り込んで読者層を拡大していくと、『女学生の友』には学習や少女小説以外のジャンルが増えていく。六〇年代後半から七〇年代初頭にかけて発行部数三〇万部を超す絶頂期を迎えるが、一九七五年以降、よりカジュアルな『Jotomo』に誌名を変更すると、この雑誌はアイドル誌の様相を呈してくる。やがて週刊誌ブームに押され、『女学生の友』は一九七七年一二月をもって休刊（一九七八年一月以降、『プチセブン』に改題）したのであった。

3 『女学生の友』にみる沖縄関連記事の背景

誌上で沖縄が注目され始めるのは、『女学生の友』に学校的雰囲気が定着し、時事問題や学習などにも力を入れていた一九五〇年代半ば頃からとなる。一九五二年、『女学生の友』の刊行から二年目に創業三〇周年を迎えた小学館は、三大記念事業として「万国こどもまつり」や「全国児童生徒作品コンクール」の開催、「小学館児童文化賞」の制定など、児童文化事業に力を入れ始めるようになる。この頃の社会の動きとして特筆されるのは、対日講和条約と日米安全保障条約が発効し、沖縄では琉球政府が発足したことである。のちに復帰運動を牽引する沖縄教職員会が誕生したのもちょうどこの頃であった。

『女学生の友』が沖縄を取り上げるようになったのは、こうした内外の動きもさることながら、直接的には一九五四年二月頃、本社調査企画部長の鈴木総二が、小学生の親善使節を沖縄へ送る企画を立てたことが契機だったと思われる。米国施政権下の沖縄への親善使節団派遣事業は一社が行うには大きな事業であるが、朝日新聞社出身の鈴木は、かつて同じ朝日新聞の主筆であった第五次吉田内閣の副総理・緒方竹虎に働きかけて、文部省の協力を取り付けることに成功した。また煩雑だった渡航手続きには、沖縄最大の取次会社・沖縄文教図書の協力が得られた〔小学館総務局社史編纂室二〇〇四：一五一～一五四〕ことも幸いしたという。さらにこの企画の実現には、同じく小学館から刊行され、実践的指導書として現場の教師たちに読まれていた『教育技術』の動きとも連動していることがわかってきた。一九五三年一〇月、『教育技術』は、全誌に「沖縄戦災校舎の復興運動について」と題した記事を掲載して全国から寄付を募り、翌年六月には「沖縄派遣児童親善使節団」の結成を告知して、沖縄支援を開始していたからである。これら一連の働きかけに後押しされ、一九五四年八月、児童四名、引率教員二名（全国児童作品コンクール審査員の藤本一郎、大橋富貴子）、本社から鈴木と石嶋徳三の計八名の使節団による沖縄訪問が実現したのである。

訪問団は米国民政府、琉球政府、立法院、那覇市役所などで日本側の親書を手渡し、沖縄にある三二五校の小・中学校に『図説社会科年鑑』（一九五四年版）、『新学習年鑑』（一九五四年版）、『全国児童作品コンクール』（一九五二、五三年版）を寄贈するなど、本格的なものであった。途中台風に見舞われながらも、彼らは〝豆使節団〟の愛称で大歓迎を受け、島尻から辺土名まで沖縄各地を巡って児童・生徒たちと交流した。[*9] 訪問の様子は沖縄のマスコミだけでなく『教育技術』誌上にも掲載された。この計画は小学館主催の小学生使節という点できわめて通りがよく、大人にも子どもにも好意をもって迎えられたこと、そして「人々は小学館のもつ、学習雑誌、教育雑誌を通して、新しい沖縄の姿を伝えてもらいたいと望んでいた」のだと伝えられ〔大橋 一九五四：九九〕、成功裏に終わった。時を同じくして『女学生の友』誌上でも、「私たち使節団の来島が機縁になって今後とも内地と沖縄の交流が密になればよいと念願いたします」という言葉とともに、訪問団の意義が報告されていた〔小学館主催沖縄派遣児童親善使節団随行員 一九五四：一四五〕。

ここではさらに、この事業の背景にあった沖縄側の事情についてもみておこう。一九五三年四月、沖縄では米軍基地の建設が本格化するなかで、新たな基地建設のために布令第一〇九号「土地収用令」が米国民政府によって公布・施行された。この布令を根拠に各地で強制的に土地収用が行われ、翌年三月「軍用地料一括払い」方針が発表されると、伊江村真謝や宜野湾村伊佐浜では武装米兵が出動して強制的に土地接収が行われた。これに対して琉球立法院は「軍用地処理に関する請願」を全会一致で可決し、「土地を守る四原則（一括払い反対、適正補償、損害賠償、新規接収反対）」を掲げて抵抗した。しかし一九五六年六月のプライス勧告で四原則が否定されると、「島ぐるみ闘争」と名

図③　当時の小学校教室風景（改訂増補版『写真記録 沖縄戦後史 1945−1998』沖縄タイムス社、1998年、49頁）

づけられるほど激しい住民の抵抗運動が沸き起こる事態に発展した〔中野・新崎 一九七六：七六〜八五〕のであった。

こうした政治の季節ともいえる状況下で、劣悪な教育環境を改善すべく、沖縄教職員会の初代会長、屋良朝苗は沖縄の戦災校舎復興のための活動を展開していた。当時、戦災で九割以上が壊滅した沖縄の校舎は「馬小屋並み」と揶揄されており、台風のたびに吹き飛ばされるようなものであった（図③）。一九五三年初頭、屋良は馬小屋校舎の写真アルバムを携えて上京し、教育関係者を中心に沖縄の窮状を訴えた。屋良のねらいは沖縄の教職員の総意を全国の教職員、さらには教職員を通じて全国の児童、生徒に訴えることにあった。そこで同年三月には本格的な全国行脚を開始して、戦災校舎復興募金への協力を頼むとともに、沖縄の復帰をそれぞれの議会で決議してその決議文を国会に送ってほしいと要請してまわったのであった〔屋良 一九七七：二〇〜二九〕。沖縄戦災校舎復興後援会の支援を受け、屋良は各府県の報道関係もまんべんなく訪問していたので、メディアや教職員を介して教育技術連盟本部にもこの情報は伝わっていたと思われる。なぜなら、教育技術連盟本部が「株式会社小学館の学習雑誌等と連けいして誌上後援をする」[教育技術連盟本部 一九五三:一二七]という決意を表明して、先の小学生による親善使節団派遣企画の立ち上げに至ったという経緯があったからである。[*10]

だが残念ながらその後は、本社で企画した第一回広告市場調査団として、広告代理店一七社(二六名)を三泊四日で沖縄へ招待、第二回は香港、台北、沖縄へ広告代理店一六社(二五名)を招待した記事などは拾えたが、沖縄派遣児童親善使節団の継続派遣は確認できなかった。この間、呼応するように『女学生の友』でも沖縄関連の記事が一時途絶えている。このように急激に沖縄への関心が薄れたことについて、『小六 教育技術』に掲載されたトピック記事「教育の窓」では、「プライス報告に反対して、火のようにもえあがった沖縄を守る運動も、一ヶ月もたつと急に下火になってしまって、関係者以外のひとびとから忘れられようとしている」と述べている。またその根本的要因として、自民党と社会党の「二大政党がいっしょになって沖縄問題に取り組んでいこうというような国民的体制は生まれてこないようだ」[金久保ほか 一九五六:一〇]と、批判的意見もみられた。だが、これはなにも小学館に限ったことではなかった。本土のマスコミは、島ぐるみ闘争の爆発から約二ヶ月のあいだ、連日沖縄問題を大々的に報道した。しかし、いずれの政治勢力も、沖縄と連帯する独自の運動を組織しようとしなかったし、論壇のオピニオン・リーダーたちにも、この問題を論じるだけの予備知識や問題意識が欠如していた。そのため、部分的な共感を生んだだけで沖縄問題を定着させることはできなかった[中野・新崎 一九七六:八八〜九二]と言われているからである。こうして五〇年代半ばに盛りあがった沖縄支援が一時のブームであったかのように薄らいでいることは、表①からも見て取れる。ところが誌面構成を見ていくと、一九六五年以降再び『女学生の友』で沖縄をトピックに取り上げる記事が集中していることがわかる。では、なぜまた六〇年代半ばから沖縄への関心が再燃したのだろうか。

四　『女学生の友』が伝えた沖縄

1　民間教育研究団体の教育実践との連動

これまでの経緯から推しても、メディアによる沖縄関連記事の再燃に、世論の動きが関連していることは容易に想像できるだろう。一九六五年といえば、アメリカ軍がベトナム北爆を開始した年である。六〇年代は日米安保条約改正への危機感も相まって、児童文学界や教育界でも「戦争と平和」の問題が重要課題となった時期でもあった。学校現場ではどうだったのだろうか。同年の地理教育研究会第一回研究集会をみると、「日本における地域的諸問題を総合的にとらえさせることによって、社会に対する認識を発展させる中で、主体性の形成をうながす」〔星野 一九八〇：二七〕ことが目標に掲げられ、「沖縄問題」が俎上にのぼったことが確認できる。当時、教科書地理分野では九州地方の最後の節に沖縄が取り上げられる程度で、沖縄学習の位置づけは明確ではなかった。そこで「基地と農業」「祖国復帰」など、沖縄の置かれた不安定な状況を教科書の構成にとらわれずに学習させようとする試みがなされていたのである。歴史教育者協議会でも沖縄研究が広範に進められていて、機関誌『歴史地理教育』では一九六六年が特に多く、「現代史と沖縄」(No.一一七、二月)、「沖縄・小笠原・基地・差別」(No.一一九、四月)、「沖縄の産業」(No.一二〇、五月)、「中国・沖縄」(No.一二一、六月)と集中しており、沖縄が載らない月はないともいわれるほどであったという。

同様に、小学館も学年別『教育技術』でたびたび沖縄特集を組んでいて、「沖縄をどう伝えるか」に再び注目が高まっていた。六〇年代後半になると、民主主義の根幹である主席公選制(一九六八年一一月)、佐藤首相の「本土並み復帰」発言(一九六九年三月)と、いよいよ沖縄の施政権返還が現実味を増してきて、県内外の教職員の関心も高まっていく。内地派遣教員研修で、本土に六ヶ月間滞在した教員のインタビュー記事が掲載されるのもこの頃であった。その中で金城勝代教諭は、現在の教科書に沖縄のことがほとんど触れられていないことについて以下のように述べている[金城 一九六八:一二二~一二三]。

四年の社会科あたりでは、暑い国、寒い国の例として出ているだけですから、地図にものっていないのがあるくらいです。先日、内地の学校を参観にいったときに、そこの先生が沖縄を理解させるために子どもに地図帳を出させたらしいのですが、ほとんど目につかないような扱い方になっていました。(中略)こちらに来て、沖縄の実情が意外なほど知られていないなと感じたのですが、こういう教科書の扱い方にも原因があるでしょうね。

さらに金城は、沖縄では子ども向けの雑誌や『教育技術』などの教育雑誌は不自由なく買えるが、専門書などは入手しにくいことなど、沖縄の文化環境の課題にも触れている。沖縄がこのような状況にあるにもかかわらず、大多数の人が沖縄に対して「海がきれい」「宝石が安い」といった表面的な理解しかないことについても、「私たちが卑屈になっていちいち反論する必要もないと思いますが、やはり、特殊な状況に置かれている沖縄の姿を、正しく認識していただきたい」と苦言を呈している。

とはいえ、地理的にも遠く離れた米国統治下の「沖縄の状況を正しく理解すること」は、当事者でなければ難しい。また教科書でさえ沖縄の情報が少ない状況であってみれば、児童・生徒にとって授業だけで特殊な状況を想像することが困難であったことも、十分に予想できる。毎号ではないにせよ、『女学生の友』で米国統治下の「沖縄」を取り上げ続けたことが、沖縄を知るための貴重な情報源になったことは間違いないと言ってよい。

2 『女学生の友』に見る沖縄の現状

では、『女学生の友』誌上で沖縄の現状や課題はどのように取り上げられていたのだろうか。具体的に確認してみたい。実際に『女学生の友』を見てみると、「基地沖縄に住むわたしたちを忘れないで!」(一九六五年一〇月)を皮切りに、米国統治下ゆえに横たわる差別、本土との格差、アメリカ兵による事件や事故、ベトナム戦争の犠牲者、「混血児」や沖縄の被爆者の苦悩など、沖縄の抱えるさまざまな社会問題が、写真とともに掲載されている。いずれも「差別や貧しさ」「悲しみや怒り」など、戦後日本本土から分離され長きにわたって異民族の支配下に置かれてきた苦悩を告発した記事になっている。掲載されていた記事は、内容から判断して以下の三点に分類することができる。なお掲載誌で取り上げられた記事の巻号や出版年月は、表①を参照されたい。

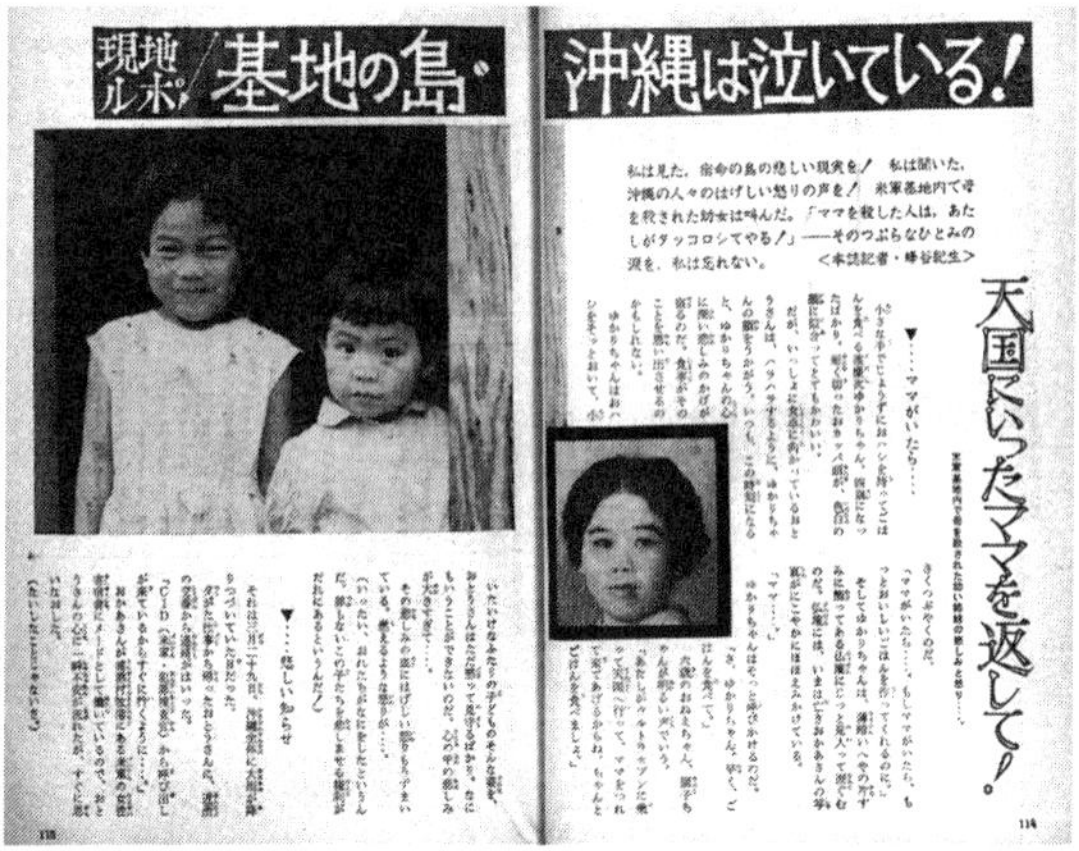
現地ルポ／基地の島・沖縄は泣いている！

私は見た。宿命の島の悲しい現実を！　私は聞いた。沖縄の人々のはげしい怒りの声を！　米軍基地内で母を殺された幼女は叫んだ。「ママを殺した人は、あたしがタッコロシてやる！」――そのつぶらなひとみの涙を、私は忘れない。　＜本誌記者・峰谷記生＞

天国にいったママを返して！

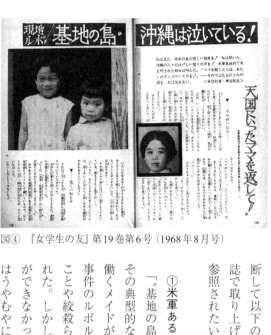

図④　『女学生の友』第19巻第6号（1968年8月号）

①米軍あるいは米軍基地のもたらす事件・事故

「〝基地の島〟・沖縄は泣いている！」（作品番号46）はその典型的な事例だといえよう。これは、米軍基地で働くメイドが宿舎のふろ場で遺体となって発見された事件のルポルタージュである。遺体の全身に傷があることや絞殺らしい跡のあることなどから、他殺が疑われた。しかし当時、沖縄の警察が軍に立ち入って捜査ができなかったために容疑者を逮捕できず、この事件はうやむやになってしまった。[*11]誌面では、被害者名は伏せて、メイドの遺児である二人の幼子を焦点化して写真入りでレポートしている（図④）。実はこうした事件は、当時の沖縄では珍しいことではなかった。基地がらみの事件・事故においては日米間の地位協定[*12]が大きな壁となっており、沖縄の被害者は泣き寝入りを余儀なくされていたからである。一九七〇年一二月に発生したコザ暴動も、こうした事件と地続きにあると言ってよい。[*13]「基地がある限り、こんな悲劇は次々に起こるんです。基地をなくさなければいけない。〔中略〕一日も早く沖縄が日本に復帰して、人間らしい生活ができるようになりたいものです」という父親の言葉だけでなく、突如母親を奪われた子どもの目線から事件を取材することで、米国統治下にある理不尽さと沖縄の苦悩を伝えている。

②米国と沖縄をルーツに持つ子どもたちの生きづらさ

米国と沖縄をルーツに持つ青年たちの苦悩を取材したものである。「混血児」の差別についてはいくつかの記事が見られるが、「独占特報」「青春の記録」として取り上げられているのは以下の三人の若者である。一人はベトナム戦争で戦死した沖縄青年・土池敏夫の物語で、琉球新報社嘱託のジャーナリスト・石川文洋が密着取材していた。日系二世の父親を持つ土池は久場崎高校（アメリカンスクール）を卒業後、できるだけ早く米国市民権を取得しようと米軍に志願したという。「三年辛抱すればアメリカ人になれる」ことに望みを託した土池は、夢をかなえる前にベトナムに配属されて命を落としたのであった（作品番号38）（図⑤）。

二人目は駅伝部のキャプテンとして全沖縄高校駅伝大会を走り抜いた新垣晃の物語である。彼の出生には米兵と母親の間に起こった不幸な事件が絡んでいるだけでなく、七歳の時に宮森小学校ジェット機墜落事件（一九五九年六月三〇日）に巻き込まれている（本書コラム⑦参照）。全身の四分の一を覆うケロイドの皮膚は、見た目もさることながら発汗や皮膚呼吸がうまくできないため、スポーツ選手としては致命的な障害となっている。しかし彼はその苦しさを乗り越え、ケロイドの皮膚を隠すことなくトップで母の待つゴールへと飛び込んだ（作品番号51）。

ベトナムに散った沖縄少年・土池一等兵

独占特報

沖縄の将来に絶望した少年に、残された道はただひとつ。アメリカ人になることだった。彼は、肉親の涙の手をふりきって、アメリカ軍の兵士となった。
——彼の選んだ道は地獄の戦線に通じる道だった。

図⑤　『女学生の友』第17巻第10号（1966年10月号）

三人目には、歌手の清ルミが取り上げられている。彼女は父親が兵役を終えて帰米したのち、母親の故郷の奄美大島で暮らし始める。黒人の父親から受け継いだ肌の色から差別を受けて自身のルーツを恨むが、やがて好きな歌に活路を見いだし、一九七〇年に《幸福ってやつは》という曲でレコードデビューを果たすのである（作品番号53）。

これらに共通するのは自身のルーツに起因するアイデンティティ確立の困難さである。戦後、米兵と沖縄女性の間に生まれた子どもたちが差別に苦しむケースは珍しくなかった。一人は戦死という不幸な結末を迎えてしまうが、三人とも何とかして困難を乗り越えて自己実現を果たそうとする姿が強調して描かれている。

③沖縄の厳しい現状を訴える青少年の手記、主張

本土復帰以前には、本土を訪れた際に、そこで偏見や差別に出合ってショックを受けることや、日本の法律が適用されないがゆえの理不尽な出来事が日常的に起こっていた。そのためかこれらの記事はもっとも多く、『女学生の友』が沖縄を取り上げる際の定番と言ってよい。代表的なものとして、手記や日記形式の記事（作品番号34・35・39・40・41・42・48・52）をあげることができる。これらの記事に特徴的なのは、読者と同年代の少年少女が沖縄の置かれた厳しい現状を、自分の言葉で語っていることである。典型的な事例を具体的に見てみよう。

「基地沖縄に住むわたしたちを忘れないで！」（作品番号34）は、一九六二年から東京都内中学生新聞連盟の呼びかけで実施されていた、第四次沖縄中学生豆記者団の東京訪問記である。参加者の宮古島下地中学二年生・川満時子は、旅館の女中さんに「沖縄の人たちは英語で話すんじゃないんですね」と問われたり、買い物の際にドルと円の換算ができずに戸惑ったりした体験を、「ほんとうに悲しい」「日本人なのに、自分の国のお金もろくに使えないなんて」と語っている。そして同年代の生徒との交流では、沖縄と東京の格差について米国統治ゆえの事例をあげて説明し、「一日も早く本

図⑥（左）・図⑦（右）　『女学生の友』第17巻第12号（1967年1月号）

土に復帰したい」という願いを訴えている。六〇年代にはいると沖縄では「沖縄県祖国復帰協議会」が結成され、一九六一年四月に那覇で行われた「祖国復帰県民総決起大会」には二万人の県民が参加するなど、本土復帰は沖縄の悲願ともなって盛り上がりを見せていた。本土との格差や差別に疑問を呈し復帰を訴える青少年の主張は、この時代の潮流でもあったのである。

　本土復帰への願いが最も強調されていたのは、作品番号39から42の特集記事である。巻頭のグラビアは「悲しみの島　沖縄は訴える！」という見出しのもと、日の丸を描いたプラカードには「祖国復帰／われらは日本だ／迷子ではありません」の文字が見える。中央には白鉢巻の教師らしき女性がおり、その周りを大勢の子ども達が取り囲んでいる（図⑥）。次頁には、フェンスで囲われた基地や繁華街を闊歩する米兵の写真と並んで、幼い子どもが貧しい生活を強いられている様子（図⑦）、米兵による交通事故で命さえ奪われたショッキングな写真等が掲載されている。

これらの記事に通底するのは、「悲劇」「怒り」「叫び」などのセンセーショナルな惹句が添えられていることである。読者の感情に訴えるような書きぶりで、本土に住む人々の生活とはかけ離れた非日常空間としての「沖縄」が強調されている。

五　雑誌『女学生の友』の功罪

1　『女学生の友』が果たした役割

少年少女向けの他誌があまり取り上げなかった「沖縄」問題を、これほど詳細に取材し伝えたのは、『女学生の友』だけだったといってよい。だからこそ本誌が、米国統治下における沖縄の厳しい現実を具体的に伝えたことは評価できる。教科書等ではほとんど取り上げられずイメージしにくい沖縄の現状を、豊富な写真、地図などのビジュアル情報を駆使してわかりやすく伝えられたのは、雑誌というメディアの特長であった。現地取材記事では、特派員やレポーター、写真家の実名を入れて誌面を構成することで、報道の責任の所在を明確に示していた。また、読者が記事の背景についてより理解できるように、米軍の管理下に置かれた時期と地域、その歴史的経緯を「アメリカと沖縄の関係」（作品番号35内）、「沖縄の過去と現在」（作品番号46内）と題した囲み記事で別途紹介したりするなど、伝え方にも工夫がみられた。

時の琉球政府主席である屋良朝苗が「私の願い 他府県の女学生のみなさんへ」と題した文章を寄せていることも特筆される。屋良は戦場となった沖縄の犠牲の大きさを述べ、沖縄県民にはなんの相談もなく日本政府が「沖縄県をアメリカの軍隊の占領政治のもとにゆだね〔中略〕日本の学校教育のなかでさえ沖縄県について、ほとんど教えないできた」（作品番号50）ことに言及している。「本土」ではなくあえて「他府県の女学生のみなさん」と書いた意図にも触れて、「真の日本の一県になりたい。そのために、他府県のかたがたに、ほんとに沖縄のことを知ってもらいたい」と、少年少女向けにわかりやすい言葉で伝えているのである。これはかつて屋良が沖縄の戦災校舎復興活動を進めていた時から、全国の児童生徒に沖縄の祖国復帰への思いを伝えたいと願ったことが、一六年の時を経て直接届けられた記事でもあった。同時に、戦後二三年もの間本土から見放され、いまだ沖縄の民が異民族統治から解放されないことに対しての怒りの言葉ともなっていた。

次に、この雑誌が沖縄の読者と同世代の少年少女の精神的つながりを深めたことも、見落としてはなるまい。巻号や内容の詳細は紙幅の都合上割愛するが、作文や短歌、俳句等の作品投稿や編集部へのお便り、懸賞への応募、「友の会」新入会員名簿等に、沖縄の女学生の投書や氏名がたびたび掲載されていた。「〝白鳥のゆくえ〟はどうなるんでしょう。」（一九五二年二月）という長編物語への感想、「山本豊三さんのファンなのよ。」（一九六〇年六月）という他愛もないお便りや、「私の住んでいる所は、琉球の八重山なのよ。〔中略〕だれかお友だちになってくれないかしら。」（一九五七年三月）、「私たちの住んでいる島は、四季の変化がほとんどありません。ですから、四月ごろからもう、夏服を着ています。」（一九五七年七月）という島の紹介などは、気軽に行き来できないがゆえに読者通信で同年代の本土の少女たちと交流したい、島のことを知ってもらいたいという思いが感じ取れる。呼応するように「おたよりちょうだい」コーナーでは、「沖縄にお住いのかた」と限定して、ペンフレンドを求める本土在住の少女たちの通信も散見された。また、沖縄への雑誌入荷が本土より一〇日から一ヶ月も遅れることについての不満を訴える通信も見られた。雑誌を入手してからではクイズや懸賞の応募に間に合わないため、「どうにかしてしめきり日をのばしていただけないかしら」（一九五八年八月）という願いは、輸送の関係でかなえられなかったようである。しかし、本土の雑誌が提供する懸賞やクイズに応募する機会を「対等に」与えられたいという思いは、「日本の一県になりたい」という琉球政府主席の願いと比べて何ら劣るものではない。単なる距離の問題だけではなく、米国統治下の沖縄では書籍類が入手しにくく値段も高くついたため、こうした願いは切実であった。ルポルタージュのような烈しい主張ではないが、普通の少女たちの思いを共有できる交流の場も、沖縄理解の一助となったことだろう。

2　『女学生の友』が醸成した「沖縄」観

『女学生の友』が沖縄をとらえた視点に通底するのは、「なぜ同じ日本人でありながら、沖縄だけが犠牲にならなければならないのか」「沖縄を忘れないでほしい」という主張であったといえる。戦争被害が大きかったことに加えて、戦後も米国統治下で自由が制限され、人間としての尊厳や権利が奪われ続けている状況に対する抗議を拾いあげたと言い換えてもよい。小学館の学年別学習雑誌が教員向けの雑誌と連携していたことで、少年少女が身につけるべき時事問題の知識、教養として、「沖縄」を理解させようとする啓蒙的意図も垣間見えた。

しかしその一方で、読者の意見を誌面構成に反映させ、「雑誌は、激しい時代の中にあって、いつもフレッシュでなければいけない」（「編集後記」第一〇巻一三号、一九六〇年一二月）というコンセプトで進んできた月刊誌ゆえの限界もあった。創刊当初からあった「毎月キット「ヅカ」をのせてね。私ね、大のヅカファンなの」「連載小説が楽しみよ」（「サロンＴＯＭＯ」第一巻第一号、一九五〇年四月）といった読者の要望、「わたしたち日本のジュニアも、この内戦に注目し、平和を願いたい」（「ビアフラをとりあげて！」第一九巻一三号、一九六九年一二月）という時事問題への関心等、幅広い読者の声に応えていかねばならなかったからである。

その結果、世論を反映して六〇年代半ば以降の『女学生の友』では、沖縄だけでなくベトナム戦争関連が七回、ビアフラ紛争が三回取り上げられていた。各地で起きている戦争や占領の実態を子どもたちに伝えたことは、間接的教育媒体としての学習雑誌の一側面だったといえよう。しかしながら、こうしたルポルタージュ記事は、「青春の記録」「独占手記」「実録！」「感動実話」「特別取材」「事件ストーリー」と次々に見出しを変え、貧困、在日韓国人、混血、孤児、身体障碍や難病、事件・事故、戦争などあらゆる問題を取り上げていく。その結果、情報が錯綜して雑然とした様相を呈し、よりセンセーショナルな内容で、読者の歓心を買う方向へ流れてしまっていたことは否めない。沖縄の問題も、総花的に取り上げられていた国内外のあらゆる困難や不幸の話と織り交ぜながら提供されたことで、本質がかえって曖昧になってしまった。その結果、読者に「自分たちとは違う環境におかれたかわいそうな人たち」という印象を与え、「私たちは（沖縄に生まれなくて）よかった」という安易な「沖縄」イメージ形成につながったといえるのではないだろうか。

この問題は、授業でもなかなか克服するのが難しい課題でもあった。再び学校現場で行われていた社会科授業に着目してみよう。中学校の実践を見てみると、「沖縄はこんな状態だということを教えるだけでも意味がある、しかし沖縄の問題をどう理解するか、についてはたいへんむずかしい」［依田 一九六六：二二六］という意見が見られた。また別の実践では、授業前後の子どもの「沖縄」観には根強く「同情論」があったことへの指摘があった。四時間にわたる沖縄学習によって「沖縄の人は日本語がわからない」式の誤った知識は是正できても、沖縄と本土が二分されるに至った経緯への理解、自分たちの立場について考えるといった「連帯」意識の形成には弱さがあったことも反省点としてあげられていた［伊田 一九六九：四一〜四三］[*14]。高校生の授業では、「生徒たちに沖縄への目をひらかせ、アメリカ帝国主義への幻想を打ちくだくキッカケとなった」ことが成果として評価されているが、同情論を突き破り、「生徒たちに明確な、方向を示せなければ真の克服だと思わない」

［野口 一九六九：四六〜五二］と総括され、課題は克服できていなかった。このことは、メディアで沖縄の課題は発信できても、その解決策は大人でも容易に示せないという現実の難しさと根を同じくしている。

この時代、課外読み物として学校の補助教材的性格をもっていた『女学生の友』が、沖縄の現状を発信し続けていたことの意味は、決して小さくはなかったと思う。しかし『女学生の友』は、沖縄の読者との交流や沖縄への関心を促すこと、知識・教養として沖縄の実情を伝えることはできても、「当事者性」という視点を読者に与えるには至らなかった。その点は同時代の社会科の授業においても同様であった。なぜなら「沖縄を知る」には、現代史として沖縄をどう取り上げ、教えるかという視点だけでなく、継続して正しい情報を発信しつつ学び、「わがこと」として沖縄の問題に関わり続ける姿勢が求められるからである。

在日米軍専用施設の七五％が沖縄に集中している現在からこの時代を振り返ると、「わがこと」として沖縄問題に関わることの難しさはより切実に感じられる。二〇〇九年末、鳩山前首相が普天間基地問題の解決を先送りし、「最低でも県外」という主張が崩れ去った際の沖縄県民の落胆を、果してどれくらいの日本国民が共有しているだろうか。米海兵隊が沖縄に駐留することが戦争への抑止力になるという論理の危うさは、多くのジャーナリストや研究者が指摘しているにもかかわらず［藤原書店編集部編 二〇一一：一五一〜二六二］、いまだ基地問題は何ら解決していない。政治にかかわる大人たちがビジョンを見失っている中で、子どもたちに向けて「わがこと」として沖縄を考え、伝える言葉が今のメディアにはないのである。この時代の『女学生の友』という雑誌メディアの限界と課題は、現在の日本社会の沖縄問題に対する取り組みの脆弱さをも改めて浮き彫りにしたといえるのではないだろうか。

1――根本［二〇〇五］は、昭和二〇年代は少年少女雑誌の全盛時代で「良心的」雑誌が一九五一（昭和二六）年にすべて廃刊したのち、創刊ラッシュは一九五三（昭和二八）年まで続いたと述べている。

2――集英社は一九二五年、小学館から趣味・娯楽性に重きを置く雑誌が集英社名で発行されたことにより始まる。翌年、小学館の娯楽誌出版部門として分離し、発足した会社である。

3――『少女』『少年』（光文社）がそれぞれ一九六三年、一九六八年に終刊、『少女ブック』『少年ブック』（一九六〇年に『おもしろブック』から改題、集英社）もそれぞれ一九六三年、一九六九年に終刊している。

4――当時の貘は朝日、読売、毎日はじめ東京新聞などのほか、沖縄タイムスや琉球新報などの沖縄の新聞、雑誌では『中央公論』『新潮』『毎日グラフ』『サンデー毎日』への寄稿が見られる。そのうちの一つ「貧乏物語」（『中央公論』一九五一年一二月）によると、この頃には新聞社や雑誌社の方でも貘に貧乏物語を期待して原稿依頼に訪れることもあったようである。

5――琉球新報東京総局に勤務していた山川［一九七七］は、貘の一日のおよその動きとして、池袋の小山珈琲店、それから朝日、毎日、読売などの中央紙が軒を連ねる有楽町へ、その後新聞社の学芸部や喫茶店などを拠点に出版社その他へ繰り出す――というルートを報告している。

6――貘の雑誌掲載作品は、戦後の作品三八タイトル（エッセイ、詩の講座含む）中、三〇タイトルが小学館から出ている。小学館は、趣味・娯楽性の強いものは姉妹社の集英社を立てることで差別化する方針をとっていたので、集英社発行の四タイトルをあわせると三四タイトルとなり、それ以外の出版社から出たのはわずか四タイトルとなる［齋木 二〇二一：一〇二〜一〇三］。

7――当時少年少女誌分野では講談社が他社を圧倒していたため、各社は新たに学年別学習雑誌への参入を試みていた。そこで、次に年齢層を広げた男女別雑誌の展開が来ることを予想した小学館は、一九二五年に趣味と娯楽性に富む『尋常小学一年男生』『尋常小学一年女生』を集英社から創刊した。学習性を謳う小学館と娯楽性を尊ぶ集英社を発足させたことで、「人はよく学び、よく遊ぶことで人格を高める」という、両者が一対をなす人間主義の理想を掲げたのである。

8――「編集後記」には、「つねに新しいニュースと、わかりやすく正しい科学知識、女学生らしい教養を育てる学習記事、詩情ゆたかな物語などを、もれなく取りそろえた」と記されている（『女学生の友』第五巻第九号、一九五四年一二月）。

9――「ようこそ　東京のお友達」（『琉球新報』一九五四年八月九日）、「ようこそ豆使節団」（『沖縄タイムス』同一〇日）に始まり、「沖縄のみなさんサヨナラ」（『琉球新報』同二〇日）、「みなさんご機嫌よう」（『沖縄タイムス』同二〇日）まで、豆使節団の動きは地元紙を介して連日詳細に報道されている。扱いの大きさから大変注目された事業であったことがわかる。

10――「沖縄へ児童親善使節派遣の計画要旨」が『小四　教育技術』に掲載されたのは一九五三年の八月号であった。「戦災校舎その他の設備の状況もさることながら、何よりも憂慮に堪えぬのは、戦争以来沖縄の児童と内地児童との、精神的なつながりが断ち切られた儘となっている」ことだとし、この問題に深い関心を持つ小学館は、本社の奉仕事業として沖縄の児童との交歓の機会を設けると説明している（同、五一頁参照）。

11――地元紙が事件の第一報を報じたのは三月三一日。続報では、状況から判断して「他殺の線が濃い」（『琉球新報』四月一日、朝刊）、「他殺に間違いない」（『沖縄タイムス』同日、朝刊）と強い論調で報じるも、翌日には『琉球新報』が「民警と協力して捜査」（『琉球新報』四月二日、朝刊）、「暴行の疑いも」（同日、夕刊）とトーンダウンし、『沖縄タイムス』では軍に「再鑑定を依頼」という記事と並んで、「水死の可能性も」（『沖縄タイムス』同日、夕刊）という軍捜査部の見解を掲載している。以降目立った記事はなくなり、捜査の限界が露呈している。

12――一九六〇年に締結されて以降現在まで、地位協定は改定されていない。現在も横たわる地位協定の問題については、沖縄県が作成している「地位協定ポータルサイト」（https://www.pref.okinawa.jp/site/chijiko/kichitai/sofa/index.html）を参照されたい。

13――本土復帰前の一九七〇年一二月二〇日、当時のコザ市でアメリカ人による交通事故をきっかけに、市民が米人の車両を次々に燃やすなどした事件。糸満市で主婦を轢殺した米兵の軍事裁判が無罪になったばかりだったので、米国統治への怒りが爆発した事件として歴史に刻まれている［当山 一九八三：一一九～一二〇］。

14――伊田による実践の事後作文では、「本土の人、政府にもっと頑張ってほしい」という意見と共に、依然として「沖縄の人はかわいそうだと思う」「……それにくらべ、わたしはしあわせなのです」「……（沖縄の人は）よくがまんしていると思いました」という意見が根強くあった。復帰を願う心情には共感できても、自身に関する具体的なことは記されていなかった。このことは、雑誌や特設授業で一時的に取り上げただけでは、認識の変革には至らないことを示しているといえよう。

＊参考文献

伊田稔　一九六九「『わたしたちの沖縄』を使って　『九州地方の中で』〈中学校〉」（『歴史地理教育』一五九、歴史教育者協議会）
今田絵里香　二〇一七「ジュニア小説における性愛という問題」（『成蹊大学文学部紀要』第五二号）
大橋富貴子　一九五四「沖縄派遣児童親善使節団報告――沖縄から帰って」（『小一教育技術』第八巻第八号、小学館）
金久保通雄・宗像なみ子・古川原・藤田信勝　一九五六「沖縄を主張する」（『小六教育技術』第九巻第七号）
儀間真勝　一九六八「インタビュー／沖縄の子ども・本土のこども――儀間真勝氏に聞く」（『小二教育技術』第二一巻第三号、小学館）
教育技術連盟本部　一九五三「沖縄戦災校舎の復興運動について」（『小六教育技術』第六巻第七号）
金城勝代　一九六八「インタビュー／沖縄の教育・本土の教育――金城勝代氏に聞く」（『小一教育技術』第二二巻第三号、小学館）
齋木喜美子　二〇二一『沖縄児童文学の水脈』関西学院大学出版会
齋木喜美子　二〇二二「戦場の記録と記憶の継承における課題――「ひめゆり」のイメージ形成に少女雑誌が与えた影響を手がかりに」（齋木喜美子編著『立ち上がる艦砲の喰残し《カンポーヌクェーヌクサー》――沖縄における教育・文化の戦後復興』関西学院大学出版会、五一～七一頁）
齋木喜美子　二〇二三「戦争体験を語り継ぐ視座――児童文学は「ひめゆり」の物語をどのように伝えてきたか」（齋木喜美子編著『戦後沖縄史の諸相――何の隔てがあろうか《ヌーフィダティヌアガ》』関西学院大学出版会、四五～八〇頁）
集英社「集英社小史」https://www.shueisha.co.jp/history/（二〇二四年三月二九日閲覧）。
小学館社史調査委員会　一九七五『小学館五十年史年表』小学館

小学館主催沖縄派遣児童親善使節団随行員　一九五四「オキナワのおともだち」（『女学生の友』第五巻第八号）
小学館総務局社史編纂室　二〇〇四『小学館の80年』小学館
田中卓也　二〇二〇「戦後の「女学生」を対象とした少女雑誌の展開と限界――『女学生の友』（小学館）・『女学生コース』（学習研究社）を中心に」（『環境と経営：静岡産業大学論集』第二六巻第一号）
当山正喜　一九八三「コザ騒動」（『沖縄大百科事典』中巻、沖縄タイムス社）
中野好夫・新崎盛暉　一九七六『沖縄戦後史』岩波書店
根本正義　二〇〇五「少年少女雑誌の隆盛と悪書問題」（『占領下の文壇作家と児童文学』高文堂出版）
野口淳　一九六九「同情ではいけないんだ――高校・政治経済」（『歴史地理教育』一五九、歴史教育者協議会）
藤原書店編集部　二〇一一『「沖縄問題」とは何か――「琉球処分」から基地問題まで』藤原書店
星野朗　一九八〇「『沖縄』その研究と実践の記録」（地理教育研究会編集・発行『地理教育』第九号）
山川岩美　一九七七「『底本　山之口貘詩集』発刊前後（その二）」（山之口貘記念会編集委員会編集・発行『貘のいる風景――山之口貘賞二十周年記念』）
山之口貘　一九七五『山之口貘全集』第二巻（小説）、思潮社
山之口貘　一九七六『山之口貘全集』第三巻（随筆）、思潮社
屋良朝苗　一九七七『屋良朝苗回顧録』朝日新聞社
依田好照　一九六六「戦後史学習で〝沖縄〟をどう教えたか」（『歴史地理教育』一一七、歴史教育者協議会）

*――本稿は、ＪＳＰＳ科研費 **JP22K02299** の助成を受けたものです。

*――『女学生の友』附録については、熊本県菊陽町図書館「少女雑誌コレクション」の資料を使用いたしました。貴重な資料の閲覧・撮影・掲載許可に心より感謝申し上げます。

コラム⑦　〝ヒーロー〟の背後にある沖縄の現実　◉齋木喜美子

米軍ジェット機が操縦不能に陥って石川市の民家に墜落し、その反動で宮森小学校の校舎に突っ込んだのは、一九五九年六月三〇日、一〇時四〇分頃のことであった。のどかな日常は一瞬にして地獄と化し、学校は黒煙と炎に包まれた。「戦争がきた!」と泣き叫び逃げ惑った子どもの中には、遠く離れた金武やコザ（現・沖縄市）まで逃げたものもいたという。このことは彼らの受けた衝撃が尋常でなかったことを物語っている。死者一七名（児童一一名、一般六名）、重軽傷者二一〇名（児童一五四名（のち後遺症で一名死亡）、一般五六名）にも及んだこの事件は、人々に米国統治下の厳しい現実を突きつけると同時に、心に深い傷を刻んだ大惨事となった。また米軍が事件後の補償問題を高圧的に進めたために、被災者はさらに追い詰められ、苦しめられた現実があった。

小学六年生だった長男を亡くしたある母親は、銃を振りかざして二五〇〇ドル[*1]の補償額でサインを迫る米軍側の交渉人に対して、銃口を自分の喉元に突きつけ「撃てるものなら撃ってみろ」と激しく抵抗した。思わず叫んだ「金はいらない。〇〇（子の名前）を返せ」という言葉には、沖縄人の命を軽んじた米軍のやり方に対する強い憤りが込められていた。しかし、本土では事件そのもののニュースは当日から大きく報道されたにもかかわらず、その後の補償問題に関する継続的な報道は難しかったようである。『女学生の友』でも、特にこの事件に関する言及は見られなかった。被災者側の粘り強い交渉と、安保闘争後における本土側の反米感情を恐れた米軍側の譲歩によってようやく一定の解決に至ったものの、被災者の苦しみはこれで終わりではなかった。

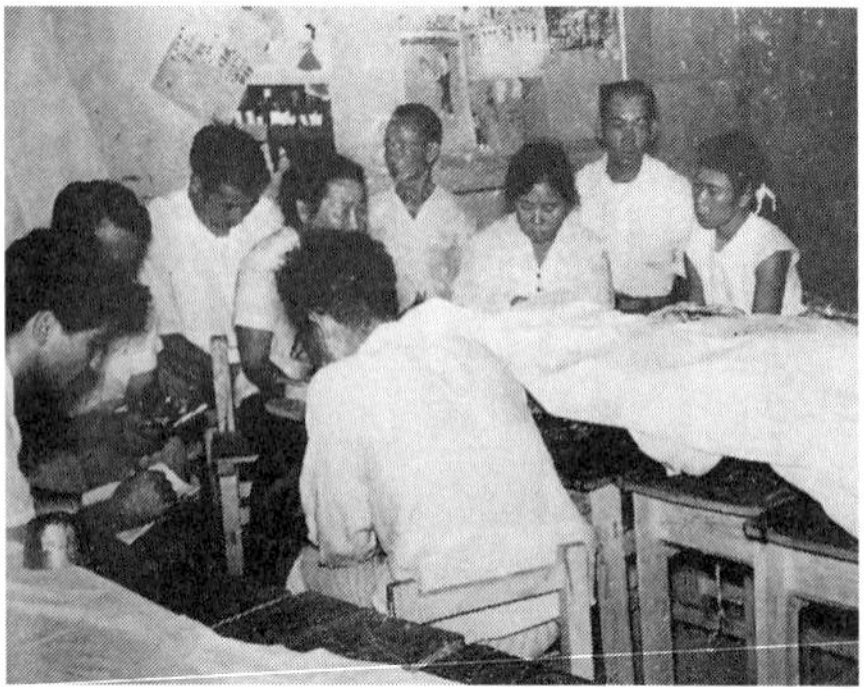

遺体安置所でのわが子との対面［NPO法人 命と平和の語り部 石川・宮森六三〇会編 2013: 60］

本書第七章で紹介した「沖縄の悲劇を背負って走る混血少年」では、この墜落事件で重症を負った新垣晃青年が、障害を乗り越えたヒーローのように描かれている。しかし、現実は惨い結末を用意していた。実は、先に「のち後遺症で一名死亡」と書いたのは、この記事で取り上げられた新垣晃のことであった。彼は「体育の先生になりたい」と夢を抱いて念願の琉球大学に入学後、二〇歳を過ぎた頃から原因不明の眩暈に悩まされるようになったという。火傷の後遺症で発汗機能が阻害され、内臓障害を起こしたことが原因だった。治療の甲斐なく彼が他界したのは二三歳の時であった。雑誌には、「彼が混血児だから」あるいは「彼の顔の右半分と背中および両方の手足に、火傷のあとの無残なひきつれがあるから」この取材が始まったのではなく、この二つの事実が象徴する「日本・沖縄」の苦悩を、同じ世代の本土の皆さんにも知ってもらいたいのだと記されている。しかし雑誌はその時代を切り取るメディアであるため、継続的に新垣青年や「日本・沖縄」の苦悩を伝えることはできなかったのである。

苦しんだのは彼だけではない。筆者は当時宮森小学校の巡回教員だった豊濱光輝から、事件当日に遺体安置場所になったテントの巡視を命じられた時の体験を伺ったことがある。彼は我が子の遺体を確認したとたんに泣き崩れる父母の姿を目の当たりにし、「なぜ助けられなかったか」「なぜ先生は生きているのにうちの子は死ななければならなかったか」と詰め寄られた。このことは、彼の心に大きな傷を残していた。以来、子どもを助けられなかったわが身を責め続け、亡くなった子どもの家の前を通ることができずに遠回りをしていたと語っていた。この残酷な体験の苦しみから被害者たちが重い口を開き始め、ジェット機事件を風化させないために「石川・宮森六三〇会」[*2]を立ち上げ、証言集発行を決意するには、五〇年以上もの歳月が必要だったのである。

二〇〇四年八月、沖縄国際大学で在日米軍のヘリコプター墜落事件が起きた時、沖縄では多くの人々が、この墜落事件を想起させられた。こうした悲劇がまだ終わっていない現実に、私たちはこれからも物申し続けねばならないのではないだろうか。

1――精米二リットルが五〇セント弱、琉球大学の前・後期の学費が八ドル三四セントという当時の物価から見れば、二五〇〇ドルは大金ではある。だが、一万五〇〇〇ドルの請求に対してわずか二二二五ドルしか支払われなかった例もあり、遺族側には到底受け入れられない賠償額であった。

2――事件後、節目ごとに慰霊祭等が継続して行われたが、証言集は発行されていなかった。しかし、事故から五〇年目の二〇〇九年、事故当時二年生だった宮森小学校校長が「命と平和の語り部『宮森六三〇館』」の設置を呼びかけた運動が契機となって、「石川・宮森六三〇会」が設立された。

＊参考文献

沖縄タイムス社編　一九六一『沖縄年鑑　一九六一年度』沖縄タイムス社
沖縄タイムス社編　一九九八『庶民がつづる沖縄戦後生活史』沖縄タイムス社
櫻澤誠　二〇一二「石川・宮森小ジェット機墜落事件に対する補償問題の展開――戦後沖縄における人権擁護運動の転機として」（広川禎秀・山田敬男編『戦後社会運動史論②　高度成長期を中心に』大月書店）
NPO法人　命と平和の語り部　石川・宮森六三〇会編　二〇一三『命の叫び』同会発行

あとがき

二〇〇〇年代なかばのこと。当時、わたしは博士論文執筆の佳境に入っており、みずから想い描く青写真の七合目あたりを登っていたかと思う。博士論文のタイトルは「近代沖縄における洋楽受容の歴史的研究：伝統へのまなざし」(『近代沖縄の洋楽受容——伝統・創作・アイデンティティ』として森話社より二〇一四年に刊行)であり、明治期から太平洋戦争の終戦までの近代期の各種史料と、日常生活とのあいだを、時には心を近代に残しつつ、行ったり来たりしていた。

そんなある日のこと。一九三〇年代の新聞をめくっていると、ピカーンと光るなんとも気になってしょうがない欄が登場した。それはラジオ欄だった。「ラジオ」というメディアは、わたしが予定してきた博士論文の青写真には収まりきれず、こぼれ落ちてしまう内容だということは直感的に判りながらも「戦前のウチナンチュたちはどのような放送を聴いていたのかな?」「洋楽はどのように扱われていたのかな?」「琉球古典音楽はどうだったのかな?」「沖縄民謡は?」——などなど、次から次へと疑問が沸いてきて、正直、ラジオ欄の内容が気になって気になってしょうがなかった。

まだ博士論文も完成していないのだから、ヨケイナモノは見るまいと意を決し（それは同時に、次の研究テーマが「ラジオ放送」となることを確信した瞬間でもあった）、心を鬼にして新聞をめくる日々が続いた。

ふりかえれば当時、近現代沖縄の音楽史をテーマとする研究は（少なくともわたしが所属する音楽系の学会では）トレンドから外れていた。当時の主流といえば、中世から近現代の欧米諸国の作曲家の作品研究や民族音楽研究、そして日本の民俗芸能研究などであり、沖縄の近代音楽をテーマとするわたしの研究発表なぞは、スキマ産業に位置づけられていた感触がある。その理由のひとつとして、「地方」や「周縁」に対する関心が、少なくとも現在ほど高まっていなかったことがあるだろう。

さらにいえば、テレビやラジオ、レコード、映画などの「メディアと一体化した音楽」もしくは「音楽産業と結びついた音楽」については当時、わたしの所属学会のかぎりでは研究の対象外だったと思う。その理由として考えられることは、（研究領域間での濃淡はあると思うが）大衆的・通俗的なものを低く見ようとする明治期以来の価値観が、二一世紀に入ってもなお生きながらえていたからだろう。たとえば、モーツァルトやベートーヴェンの音楽は価値あるものだから研究対象になり得るが、サザンオールスターズや米津玄師の楽曲は大衆的だから研究には値しないというように。

だが、十年ひと昔とはよく言ったもので、二〇一〇年代の後半ごろからラジオ放送に関する研究が加速度的に増え、いまや学会発表でもひとつのセクションを占めるほどになっている。あわせて研究の視点においても中央史観から脱却し、地方や旧植民地の音楽文化に対する研究の蓄積も近年の顕著な動きである。

本書でみてきたように、二〇世紀の時代性は「メディア」によって象徴される。そして、メディアの存在を等閑に付してこの一〇〇年の文化創造を語ることが不可能だということを、いまや研究者のみならず多くの人びとが実感していることだろう。さらに二〇一九年以降は、全世界を震撼させたコロナ禍を契機に、人との接触をなるたけ避ける目的から、コミュニケーション・ツールの有効性が見直されてきた。また、近年におけるソーシャル・メディアの登場とその加速度的な普及によって、個人レベルでの文化創造と発信が日常的なものとさえなった。これからの文化のありかたを考えるうえで、二一世紀の新たなメディアへの注視がますます期待されることだろう。

本書は、編集者である西村篤さんからのご提案をもとに出発した。それというのも、博士論文提出後の二〇一〇年代初頭、わたしはかねてから待ち望んでいたラジオ放送のコンテンツ研究を念願叶ってスタートさせ、以来一〇年間にわたって西洋音楽のさらなる普及のプロセス解明、すなわち「大衆化」への関心と、地方の民謡などのローカルな音楽文化の「越境」への関心を原動力に、メディアと文化のありようについて考えてきた。その成果の多くは、沖縄そして周辺地域を含めたラジオ放送にかかわるコンテンツ研究であり、その成果の一部が『沖縄芸能のダイナミズム――創造・表象・越境』（七月社、二〇二〇年）の第四章に収められている。そういった一連の研究成果に対して、こまやかに目配りくださっている西村さんから、「次回は〈メディア〉&〈沖縄文化〉で共著の企画本ができないでしょうか」というご提案をいただいた。

そこで、「沖縄」をフィールドとする点で共通し、しかもジャンルや領域の異なる研究者の方々——音楽史研究、民俗芸能研究、映画研究、児童文学研究、琉球芸能史研究——にお声かけし、おひきうけいただいた。これらの人々との関係性や、これまでの綿密なやりとりがあってこそ、本書の企画は第一歩を踏み出すことができたと強く感じている。そして刊行までの期間、執筆陣ならびに編集者相互の理解と信頼に支えられ、本書がこのようなかたちで実を結んだことを、心よりうれしく思う。

本書の刊行にあたっては、国立国会図書館東京本館・国際子ども図書館、東京都立中央図書館、沖縄県立図書館、沖縄県公文書館、那覇市歴史博物館、NHK放送博物館、米国立公文書館、ハワイ大学マノア校ハミルトン図書館に所蔵される貴重な文書ならびに音源・映像資料を活用させていただいた。そして、前作の編著『沖縄芸能のダイナミズム』にひきつづく本書の装丁においても、日本画家・平良優季氏の大作を借用させていただいた。沖縄の自然をモチーフとした平良作品に内在する重層性や深遠さは、本書が描きだした諸相と通底していると感じる。そして本書の世界が、平良作品の放つ生命力に包み込まれることに喜びを感じてやまない。さいごに、七月社には本書出版の構想から数年にわたってご尽力を賜った。多くの方々のお力添えあって、本書がこのようなかたちとなったことを、心よりありがたく思う。この場を借りて厚く御礼を申しあげたい。

二〇二四年　晩夏の那覇にて　　編者・三島わかな

遠藤美奈（えんどう・みな）

沖縄県立芸術大学音楽学部准教授。音楽学（移民・ディアスポラ研究、沖縄諸島の民俗芸能研究）。

Matt Gillan and Mina Endo "Ryukyuan Uta-sanshin in Modern Japan: The Influence of Government Institutions on Teaching and Performing"（*Handbook of Japanese Music in the Modern Era*, Brill, 2023）、「ふるさとへの希求——ハワイ沖縄系移民と沖縄」（久万田晋・三島わかな編『沖縄芸能のダイナミズム——創造・表象・越境』七月社、2020年）

世良利和（せら・としかず）

法政大学沖縄文化研究所国内研究員。映画研究（映画・アニメ批評、奄美・沖縄映画史）。

『沖縄劇映画大全』（ボーダーインク、2008年）、『その映画に墓はない——松田優作、金子正次、内田裕也、そして北野武』（吉備人出版、2000年）

鈴木耕太（すずき・こうた）

沖縄県立芸術大学芸術文化研究所准教授。琉球文学（組踊研究、琉球芸能史、琉球芸能論、琉球文化学）。

『組踊の歴史と研究』（榕樹書林、2022年）、『組踊』（上・下）（校注、「琉球文学大系」第14・15巻、ゆまに書房、2022・2024年）

齋木喜美子（さいき・きみこ）

関西学院大学教育学部教授。教育学（日本教育史研究）、児童文学（近現代沖縄児童文化・文学史研究）。

『沖縄児童文学の水脈』（関西学院大学出版会、2021年）、『近代沖縄における児童文化・児童文学の研究』（風間書房、2004年）

[編者]
三島わかな（みしま・わかな）
沖縄県立芸術大学芸術文化研究所共同研究員。音楽学（洋楽受容史研究、近現代日本音楽研究）。
『近代沖縄の洋楽受容――伝統・創作・アイデンティティ』（森話社、2014年）、「園山民平の調和楽」（西田紘子・仲辻真帆編著『近代日本と西洋音楽理論――グローバルな理論史に向けて』音楽之友社、2025年）

[執筆者]（掲載順）
名嘉山リサ（なかやま・りさ）
和光大学表現学部教授。映画・映像研究（アメリカ映画、沖縄映画）。
『よみがえる 沖縄 米国施政権下のテレビ映像――琉球列島米国民政府（USCAR）の時代』（共編著、不二出版、2020年）、「幻の海兵隊協力沖縄戦映画『太陽は撃てない』――製作協力体制構築の過程と破綻」（『Intelligence』21号、2021年3月）

久万田晋（くまだ・すすむ）
沖縄県立芸術大学芸術文化研究所教授。音楽学（沖縄・奄美の民俗音楽・民俗芸能研究・ポピュラー音楽研究）。
『沖縄・奄美の島々を彩る歌と踊り――民俗芸能の伝統と創造をめぐる旅』（ボーダーインク、2023年）、『沖縄の民俗芸能論――神祭り、臼太鼓からエイサーまで』（ボーダーインク、2011年）。

メディアのなかの沖縄《おきなわ》イメージ
――文化創造《ぶんかそうぞう》の100年《ねん》

2025年4月25日　初版第1刷発行

編　者……………………三島わかな
発行者……………………西村　篤
発行所……………………株式会社七月社
〒182-0015　東京都調布市八雲台2-24-6
電話・FAX　042-455-1385
印刷・製本……………株式会社厚徳社

Printed in Japan　ISBN 978-4-909544-40-7　C0036

七月社の本

沖縄の空手——その基本形の時代
津波高志著

世界各地に広まり、オリンピックの種目に採用された空手は、なぜ沖縄固有の武術と言えるのか。推定で語られることが多かった歴史を排し、確かな文献・伝承資料とその解釈に基づいて、空手の起源に迫る一書。

四六判並製192頁／本体1800円＋税
ISBN978-4-909544-17-9 C0039

琉球王国は誰がつくったのか——倭寇と交易の時代
吉成直樹著

農耕社会を基盤とし沖縄島内部で力を蓄えた按司たちが、抗争の末に王国を樹立したという琉球史の通説をくつがえし、東アジアの海で暗躍した倭寇に焦点をあて、通説を突き崩す新しい古琉球史を編み上げる。

四六判上製344頁／本体3200円＋税
ISBN978-4-909544-06-3 C0021

火山と竹の女神——記紀・万葉・おもろ
福寛美著

噴火や地震のさなかに生まれた、神話の時代の女神を追った「火山と竹の女神」に加え、海人のダイナミックな足跡を神話や万葉集に追う「海人考」、霊力を持つ鷲を琉球の神歌集『おもろさうし』に探る「おもろ世界の鷲」を収録。

四六判上製224頁／本体2500円＋税
ISBN978-4-909544-18-6 C0095

「同人文化」の社会学――コミケをはじめとする同人誌即売会とその参加者の織りなす生態系を描く

玉川博章編

頼まれたわけでもないのにマンガを描き、ゲームを作り、それを自主制作物として誰かのもとに届ける。それを支える同人誌即売会や印刷所なども含めた「同人文化」の日常的実践を分析する。

四六判並製320頁／本体2600円＋税

ISBN978-4-909544-35-3 C0035

ジブリ・アニメーションの文化学――高畑勲・宮崎駿の表現を探る

米村みゆき・須川亜紀子編

類稀な作家性とそれを支える技術力で、世界を虜にするスタジオジブリ。見て楽しく、考えて深い、その魅力の秘密を、最先端アニメーション研究の多彩なアプローチから解き明かす。

四六判並製352頁／本体2200円＋税

ISBN978-4-909544-28-5 C0074

政治風土のフォークロア――文明・選挙・韓国

室井康成著

私たちが知らず知らずのうちに従っている見えないルール＝「民俗」。法規やデータなどの可視化された資料ではなく、不可視の行動基準「民俗」の視座から、日本という風土に醸成された政治と選挙の「情実」を読み解く。

四六判上製360頁／本体3500円＋税

ISBN978-4-909544-29-2 C0039